Thomas Bergner

Eigene Wege für ein gutes Leben finden

Thomas Bergner

Eigene Wege für ein gutes Leben finden

Wie man sich selbst zufrieden und glücklich sein lässt

Mit 40 Übungen und 9 Abbildungen

Schattauer

Dr. med. Thomas Bergner
Zeller Straße 56, 82067 Zell
E-Mail: info@bergner.cc
www.bergner.cc

Ihre Meinung zu diesem Werk ist uns wichtig!
Wir freuen uns auf Ihr Feedback unter
www.schattauer.de/feedback oder direkt über QR-Code.

Bibliografische Information der Deutschen Nationalbibliothek
Die Deutsche Nationalbibliothek verzeichnet diese Publikation in der Deutschen Nationalbibliografie; detaillierte bibliografische Daten sind im Internet über http://dnb.d-nb.de abrufbar.

Besonderer Hinweis:
Die Medizin unterliegt einem fortwährenden Entwicklungsprozess, sodass alle Angaben, insbesondere zu diagnostischen und therapeutischen Verfahren, immer nur dem Wissensstand zum Zeitpunkt der Drucklegung des Buches entsprechen können. Hinsichtlich der angegebenen Empfehlungen zur Therapie und der Auswahl sowie Dosierung von Medikamenten wurde die größtmögliche Sorgfalt beachtet. Gleichwohl werden die Benutzer aufgefordert, die Beipackzettel und Fachinformationen der Hersteller zur Kontrolle heranzuziehen und im Zweifelsfall einen Spezialisten zu konsultieren. Fragliche Unstimmigkeiten sollten bitte im allgemeinen Interesse dem Verlag mitgeteilt werden. Der Benutzer selbst bleibt verantwortlich für jede diagnostische oder therapeutische Applikation, Medikation und Dosierung.
In diesem Buch sind eingetragene Warenzeichen (geschützte Warennamen) nicht besonders kenntlich gemacht. Es kann also aus dem Fehlen eines entsprechenden Hinweises nicht geschlossen werden, dass es sich um einen freien Warennamen handelt.

E-Mail: info@schattauer.de Internet: www.schattauer.de
Printed in Germany

Satz: Fotosatz Buck, Zweikirchener Straße 7, 84036 Kumhausen/Hachelstuhl
Druck und Einband: Westermann Druck Zwickau GmbH, Zwickau

Auch als E-Book erhältlich:
ISBN 978-3-7945-9052-0

ISBN 978-3-7945-3222-3

Inhalt

Garantieversprechen?

Weisheit kann man nicht kaufen, aber man muss dafür bezahlen. Ähnlich verhält es sich mit einem guten Leben. Auch das kann man nicht kaufen, aber man kann einiges dafür tun.

Wer herkömmliche Ratgeber liest, wird sich vermutlich wundern, wie schnell und mühelos einige Menschen glücklich wurden und wie einfach es ihnen fällt, dies ihren Lesern zu vermitteln. Für alle anderen aber sind Glück und ein gutes Leben durchaus immer wieder auch mit ein wenig Arbeit verbunden – und noch viel mehr mit Überlegen und konsequentem Handeln. Für diese Menschen, für Sie, wurde dieses Buch geschrieben. Sie können es natürlich einfach nur lesen. Besser wäre es jedoch, Sie würden es durcharbeiten. Das ist der effektivere, chancenreichere Weg, um zu einem guten Leben zu finden.

Das gute Leben verstehen

Worum es geht

Es ist die Aufgabe eines jeden, sich selbst um ein gutes Leben zu kümmern.

Niemand kann zu einem guten Leben gezwungen werden, auch nicht durch ein Buch. Alles, was Sie dazu wissen und können sollten, schlummert ohnehin bereits in Ihnen. Sie selbst und *nur* Sie selbst besitzen die dafür notwendigen Kompetenzen. Ein Buch über den Weg zu einem guten Leben brauchen Sie nicht deshalb, weil Sie es *nicht* können, sondern *weil Sie es können*! Mit diesem Buch möchte ich Sie dazu anregen, sich Ihrem Ziel zu nähern. Deshalb ist dies kein Ratgeber, sondern eher ein Fraggeber. Es legt Ihnen Fragen vor, deren Beantwortung Ihren Weg zu einem guten Leben ebnen.

Sie halten also einen Wegweiser in der Hand. Dieses Buch funktioniert wie eine Straßenkarte, es zeigt Ihnen den Weg auf, ohne selbst die Straße zu sein. Viele Wege führen nach Rom. Und viele Wege führen zum guten Leben. Das Wichtigste dabei ist, sich auf den *eigenen* Weg zu begeben. Man hat nichts davon, die vermeintlich schnelle Autobahn zu wählen, wenn es darauf keine Ausfahrt zu sich selbst gibt. Ab und zu werden Sie Beispiele anderer Menschen lesen. Wenn Sie es *genauso* machen wie diese, werden Sie vermutlich *nicht* glücklich, denn Sie sind ein Original, keine Kopie von wem auch immer. Und jene Menschen sind so einzigartig wie Sie – deshalb haben sie ihren Weg gefunden, genauso wie Sie den Ihren finden werden.

Wir alle leben in den verschiedensten Abhängigkeiten, keiner von uns kann sich seine eigene Welt einfach so erschaffen. Es gibt immer andere Menschen, Strukturen, Zwänge, Vorschriften, Gesetze, welche einem das Leben nicht unbedingt leichter machen. Kein Buch kann über diese Tatsache hinwegtäuschen. Außer es lügt. Nur, mit Lügen wird man ganz sicher nicht glücklich.

In diesem Buch fehlen deshalb jene Tipps und Tricks, die angeblich *garantiert* in einen Zustand des dauerhaften guten Lebens führen. Das ginge nur, wenn wir vollkommen unabhängig von äußeren Dingen wären. Man kann auch sagen, dieses Buch versucht, seriös und ehrlich zu sein. Zur Ehrlichkeit gehört eine Bestandsaufnahme. Bevor wir etwas ändern können, müssen wir erkennen, was sich ändern sollte. In einem nächsten Schritt müssen wir verstehen, wie der Weg gestaltet werden sollte. Deshalb werden Ihnen hier Übungen angeboten, die Ihrer Kenntnis über sich selbst dienen.

Sie finden alle Übungen zusammengefasst im hinteren, zweiten Teil des Buches. Das hat den Vorteil, dass Ihr Lesefluss dadurch nicht beeinflusst wird. Außerdem können Sie dort Ihre eigenen Ergebnisse konzentriert aufschreiben und später nachlesen. Es ist sinnvoll, diese Übungen zu machen. Dann kann aus dem Lese- auch ein Lebensvergnügen werden. Aber bitte beginnen Sie die

Übungen immer erst dann, wenn Sie im Text dazu aufgefordert werden. Dies geschieht durch folgendes Zeichen:

Sieht fast aus wie ein Smiley – und das hat einen einfachen Grund: Wenn Sie die Übungen umsetzen, können Sie Ihr Leben mit einem Lächeln genießen. Die Übungen sind in der Ich-Form geschrieben, damit Sie sich bei der Beantwortung näher sind. Als stellten Sie sich diese Fragen selbst.

Es gibt eine unüberschaubare Vielzahl von Glücksbüchern, die Zahl geht vermutlich in die Zehntausende. Offensichtlich hält sich ihre Auswirkung jedoch in Grenzen, könnte man meinen. Umso mehr freue ich mich, dass Sie dieses Buch lesen. Warum Sie damit eine gute Entscheidung getroffen haben, finden Sie hier heraus:

Seite 150: Wie die Schere auseinanderklafft. Inhalt der Übung: Weshalb die Übungen sinnvoll sind

Dieses Buch dient vorrangig Ihnen, aber auch dem Gemeinwohl, zumindest mittelbar. Je besser es dem Einzelnen geht, umso besser geht es auch der Gemeinschaft. Gerade deshalb möchte ich zu Beginn verdeutlichen, wie wichtig es ist, nicht nur sein eigenes Glück anzustreben, sondern auch etwas zu tun, damit andere Menschen Vorteile genießen. Echte Zufriedenheit wächst auch mit dem Guten, das man anderen ermöglicht. Wer nur an sich selbst denkt, verhindert tiefe Befriedigung. Wir Menschen sind nun einmal soziale Wesen – oder wie es Amitai Etzioni ausdrückt: »Respektiere die moralische Ordnung der Gesellschaft, so wie du von der Gesellschaft die Respektierung deiner Autonomie erwartest.«

Die drei großen Gs

Vermutlich würden manche die Frage nach einem guten Leben spontan beantworten mit: Glück, Gesundheit und Geld. Nichts einfacher als das: Bleiben Sie einfach immer gesund, haben Sie genug Glück und verdienen Sie genug. Ende. Merken Sie was? Mit den drei großen Gs kommen wir unserem Ziel nicht näher. Diese Stichwörter sind zu allgemein und das ein oder andere von ihnen (wie etwa die Gesundheit) liegt größtenteils nicht in unserer Macht. Gewiss, es ist sinnvoll, weder zu großes Untergewicht noch zu großes Übergewicht zu haben. Es ist wirkungsvoll, sich regelmäßig zu bewegen, und bei der Ernährung sollten wir auf Ausgeglichenheit achten und darauf, möglichst viele Ballaststoffe zu uns zu nehmen oder den Verzehr von rotem Fleisch zu minimieren. Außerdem sind Sucht- und Rauschmittel möglichst ganz zu vermeiden und auch genug Schlaf sollten wir uns gönnen. Heutzutage ist das Allgemeinwissen. Doch schon daran scheitern so manche, ich eingeschlossen. Denn Wissen allein ändert überhaupt nichts. Unser Leben kann sich vielmehr erst dann ändern, wenn wir unser Verhalten tatsächlich und auf Dauer ändern. So einfach ist das – und so schwer zugleich. Aber immerhin zum Glück und auch zum Geld werden Sie in diesem Buch einiges erfahren können.

Darüber hinaus stehen die großen Gs zusammengenommen eher für ein erfolgreiches oder angenehmes, weniger jedoch für ein gutes Leben.

Wieso ein gutes Leben nicht automatisch kommt

Wir alle kennen Menschen, von denen wir sagen: »Na, dem geht es aber nun wirklich gut. Warum ist der denn so unzufrieden mit allem?« Weil Gefühle nicht einfach so entstehen oder dauerhaft manipulierbar sind. Nun lachen Sie aber mal! Kein Mensch wird auf diesen Befehl hin lachen. Versuchen wir es mit einem Witz:

Die Frau erwacht aus dem Koma. Die Ärzte hatten zuvor schon das Schlimmste befürchtet. Sie sieht ihren Mann, wie er gerade die schwarze Krawatte ablegt. Dann sagt er zu ihr: »Es ist wie immer! Auf dich ist aber auch gar kein Verlass!«

Sogleich ein zweiter und – versprochen – letzter Versuch:

Ein Ostfriese fährt nach Österreich in den Urlaub und sieht in seinem Hotel einen Spiegel an der Wand. Er packt ihn ein und schickt den Spiegel seinen Eltern mit einer Karte, auf der steht: »Schaut nur wie nett die Österreicher sind! Die haben hier sogar ein Bild von mir aufgehängt!«

Der Vater sieht sich den Spiegel an und sagt zu seiner Frau: »Meine Güte, ist unser Sohn alt geworden!«

Die Mutter schaut nun selbst hinein und sagt: »Das ist kein Wunder, wenn er mit so einer hässlichen alten Frau zusammen ist.«

Einige werden über den ersten Witz gelacht haben, andere über den zweiten, wenige über beide und vermutlich viele über keinen von beiden. Es ist eben individuell, was bei wem welches Gefühl auslöst. Das gilt für jedes Gefühl, auch für das eines guten Lebens. Deshalb gibt es keine Patentrezepte, sondern nur individuelle Lösungen.

Was Sie erwarten können: Hinweise für Normalos

In einem guten Leben empfinden wir immer wieder Glück. Glück ist nicht gleichzusetzen mit Glücksgefühlen. Andere Autoren (20) unterscheiden zwischen eingebildetem und wahrem Glück. Aber was ist nach deren Einschätzung das Glück? Es soll letztlich aufgrund der Überwindung von Grenzen entstehen, die jedem Menschen von Natur aus gesetzt sind. Die Beispiele, die hierfür angeführt werden, sind hoch, sehr hoch gegriffen. Wer mag und will sich mit Friedrich Bonhoeffer oder Mutter Teresa vergleichen? Deshalb finden Sie, liebe Leserin, lieber Leser, in diesem Buch nur Hinweise für normale Menschen.

Ab und zu kann man vom wahrhaftigen, echten Glück lesen, das sich angeblich von banalen Glücksgefühlen unterscheidet. Zufriedenheit erreicht man jedoch nicht durch irgendwelche schrulligen Glückskonstruktionen, sondern nur durch das *Fühlen* von Glück. Und Glück ist, wenn ich es fühle!

Verzicht auf Hirnströme

Was bei Glück und anderen positiven Gefühlen im Gehirn passiert, kann mit diversen neurophysiologischen Methoden untersucht werden. Irgendwann kommen dann die Forscher an einer bestimmten Hirnregion namens *Nucleus accumbens* an, aber wollen *Sie* da wirklich hin? Dopamin, Serotonin, neuronale Verschaltungen usw. – im Alltag spielt dies für uns keine Rolle. Deshalb möchte ich Ihnen dazu nur Folgendes mit auf den Weg geben:

Die Hirnforschung hat inzwischen viel über Neurotransmitter und die Verbindungen zwischen einzelnen Hirnregionen verstanden. In diesem Buch werden Sie fast nichts darüber finden, weil es am Thema vorbeiführt. Sich glücklich zu *fühlen* und zufrieden zu *sein* geht weit über Neurotransmitter hinaus. Warum? Weil die Seele des Menschen nicht stofflich ist.

Schornsteinfeger sollten Schornsteine fegen

Was hat Glück damit zu tun, einen Schornsteinfeger anzufassen? Oder wollte man sich mit diesem Griff nur versichern, dass der Schornsteinfeger tatsächlich noch nicht vom Dach gefallen ist? Vermutlich finden Katzen Schornsteinfeger sehr attraktiv, reiben sich deshalb ununterbrochen an ihnen und bekommen auf diese Weise ihre schwarze Farbe. Aber wehe, sie laufen uns von links nach rechts über den Weg. Oder war es von rechts nach links? Rennen sie dabei vor Glück bringenden Schweinen davon oder trampeln sie über vierblättrige Kleeblätter? Eines ist wohl klar: all diese Glückssymbole haben absolut nichts mit unserem eigenen Glück zu tun. Jeder darf selbstverständlich seinen Glücksklee auf dem Fensterbrett stehen lassen – Schaden wird er dort nicht anrichten. Vermutlich wäre ein Meerschweinchen jedoch glücklicher darüber.

Grundsätzliches zu Gefühlen: Wissen und Erkenntnis sind Chancen für das gute Leben

Sich den Weg zum guten Leben *selbst* zu bereiten, das ist der Erfolg versprechende Ansatz. Es ist sinnlos, darauf zu warten, dass einem andere den Weg ebnen werden. Diese Wege sind letztlich die Bedingungen, unter denen wir glücklich oder zufrieden werden können. Positive Gefühle können nicht einfach so erschaffen werden, aber man kann viel vorbereiten, damit sie leichter zu einem finden. Glück z. B. gehört eindeutig zu den Dingen, die man nur dann findet, wenn man darauf verzichtet, sie zu suchen. Eine gezielte Planung, die *direkt* und zuverlässig zum Glück führt? Gibt es nicht. Grundsätzliche Chancen bestehen darin, sich ein wenig Wissen über sich selbst und über den Menschen im Allgemeinen anzueignen.

Es ist wichtig, die eigenen Wünsche und Bedürfnisse, aber auch die Grenzen und Wertvorstellungen zu kennen. Stellen wir uns einmal Karl vor, einen erfolgreichen Notar. Ein Notariat wird mitunter als Gelddruckmaschine bezeichnet – und bei Karl ist das tatsächlich auch so. Andere wüssten nicht, wohin mit den ganzen Einnahmen. Nicht so Karl, der schafft immer alles sofort rauf aufs Konto. Karl ist vollkommen verzückt, wenn er abends den neuen Kontostand abfragt. Der Anblick kommt für ihn einem visuellen Orgasmus gleich. Er liebt seine Kontoauszüge – nichts, was geiler wäre.

Ganz anders Julian. Der verdient viel weniger als Karl, aber das kümmert ihn nicht weiter. Er überlegt sich nur, wie er sich selbst und anderen mit diesem Geld helfen kann – und Hilfe kann durchaus auch bedeuten, das Geld auszugeben. Der Kontoauszug als Höhepunkt? Keine Chance. Karl ist ein Betrachtungs- und Fantasieorgiastiker. Julian ist ein Empfindungs- und Erlebnisgetriebener. Das sind zwei vollkommen unterschiedliche Vorstellungen vom persönlichen Glück.

Gefühle sind Gedanken sind Gefühle

Wir werden maßgeblich von unseren Gefühlen geleitet, nicht von dem, was wir als Verstand bezeichnen. Unser Gehirn ist deshalb so groß, damit wir kreativ und ausgefeilt intellektuell begründen können, warum wir unseren Gefühlen folgen – die wir zum großen Teil noch nicht einmal wahrnehmen und die wir oft genug auch nicht wahrhaben wollen.

Bevor wir einen Gedanken erkennen, also bewusst über etwas nachdenken, haben die Regionen, welche für unsere Gefühle zuständig sind, bestimmte Impulse gesendet. Man kann also sagen, *vor* jedem Gedanken kommt ein Gefühl. Meistens läuft in uns Folgendes ab:

Gefühl → Gedanke → Verhalten → Gefühl → Gedanke → Verhalten → …

Trotzdem können Gedanken selbstverständlich auch unsere Gefühle beeinflussen. Denken Sie jetzt einmal ganz intensiv an all das Elend auf dieser Erde: Flüchtlinge, Bürgerkriege, Kindersterblichkeit, leidende Tiere, Umweltverschmutzung, Klimakatastrophen – um nur wenige Beispiele zu nennen. Fühlen Sie sich noch genauso wie eben, bevor Sie diesen Satz lasen? Also haben Gedanken eine gewisse Macht über unser Gefühlsleben. Graue Gedanken machen graue Gefühle. Es ist also durchaus wichtig, sich helle und bunte Gedanken zu machen, sofern sie keinen Selbstbetrug darstellen.

Positive Gefühle forever?

Dauerndes Glück kann es nicht geben. Das hat mit der Wortbedeutung zu tun. Das Wort »Glück« meint ursprünglich die Art, wie etwas endet oder gut ausgeht. Glück bezieht sich also ursprünglich auf das Ende von irgendetwas. Das Ende unseres Lebens ist der Tod. Gewiss, der kann auch mal eine Erlösung sein, aber viele Menschen würden gerne noch ein wenig länger auf der Erde verweilen. So kann es schon deshalb kein dauerhaftes Glück geben, weil es kein wirklich gutes Ende (in der Bedeutung des Endgültigen) gibt.

Außer dem tatsächlichen Ende gibt es jedoch keine fixen Endpunkte im Leben. Dies gilt erst recht für das Gefühlsleben: Jedes Gefühl kann immer wieder neu aufgebaut werden.

Hinweise, um nicht unglücklich zu werden:

Nun einige Hinweise darauf, für wen dieses Buch vermutlich nicht geeignet ist. Es soll ja niemand unglücklich werden! Lesen Sie dieses Buch nicht, wenn Sie

- glauben, bereits durch Lesen Ihr Lebensglück zu finden.
- glauben, Ihr Lebensglück sei ein ersehnter Partner.
- eine nette Nebenbei-Lektüre suchen.
- meinen, es in einem Ruck durchlesen zu können und zugleich davon zu profitieren.
- sich für das Thema nicht interessieren und das Buch nur aus Gründen in der Hand halten, die mit Ihren tatsächlichen Wünschen nichts zu tun haben (War es ein Geschenk? Meinen Sie, es beruflich zu brauchen?).

One more thing – für ein gutes Leben

Jeder muss für sich selbst entscheiden, was ein gutes Leben ist. Ich kann und werde dies nicht für Sie tun. Ein gutes Leben ist kein Automatismus. Eine kühle Limonade kann ein Hochgenuss sein und bei Durst und Sommerwetter ein kurzes Glücksgefühl auslösen. Sie kann aber auch zu Diabetes beitragen. Eine Fahrradtour kann große Freude darüber auslösen, etwas gemeinsam mit anderen zu erleben oder sich der eigenen Kraft bewusst zu werden oder die Landschaft zu genießen. Aber eine Fahrradtour kann eben auch zu einem Sturz und einer Verletzung führen. Das bedeutet:

> Es kann kein allgemeingültiges Rezept für ein gutes Leben geben.

Das gute Leben

Was das gute Leben ist? Ganz einfach: Ein fetter Schweinebraten auf dem Tisch, eine Zigarre im Mundwinkel und eine adrette Frau, die glücklich ist, wenn sie Vanillepudding kocht und ihrem Mann die Puschen bringt. Nein? Glauben Sie nicht? Also gut, ein zweiter Versuch: Gutes Leben, das bedeutet, mit einem kaum gefederten, offenen Wagen über den Strand von Sylt zu brettern und

Toast Hawaii zu schmausen. Auch nicht Ihres? Auf ein Neues: Ein gutes Leben bedeutet, immer den Tiger im Tank zu haben, möglichst auch zu Hause, um das eigene Schwimmbad zu heizen und dabei Abba zu hören. Der vierte Versuch: Ein gutes Leben, das heißt Bewusstsein für das eigene Talent, und ein bisschen Drama gehört auch dazu. Sie merken, es wird schon realistischer. Gutes Leben? Bananen! Immer! Und immer mehr! Und auf die Malediven und nach Mauritius, mit grünem Flugzeug und Ökostrom. Wird schon wärmer, oder? Also gut, eine letzte Variante: Ein gutes Leben, das bedeutet, mit den eigenen Freunden beisammen zu sitzen, friedvoll und tiefgründig. Und das bei einem veganen Essen ohne Gluten. Das steht jedem zu, oder?

Aber was ist das denn nun wirklich, ein gutes Leben? Hat das etwas mit dem Zeitgeist zu tun? Oder dem persönlichen Geschmack? Oder ist es gar eine philosophische Frage für die Herren Hesse, Gandhi und Mitscherlich? Nein, nein, nein. Was ein gutes Leben für Sie ist, das müssen Sie schon selbst herausfinden. Ich bin nicht so vermessen, Ihnen die Antworten auf eine der wichtigsten Fragen des Lebens vorschreiben zu wollen. Sicherlich, den einen oder anderen Hinweis finden Sie natürlich in diesem Buch. Wirkungsvoll werden jedoch Ihre *eigenen Erkenntnisse und Erfahrungen* sein. Finden Sie für sich selbst Ihren ganz individuellen Weg zu einem guten Leben. Einem Leben, in dem Sie immer wieder glücklich und meistens zufrieden sind. Mit oder ohne Schweinebraten – oder Gluten.

Deshalb hat dieses Buch im Übungsteil (ab S. 150) einigen Weißraum. Der Weißraum, also ein leerer (linierter) Bereich auf dem Papier, kennzeichnet wesentliche Abschnitte dieses Buches. Er ist ein Geschenk, das Sie sich selbst geben. Zumindest dann, wenn Sie den Weißraum füllen – mit Ihren Antworten und Ergänzungen.

Wenn man tausend Menschen danach fragen würde, was konkret für sie ein gutes Leben bedeutet, bekäme man tausend verschiedene Antworten. Nichts ist so individuell wie der Mensch – und das ist gut so. Deshalb sollte die Frage nach einem guten Leben von einer allgemeineren Position aus betrachtet und beantwortet werden. Ich denke, ein gutes Leben ist ein Leben, welches wir als *gelungen* betrachten – sowohl während des Lebens selbst als auch in einer letztlich nur in der Theorie möglichen Gesamtschau.

Ein gutes Leben ist immer ein gelungenes und gelingendes Leben und manchmal ein erfolgreiches.

Erfolg, zumindest in dem Sinne, in welchem er uns seit Jahrzehnten weisgemacht wird, gehört nicht zu einem guten Leben. Damit meine ich Erfolg als Ansammeln von Gut und Geld, von Auszeichnungen und Ehrungen, von Titeln und Positionen, von One-Night-Stands, von Fernreisen und Smartphones: Das ist nichts, was unsere Seele wirklich nährt. Das ist etwas, das nicht uns, sondern unserem Wirtschaftssystem dient oder einem geringen Selbstwertgefühl. Immer mehr, immer Neues, immer weiter – das ist Gier, vielleicht auch Strebsamkeit. Aber bringen uns solche Inhalte wirklich dem Gefühl näher, ein gutes Leben zu haben? Wohl kaum, allenfalls als vorübergehende Illusion, die keiner selbstehrlichen Überprüfung Stand hielte.

Schauen wir uns drei konkrete Beispiele an, anhand derer wir verstehen können, was grundsätzlich ein gutes (also gelungenes) Leben ausmacht:

Zuerst kommt die 19-jährige Aline zu Wort, die gerade ihr Abitur bestanden hat: »Ein gutes Leben? Das bedeutet für mich die Freiheit, die ich nun habe. Zuerst will ich die Welt sehen. Ein Jahr Auszeit gönne ich mir dafür. Das Around-the-World-Flugticket habe ich zum Abitur geschenkt bekommen. Ich bin schon gespannt, was ich sehen und erleben werde. Über die Zeit danach mache ich mir jetzt noch keine Gedanken. Das wird sich schon finden.«

Der 42-jährige Manuel, der gerade in Trennung von seiner Frau lebt, hat eine ganz andere Vorstellung von einem guten Leben: »Die letzten Jahre mit zwei kleinen Kindern und den dauernden Streitigkeiten mit meiner Frau haben mich viel gekostet. Ein gutes Leben – das kann ich mir kaum vorstellen, nur erträumen. In diesem Traum habe ich eine neue Frau gefunden und oft Kontakt mit meinen Kindern, außerdem gehören sichere Einnahmen zu einem guten Leben.«

Auch die 68-jährige Doris hat ihre ganz eigenen Vorstellungen von einem guten Leben: »Was habe ich noch zu erwarten? Letztes Jahr die neue Hüfte und schon vor fünf Jahren der Herzinfarkt. Gut, ich habe mit dem Rauchen aufgehört. Aber habe ich deshalb ein gutes Leben? Mir wäre es wichtig, wenn mir der Rollator erspart bliebe. Na ja, einen Herzenswunsch habe ich schon. Ich habe mich Jahrzehnte mit dem Züchten von Rosen beschäftigt. Meine Erfahrungen habe ich in einem Buch mit wunderschönen Bildern zusammengefasst. Es wäre mir wichtig, dafür einen Verlag zu finden.«

Aktuelle Ereignisse beeinflussen recht stark die jeweilige Definition dessen, was ein gutes Leben ist – ebenso wie das Lebensalter. Man kann im Allgemeinen beobachten, wie es bei vielen in der Mitte des Lebens zu einem deutlichen Sinneswandel kommt. Bis etwa zum 42. Lebensjahr stehen Konsum, Karriere, Erfolg, Ziele und Effizienz auf der Liste der *To-dos*. Danach ändern sich bei vielen die ihnen wichtigen Lebensinhalte. Nun kommt es eher darauf an, einen Beitrag zu leisten, sinnerfüllt zu leben, den Sinn hinter den eigenen Zielen zu erfragen und neu festzulegen. Nun spielt Effektivität die zentrale Rolle, auch weil man merkt, nicht mehr Bäume ausreißen zu können. Wofür auch? Schließlich gibt es Bagger.

Die drei Aussagen aus den Beispielen erscheinen daher sehr unterschiedlich. Dennoch können wir aus ihnen herauslesen, worum es grundsätzlich geht. Aline brennt vor *Interesse*. Sie will die Welt kennenlernen. Manuel sehnt sich nach *Liebe* und materieller Sicherheit. Doris möchte erleben, wie ihre Erfahrungen Wirkung zeigen, ihr geht es um *Selbstwirksamkeit*. Sie will ihre Erfahrungen an andere weitergeben. Ein gutes Leben hat all diese Elemente als Basis:

Interesse, eigene Wirksamkeit und Liebe formen ein gutes Leben.

Materielle Sicherheit ist damit eng verwoben und oft eine Folge dieser drei Inhalte. Aber lassen wir auch noch Knut zu Wort kommen, er erlitt gerade den bald lebensbeendenden, zweiten Schlaganfall und stellt fest, ein gutes Leben gehabt zu haben. Denn er habe oft Sex gehabt, täglich seine Biere genossen und sich ebenso täglich mindestens sechs Stunden am Fernsehprogramm gelabt. Dieses – theoretische – Beispiel dürfte den meisten als vertanes und nicht als gutes Leben erscheinen. Denn Sex ist nicht gleich Liebe, Alkoholismus keine eigene Wirksamkeit und Fernsehschauen hat mit echtem Interesse wenig zu tun. Eine gewisse Portion Selbstehrlichkeit gehört also schon dazu, wenn Sie sich nun überlegen, was für Sie selbst ein gutes Leben ausmacht. Wenn die drei Komponenten Interesse, Liebe und Selbstwirksamkeit dabei vorkommen, dürften Sie richtigliegen. Wie also sieht Ihr gutes Leben konkret aus?

Seite 151: Mein eigener Standpunkt. Inhalt der Übung: Was ist für Sie ein gutes Leben?

Bevor Sie weitermachen

Es gibt ziemlich viel, was wir nicht und niemals ändern können. Unsere Ehepartner z. B., das Schicksal, andere Menschen ganz allgemein, Naturphänomene, aber auch Inhalte, die uns nicht sofort in den Sinn kommen. Zu großen Teilen können wir unsere Gesundheit oder bestimmte Krankheiten nicht ändern. Alles andere wären Allmachtfantasien. Körperliche Gesundheit wird in diesem Buch kein konkretes Thema sein. Aber ich mag gleich hier zu Beginn kurz etwas dazu schreiben: Wenn wir krank sind, spüren wir, wie abhängig ein gutes Lebensgefühl von unserer Gesundheit ist. Das sollten wir nie vergessen. Wer krank ist, wird mehr Mühe haben, um zu einem guten Leben zu finden.

Auch unsere Persönlichkeit können wir nicht ändern. Das wäre fatal, wenn dieser Fels in der Brandung des Lebens einfach so zu beeinflussen wäre. Es gibt folglich letztlich nur zwei Dinge (neben unseren Muskeln), die wir ändern können: Unsere eigene Einstellung oder Haltung und unser Verhalten. Sie zu ändern sind durchaus schwierige Leistungen. Immerhin gehört das Eingeständnis dazu, sich bisher geirrt zu haben, bisher das Falsche getan zu haben. Es gehört ein wenig Demut dazu, dem anderen, dem neuen Inhalt der geänderten Einstellung das Recht zur Existenz zu verleihen.

One more thing – für ein gutes Leben

Seit Langem gibt es die Idee, der Mensch sei dafür geschaffen, um glücklich zu werden. Ich mag zu bedenken geben, für wie viel anderes der Mensch noch geschaffen wurde. Um zu lieben, zu trauern, mitzufühlen, auch um zu hassen oder zu verachten. Bei unserer Suche nach Wegen zum eigenen Glück sollten wir nie vergessen, wie viele andere Gefühle in uns entstehen können. In meinem Buch *Gefühle* habe ich knapp 500 menschliche Gefühle angegeben (6). Wer sich damit genauer beschäftigt, versteht, wie *wenige* unserer Gefühle von uns letztlich positiv empfunden und bewertet werden. Offenbar sind wir also auch geschaffen, um unangenehme Gefühle zu erleben.

Dreieinigkeit neu entdeckt: Interesse, Wirksamkeit und Liebe

Kennen Sie das Gefühl, wenn Ihnen jemand beim Handschlag seine weiche Hand hinhält, ohne angenehm fest zu drücken? Vermutlich mögen Sie das Gefühl nicht. Denn Ihr Gegenüber erwidert Ihren Gruß nicht richtig. Ihre hingehaltene Hand nicht zu ergreifen, kann fehlendes Interesse an einem Kontakt mit Ihnen bedeuten (oder Angst). Sie werden zu diesem Menschen nicht unbedingt eine Beziehung aufbauen wollen. Eine andere Situation: Sie sind auf einer Stehparty eingeladen und müssen ununterbrochen Small Talk ertragen – wie furchtbar doch das Wetter dieses Jahr ist, wie wenig die Politiker verstanden haben, dass der rosa Champagner einfach am besten schmeckt … Sie werden froh sein, von diesen Menschen fortzukommen. Auch hier haben Sie kein wirkliches Interesse an einem Beziehungsaufbau. Denn eine Beziehung führt zu einer Form von Bindung, auch wenn sie anfangs noch so schwach ist. Interesse, Beziehung und Bindung entwickeln sich jedoch ausschließlich, wenn Sie selbst und Ihr Gegenüber in *Resonanz* treten, wenn Sie und Ihre Art gespiegelt werden.

> Bindung entsteht durch Resonanz und Akzeptanz.

Einen offensichtlichen, nachvollziehbaren Grund für das gegenseitige Interesse muss es nicht geben. Interesse ist für eine Bindung das Erste, was auf beiden Seiten vorhanden sein muss. Eine Ausnahme von dieser Grundtatsache gibt es: Wenn das Objekt des Interesses nicht in Kontakt treten *kann*, etwa eine Briefmarke bei einem Philatelisten oder ein Fisch im Aquarium, dann genügt einseitiges Interesse. Aber dann muss der zweite, für eine Bindung maßgebliche Faktor erfüllt sein, die Selbstwirksamkeit. Wir müssen also spüren, etwas bewirken zu können. Das kann bedeuten, Sammlungen zu vervollständigen oder Tiere zu füttern und deren Lebensraum sauber zu halten. Übrigens gehören zur

Wirksamkeit immer Ziele, bewusste und weniger bewusste. Denn wenn wir ein Ziel haben, beschäftigen wir uns damit, ob wir etwas bewirkt haben. Letztlich erkennen wir daran, welchen Unterschied es macht, ob es uns gibt oder nicht.

Da ich Menschen sowohl Briefmarken als auch Fischen vorziehe, zurück zu diesen: Etwas zu bewirken, das kann ein kurzes, scheues Lächeln ebenso sein wie eine stundenlange Diskussion über tiefschürfende, weltbewegende Themen. Sowohl aus den körperlichen Signalen wie aus den geistigen Welten kann sich mal rasch, mal langsam etwas Drittes entwickeln: Liebe zu einem Menschen oder zu einem Wesen, ebenso Liebe zu Inhalten oder Themen. Liebe ist der stärkste Faktor in einer Bindung. Entsprechend stark hängt sie mit Resonanz zusammen. Wer andere nur einseitig liebt, der schwärmt einfach nur (wie das pubertäre Anhimmeln eines Stars) oder betrügt sich selbst. In der Realität äußert sich das dann z. B. als Stalking. Aber das ist eben das Gegenteil von Liebe. Dennoch ist Liebe, wie sie hier verstanden wird, *nicht beschränkt* auf die Liebe zwischen zwei Menschen (Abb. 1).

Bindung basiert auf Interesse, Wirksamkeit und Liebe: Erreichen und erreicht werden, berühren und berührt werden, lieben und geliebt werden.

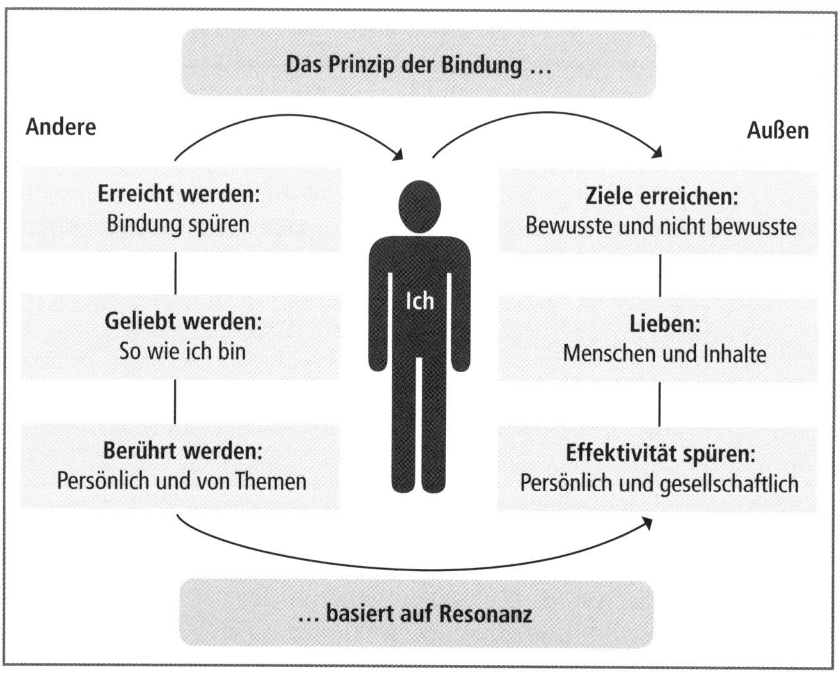

Abb. 1 Resonanz und Akzeptanz

Das sind genau die drei Bereiche, die bereits als Grundpfeiler des guten Lebens beschrieben wurden:

Ein gutes Leben ist ein Leben voller Bindungen.

Auf diese Weise fühlen wir uns verbunden und eingebunden und nicht mehr allein. Das ist eine schlechte Nachricht für Freiheitsfetischisten. Denn Bindungen kosten uns Freiheit, zumindest zum Teil. Wenn wir diesen Gedanken weiterführen, folgt daraus:

Ein gutes Leben ist kein Leben voller Freiheit.

Wem dies so gar nicht passt, dem sei folgendes Bild ans Herz gelegt: Sie sitzen völlig allein im Schlaraffenland, wo Milch und Honig fließen, Ihnen alles zur Verfügung steht, was Sie nur begehren, wo Sie über alles allein entscheiden und tun und lassen können, was Sie wollen. Streben Sie das an? Ist das für Sie ein gutes Leben? Dann legen Sie dieses Buch aus der Hand und schauen, ob nicht irgendwo der Job eines Diktators vakant ist.

Aber zurück zur Bindung und der Basis für ein gutes Leben: Zum Interesse gehört, sich aktiv anderen und anderem zuzuwenden – ebenso auch, selbst diese Zuwendung von anderen zu spüren. Das bedeutet, berührt zu werden, nicht kalt und desinteressiert sein Leben abzuwickeln. *Interesse* bezieht sich nicht nur auf Menschen, sondern auch auf soziale, wissenschaftliche, philosophische oder gesellschaftliche Themen. Denn:

Interesse für Kultur ist eine Chance für ein gutes Leben.

Zur *Wirksamkeit* gehört, bewusste und nicht bewusste Ziele zu erreichen, aber ebenso, von Zielen anderer Menschen erreicht zu werden. *Liebe* ist ein weites Feld, aber was einen selbst betrifft, so will man meistens geliebt werden, so wie man ist.

Geben und Nehmen machen ein gutes Leben aus.

Nun geht kein Mensch durchs Leben und fragt sich täglich, ob er noch genug Interesse hat, oder auch heute ausreichend viel bewirkt hat oder wie es mit der

Liebe steht. So analytisch-verkopft sind wir nicht. Aber wir verfügen ja noch über andere, überaus exakte Messmethoden für diese drei Grundpfeiler des guten Lebens, die wir automatisch nutzen. Es sind unsere Gefühle. Für ein gutes Leben stehen die Freude, das Glück und ganz vorrangig die Zufriedenheit (s. Kap. *Die Einladung fürs eigene Glück vervollkommnen*). Sie sind quasi die Leitgefühle des guten Lebens.

> Ein gutes Leben ist eines, *in* dem wir und *mit* dem wir zufrieden sind.

Damit entscheiden unser »Herz« und unser »Bauch« viel eher als unser »Kopf«, wann uns das Leben passt.

One more thing – für ein gutes Leben

Resonanz und Akzeptanz führen zur Bindung. Das gilt auch im Negativen. Wenn Sie sich täglich über Ihren Nachbarn ärgern, weil der ab drei Uhr nachts die Belastungsgrenze seiner Surround-Anlage testet und Sie nicht mehr schlafen können, bauen Sie mit Ihren Anrufen (die er ohnehin nicht hören kann) eine Form von Bindung auf. Es gibt viele solche Bindungen, die uns zwar im Leben begleiten, auf die wir aber gerne verzichten würden. Sie tragen nichts zu einem guten Leben bei. Es kommt also darauf an, die Spreu vom Weizen zu trennen. Vieles außerhalb von uns selbst, belebt und unbelebt, ist die *eine* Chance, Bindungen aufzubauen. Die andere liegt *in uns selbst* (Abb. 2).

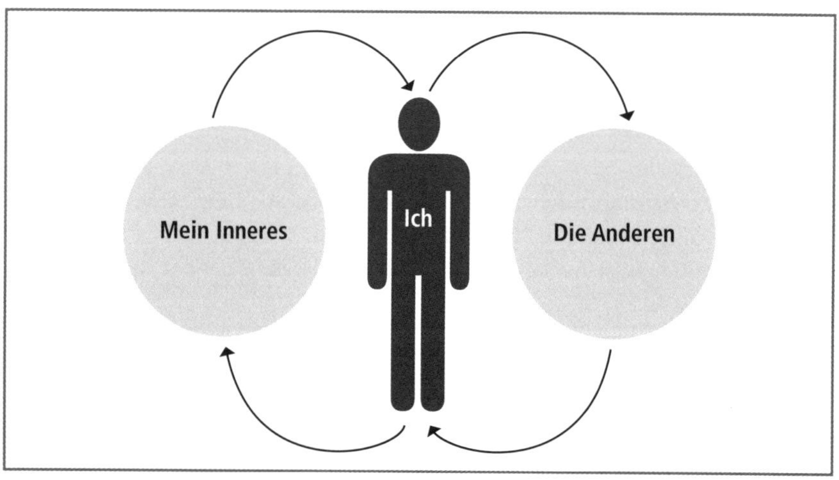

Abb. 2 Die zwei Resonanz- und Bindungsebenen

In unserem Inneren, in unseren Erinnerungen, Vorstellungen, Wünschen, aber auch in unseren Projektionen, liegen zahlreiche Chancen für unser Interesse. Damit können wir unsere eigene Wirksamkeit erleben und auch lieben lernen. Projektionen (also etwas Eigenes in andere/s hineinzuinterpretieren) ermöglichen uns, vieles aus der unbelebten Welt als liebenswert zu erfahren. Dafür stellen zahlreiche Hobbys den Beweis: Mineralienliebhaber, Oldtimerfanatiker, Philatelisten, Archäologen, Altgermanisten. Ein wesentlicher Teil unserer Kultur beruht genau darauf. Man kann sogar sagen, unsere Fähigkeit zu projizieren hat einen entscheidenden Impuls für unsere Entwicklung gegeben.

> Die Beziehung zu uns selbst ist wesentlich für ein gutes Leben.

Der Beziehungsaufbau und eine sichere Bindung sollten deshalb nicht nur nach außen erfolgen, sondern ebenso nach innen, zu sich selbst.

Leitgefühle für ein gutes Leben: Freude, Glück, Zufriedenheit

Die Welt des Glücklichen ist eine andere als die des Unglücklichen.

Ludwig Wittgenstein

Nun haben wir einiges über Bindungen und Beziehungen, über Interesse, Wirksamkeit und Liebe erfahren. Das alles bildet die Basis eines guten Lebens. Ein solches Leben wird durch drei Gefühle bestimmt, die ich »die Leitgefühle für ein gutes Leben« nenne: die Freude, das Glück und die Zufriedenheit. Wie wir diese Gefühle erreichen, darum geht es ab jetzt in diesem Buch. Dabei werde ich den Bezug zum Interesse, zur Wirksamkeit und zur Liebe nicht mehr im Detail nennen, einfach weil die Arbeit mit unserer Gefühlswelt effektiver und uns selbstverständlicher ist. Seien Sie sicher, fast alles, was folgt, hat mit diesen Metathemen zu tun. Ein Beispiel: Wir werden noch einiges zum Genuss erfahren. Genuss ist nur möglich, wenn wir Interesse für das Genussmittel haben und wir es uns beschaffen können, wofür wir unsere Wirksamkeit benötigen.

Die drei Leitgefühle

Freude ist in der Regel ein recht kurz andauernder Zustand, der sehr nah am Vergnügen ist. Beispielsweise empfinden wir Freude oder Vergnügen, wenn wir Achterbahn fahren. Glück empfinden wir dabei in der Regel nicht – allenfalls beim Aussteigen, weil es vorbei ist. Wir können Freude als ein relativ oberflächliches, uns aber dennoch einnehmendes Gefühl beschreiben. Glück hingegen

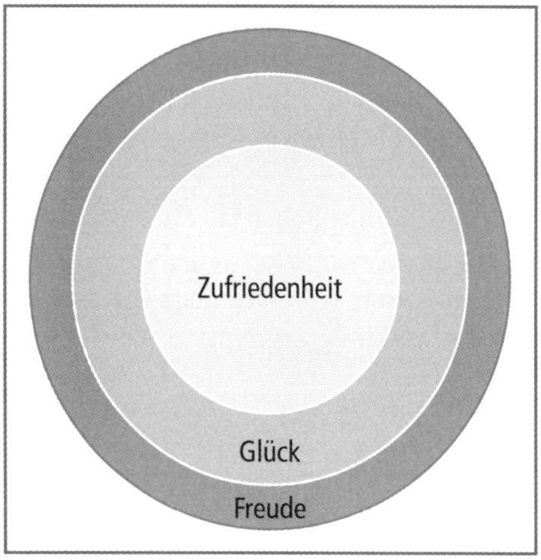

Abb. 3 Schalenmodell positiver Gefühle

empfinden wir in uns selbst deutlich tiefer als Freude. Zufriedenheit kann sehr tief wirken und kann auch lange Zeit anhalten. Man kann sagen, Zufriedenheit ist das am wenigsten auffallende und zugleich am meisten befriedigende Gefühl in dieser Dreiergruppe (Abb. 3).

Wer mit der Tiefe in sich nichts anzufangen weiß, dem hilft vielleicht ein anderes Bild: Zufriedenheit kann sich sehr weit im Hintergrund unseres Erlebens verbergen, Glück irgendwo in der Mitte und Freude oder Vergnügen im Vordergrund.

Eine Sandwichposition wie die des Glücks hat manchmal auch Vorteile: Denn so kann Glück sowohl nach außen als auch nach innen strahlen.

Die Deutsche Post kann nicht nur die Portogebühren erhöhen, nein, sie hat im Jahre 2013 auch einen sogenannten »Glücksatlas« berechnet, der gezeigt hat, dass die Deutschen mit vielen Aspekten ihres Lebens immer zufriedener werden (12). So etwas nennt man eine systematische Verzerrung, weil Zufriedenheit und Glück zwar in einer Verbindung zueinander stehen, jedoch unterschiedliche Gefühle sind. Übrigens hat dieser Glücksatlas auch gezeigt, dass immer weniger Menschen in unserem Land mit ihrem Leben sehr zufrieden und immer weniger sehr unzufrieden sind. Es findet also eine Nivellierung statt.

Es ist sinnvoll, sich zu überlegen, ob es einem selbst wirklich um Glück geht, das man erreichen will. Oder ist einem die Zufriedenheit wichtiger? Oder genügt einem gar Freude? Denn alle drei sind von uns als anstrebenswert empfundene Gefühle, aber es sind sehr wohl unterschiedliche Bedingungen, durch welche diese Gefühle möglich gemacht werden. Wonach streben Sie?

Ü Seite 152: Was Glück ist. Inhalt der Übung: Die individuelle Festlegung

Freude

Freude ist so leicht zu erreichen, dass hier wenige Sätze genügen sollen. Wie man sich eine Freude macht, wissen wir alle. Schon allein die Frage im normalen Alltag »Womit kann man Ihnen denn eine kleine Freude machen?« kann jeder spontan beantworten und damit auch für sich selbst lösen. Manche machen sich über Einkäufe eine Freude und hätten es gerne, dass sie damit auch glücklich würden. Wie später noch detailliert beschrieben wird, funktioniert das allerdings nicht. Wie die großen Konsumverführer auch heißen mögen: Sie alle sind Freudenhäuser, keine Glücksbringer.

Freude hat viele mögliche Gefühle, die zu ihr führen. Oft sind wir aufmerksam, wenn wir uns freuen, das bedeutet, wir konzentrieren uns auf etwas. Auch Erfolg und Spaß gehören zur Freude. Fröhlichkeit, Humor, Lebendigkeit und eine gewisse Gelassenheit sind ihr nah. Nicht zuletzt motiviert es uns, wenn wir Freude erwarten können. Freude macht Spaß. Alles in allem gehört zur Freude meistens etwas Aktivität – wie beim Sport oder beim Fernsehen.

Glück

Glück hingegen ist oftmals stärker und zugleich ruhiger als Freude, eben auch nach innen gerichtet. Deshalb gehören Einverständnis und Erfüllung zum Glück, und ebenso Interesse und Lust. Betrachten wir das Glück etwas näher – und zwar Ihr eigenes.

Bewusstwerdung

Woran merken Sie selbst, dass Sie glücklich sind? Vermutlich werden Sie sagen, das sei eine dumme Frage. Denn Glück ist ja einfach nur ein Gefühl, und wenn es da ist, kann man es auch wahrnehmen. Aber ganz so einfach ist das nicht unbedingt. Viele Menschen sind grundsätzlich zufrieden, wenn auch nicht glücklich, und finden diesen Zustand so üblich oder normal, dass sie ihn nicht mehr wirklich wahrnehmen. Gerade wenn man zufrieden ist, wird es irgendwann völlig selbstverständlich. Wie ist das bei Ihnen?

Ü Seite 153: Was Glück ist. Inhalt der Übung: Das eigene Glück im Alltag

Die Frage nach dem eigenen Glück ist weder egozentrisch noch dumm. Es ist eine Frage, welche sich die Menschheit seit einigen tausend Jahren stellt, und auf die fast jeder Mensch eine Antwort erhalten möchte. Aber eigentlich steckt eine Vielzahl von Fragen hinter dieser einen:

- Was macht mich wirklich glücklich?
- Was macht mich nur für einen kurzen Moment glücklich?

- Gibt es etwas, wodurch mein Glück sicher verhindert wird?
- Oder auch etwas, mit dem ich immer glücklich sein kann?
- Wie finde ich zu meinem Glück?
- Auf was muss ich vielleicht verzichten?
- Was muss ich ändern?
- Gibt es Einstellungen, die mein Glück schwächen?
- Was habe ich bei anderen Menschen zu beachten, damit mein Glück eintreten kann?

Diese Liste von Fragen könnte über viele Buchseiten fortgeführt werden. Ich will sie aber hier beenden, weil ich darstellen wollte, dass ein Thema wie Glück sehr viele Facetten hat und gar nicht so leicht aufzuschlüsseln ist, wie es vielleicht auf den ersten Blick erscheint.

Sprache, Definition

Die deutsche Sprache ist sehr bildlich, besonders exakt und vielfältig. Ausgerechnet was das Glück angeht versagt sie jedoch, denn Glück als zufälliges, positiv bewertetes Ereignis (im Sinne von: Glück *haben*) hat nichts mit Glück als Gefühl, als innere Befindlichkeit zu tun. Was für die deutsche Sprache das Wort »Glück« ist, ist im Englischen das Wort »cry«. Es bedeutet dort sowohl »Schreien« als auch »Weinen« – ziemlich unterschiedliche Aktivitäten. Folgerung: Die Deutschen haben ein Problem mit dem Glück, die Angelsachsen eines mit dem Weinen. Vermutlich spiegelt sich hierin die von uns manchmal empfundene Oberflächlichkeit der anderen Kultur.

»Glück« hat in unserer Sprache zwei sehr unterschiedliche Bedeutungen. »Glück zu *haben*« bedeutet nicht, »sich glücklich zu *fühlen*«. Um das Glück, welches man haben kann, geht es hier nicht weiter. Es geht also nicht um einen glücklichen Zufall oder eine glückliche Wendung. Erwarten Sie keine Hinweise darauf, wie Sie in einem Glücksspiel gewinnen können. Dann hätten Sie einfach Glück gehabt – und wegen Reichtums ohnehin keine Zeit zum Lesen.

Obwohl das Glück als Gefühl etwas anderes ist als Glück zu haben, gibt es etwas, das beide miteinander verbindet. Im Endeffekt ist es grundsätzlich das *unerwartet Gute*, was uns glücklich macht. Damit entfällt die Planung von Glück zu einem gewissen Teil. Aber selbst wenn wir davon absehen, ein Haus in allen Details zu planen, können wir dennoch bereits einen passenden Grund auswählen und ihn für das Haus vorbereiten.

Manche werden einwenden, das mit dem Unerwartetsein stimme nicht. Wenn wir etwas Gutes oder Tolles, etwas Großes oder Einmaliges *erwarten* und es trifft dann auch ein, dann sind wir doch glücklich. Aber ist es wirklich so? Freuen wir uns dann nicht eher? Wenn etwas eintritt, das wir uns *genauso* gedacht haben, werden wir eben nicht unbedingt glücklich. Aber wenn etwas wider Erwarten erreicht wird, z. B. weil wir Angst hatten, etwas könne schiefgehen, fühlen wir uns glücklich. So ist unser Glück der irgendwie erhofften und unerwarteten Situation geschuldet.

Was ist Glück?

Was ist nicht alles über Glück geforscht worden (alle folgenden Beispiele stammen aus 17): In allen Ländern werden die Menschen nicht glücklicher, wenn das reiche Land noch reicher wird, außer in der Schweiz. Die Schweizer werden immer glücklicher, je mehr sie verdienen, wen wundert's. In Russland werden die Glücklichen reich, weshalb die politischen Führungskräfte zu den glücklichsten Menschen der Erde gehören sollten. In Kirgisistan wurden die Bürger durch die Einführung der Marktwirtschaft glücklich, zumindest solange sie verheiratet waren. Wahrscheinlich lag das daran, dass Geschiedene nun auch mehr Unterhaltszahlungen berappen mussten. Inflation macht Menschen mit einer politisch rechten Einstellung eher unglücklich, Linke leiden mehr an Arbeitslosigkeit. Und um den Christen unter den Lesern eines klarzumachen: Muslime sind glücklicher, außer die Luftverschmutzung ist zu hoch, und insbesondere, wenn es im Winter warm ist. Wer jetzt denkt, die wissenschaftliche Glücksforschung tickt nicht ganz richtig, sollte immer an den Satz denken, dass die geistlich Armen selig sind.

Es gibt inzwischen unüberschaubar viele Studien über das Glück und die Lebensfreude. Darin ist von finanziellem Wohlstand die Rede, von beruflichem Erfolg, von geistiger und körperlicher Gesundheit, erfüllenden Beziehungen, stabilen sozialen und politischen Verhältnissen und von Freiheit. So manches, was unser Lebensglück beeinflusst, haben wir folglich gar nicht selbst in der Hand. Konzentrieren wir uns also besser auf das, was wir tatsächlich selbst verändern können. Zwar lässt sich die Welt nur bedingt ändern, aber wir haben sehr wohl die Macht, unser Leben zu einem Gutteil nach unseren eigenen Vorstellungen zu gestalten.

Was andere sagen

Zum Glück gibt es zum Glück sehr unterschiedliche Auffassungen. Theodor Fontane meinte, es gäbe kein unbedingtes und ungetrübtes Glück, das länger als fünf Minuten dauere. Na ja, werden sich manche denken, ein bisschen länger kann ich's schon. Grundsätzlich, so ein Sprichwort aus Frankreich, gibt es gar kein Glück, sondern nur Glücksmomente. »Vive les moments de bonheur!«

Zufriedenheit

Manche sind zufrieden, wenn sie den Unterschied zweier Interpretationen eines wenig zugänglichen Musikstücks aus dem Barock erkennen können. Andere sind zufrieden, wenn sie eine knackige Bratwurst essen. Es gibt also sehr unterschiedliche Inhalte und Niveaus, welche Zufriedenheit auslösen. Sie können sich sowohl auf »niedere« Instinkte beziehen als auch auf »höhere« intellektuelle Leistungen.

Aber wie hängen nun Glück und Zufriedenheit zusammen? Offenbar kann ein Mensch *zugleich* glücklich und zufrieden sein. Zufriedenheit ist ein wesentlicher Impuls für Glück, und umgekehrt. Aber wir müssen nicht glücklich sein, um zufrieden zu sein. Glück kann einen Moment oder einen Tag dominieren, Zufriedenheit tritt mitunter stetig, über längere Zeit auf. Zufriedenheit kann zur Stimmung werden, zum Gefühl, welches ein Leben begleitet. Zufriedenheit herrscht eher, wenn wir unser Leben als gelungen bewerten. Dann werden wir sagen, ein gutes Leben zu haben. Gewiss, wenn wir glücklich sind, ist das auch der Fall. Aber das verlässlichere Gefühl scheint mir die Zufriedenheit zu sein.

> Immer wieder Glück zu fühlen und grundsätzlich zufrieden zu sein macht ein gutes Leben aus.

Deshalb sind Glück und Zufriedenheit die *Leitgefühle* eines guten Lebens, wobei Letzteres jedoch an erster Stelle steht.

Psychologische Studien haben eindeutig erwiesen, welche Inhalte erfüllt sein müssen, damit wir uns zufrieden fühlen. Dies sind stabile, liebevolle Beziehungen, Gesundheit und finanzielle Sicherheit. Das ähnelt doch auffallend den großen Gs (s. S. 3 f.) und ist genauso schwer zu erreichen. Viel eher droht bei solchen Allgemeinplätzen Unzufriedenheit. Sie entwickelt sich, wenn wir etwas anderes möchten oder uns vorstellen, als wir unserer Einschätzung nach haben. Vereinfacht kann man sagen (Abb. 4):

> Zufriedenheit = Realität > {Anspruch, Wunsch, Vorstellung}
> Unzufriedenheit = {Anspruch, Wunsch, Vorstellung} > Realität

Zufriedenheit wie Unzufriedenheit beruhen *immer* auf einem Vergleich. Dieser besteht in einem Abgleich zwischen Vorstellung und Wirklichkeit und ist damit eine Bewertung. Wer nicht vergleicht (mit sich, mit Idealen, mit Zielen, mit Möglichkeiten, mit reellen Situationen oder Menschen), kann nicht unzufrieden werden. Der Nachteil: Er kann auch nicht zufrieden sein. Denn wenn dieser Abgleich passt, z. B. weil wir weniger wünschen als wir haben, sind wir zufrieden. Natürlich auch, wenn wir mehr haben als wir uns wünschen – nur nicht viel zu viel. Das Ausmaß unserer Zufriedenheit zeigt uns also an, wie sehr unsere Wirklichkeit mit unseren Vorstellungen übereinstimmt.

Die Lösung gegen Unzufriedenheit liegt auf der Hand: Entweder man verbessert die Realität oder man mindert den Anspruch (die Einstellung oder Haltung). Meistens dürfte es leichter fallen, den Anspruch zu korrigieren. Das ist eine innerliche Arbeit und kann jederzeit unabhängig von anderen geschehen.

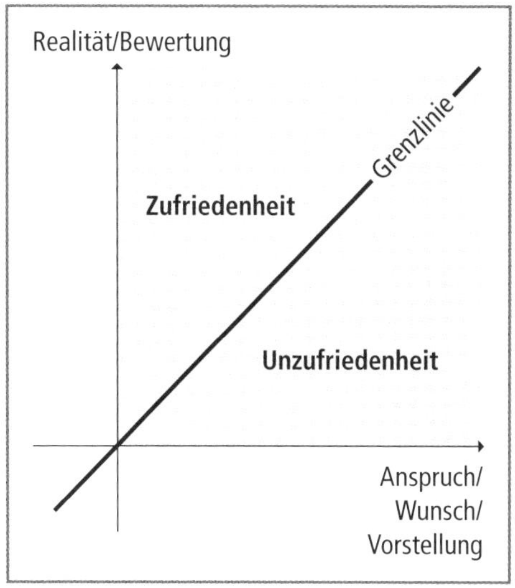

Abb. 4 Zufriedenheit zwischen Anspruch und Wirklichkeit

One more thing – für ein gutes Leben

Die meisten Bücher über Glück haben etwas von einem Eintopf: Freude, Zufriedenheit und Glück werden gleichgesetzt, vermischt und gleichbehandelt. Das ist grundsätzlich falsch. Freude ist ein schnell entstehendes Gefühl, welches bei einer kurzfristigen Befriedigung von kurzfristigen Bedürfnissen entsteht. Beispielsweise freuen wir uns, wenn eine sehnlich erwartete Bestellung endlich geliefert wird. Materielle Dinge können uns also erfreuen. Zufriedenheit hingegen ist ein tendenziell langsam entstehendes Gefühl, welches eher bei einem langfristigen, innerlichen Einverständnis mit einer Situation aufkommt. Zufriedenheit hat quasi nicht diese »Spitze«, wie sie uns Freude bieten kann. Je älter man wird, umso eher fühlt man, wie wesentlich Zufriedenheit ist. Wesentlicher noch als Glück. Je mehr wir so handeln können, wie es uns entspricht, umso eher sind wir zufrieden. Im besten Falle werden wir dies bereits durch die Tätigkeit an sich.

Glück als ein lang andauerndes Gefühl ist selten. Darin gleicht es der Freude. Im Gegensatz zu ihr empfinden wir Glück jedoch als tiefer und ergreifender. Glück tritt als Gefühl vorrangig auf, wenn es um Zwischenmenschliches geht. Glück als Antwort auf einen materiellen Gewinn ist bei genauerer Betrachtung meistens Freude.

Zufriedenheit und Glück kommen somit oftmals verspätet – erst etwas tun, daraufhin beide empfinden, das ist die häufigste Reihenfolge.

Glück und Zufriedenheit werden oft durch Gleiches ausgelöst. Welches Gefühl dabei tatsächlich entsteht, hängt von sehr individuellen Gegebenheiten ab.

Freude, Glück und Zufriedenheit bilden eine Familie. Freude ist der extrovertierte, jedoch auch etwas oberflächliche Typ. Glück hat eine etwas gespaltene Persönlichkeit, kommt sowohl introvertiert als auch extrovertiert vor. Glück ist auch deshalb ein wenig spezieller, weil es bei Weitem nicht jede Einladung annimmt. Man darf sich im besten Sinne glücklich schätzen, wenn es an die Türe klopft. Glück entwickelt sich bei der Hinwendung zu einem Thema oder Wesen oder Menschen. Solange wir uns nicht öffnen, wird sich auch das Glück in uns nicht wohlfühlen. Indem wir uns seelisch abschotten, den Rückzug antreten, erreichen wir das Gegenteil von Glück. Und das Gegenteil von Glück ist Depression, nicht Unglück.

Zufriedenheit (und damit ist nicht Selbstzufriedenheit gemeint!) ist meistens introvertiert, bleibt jedoch gerne länger bei einem. Oftmals merken wir gar nicht, wenn die Zufriedenheit bei uns wohnt, so selbstverständlich erscheint sie uns. Erst wenn sie mal das innere Haus verlassen hat, fällt es auf.

> Unglück ist das Gegenteil von Glück *haben*.
> Depression ist das Gegenteil von Glück *fühlen*.
> Unzufriedenheit ist jedoch das Gegenteil von Zufriedenheit.

Drei Chancen für ein gutes Leben

Zur Erinnerung: Ein gutes Leben ist eines, in dem wir uns immer wieder glücklich fühlen und das uns grundsätzlich zufrieden sein lässt. Wie kommen wir dorthin? Da Zufriedenheit und Glück durch ähnliche Ereignisse und Bedingungen entstehen, aber Zufriedenheit bislang wenig Beachtung bei den Gelehrten fand, kümmern wir uns nun erst einmal vorrangig um das Glück – in dem Wissen, damit ebenso etwas für unsere Zufriedenheit zu tun.

> Wenn in diesem Buch von einem guten Leben die Rede ist, meint dies, sich glücklich zu fühlen und zufrieden zu sein.

Von 1806 bis 1873 lebte John Stuart Mill, ein englischer Philosoph, der sich mit dem Glück befasste. Was er herausfand, war vor etwa 2500 Jahren schon den alten Griechen bekannt. Aber wir alle wissen, wie gut viele Eintöpfe schmecken, wenn sie nochmals aufgekocht werden. Ein erneutes Aufkochen erleben Sie auch gerade mit diesem Buch – allerdings versehen mit einer neuartigen Würzung. Dieser Mill beschrieb zwei unterschiedliche Strategien, um glücklich zu werden. Die eine ist, das Glück zu maximieren, die andere, das Leiden zu minimieren. Die Maximierung kann man durch Steigerung unserer Lust (das bedeutet weit mehr als sexuelle Gier) erreichen. Die Vermeidung von Unglück gelingt, wenn wir Schmerz vermeiden. Was so einfach klingt, kann in der Realität jedoch schwer umsetzbar sein.

Viele Philosophen meinen, Glück sei das Fehlen von Unglück. Damit behaupten sie, Glück sei nicht eigenständig. Das sehe ich anders. Glück ist ein eigenständiges Gefühl und hat mit Unglück fast nichts zu tun. Als Glück empfinden wir sehr unterschiedliche Inhalte wie Lust, Vergnügen, Begeisterung, Hingabe, Zuversicht, Hoffnung, Seligkeit, um nur einige zu nennen. Wie und wann wir Glück empfinden, ist unsere individuelle Angelegenheit. Glück ist also so etwas wie unser Eigentum.

Glücklich zu werden hat wenig damit zu tun, weswegen wir unglücklich sind oder werden können. Uns aus einer unglücklichen Lage zu befreien gelingt uns deshalb nicht, indem wir genau das Gegenteil dessen tun, was wir bisher getan haben. Man kann auch sagen, Problem und Lösung sind von vollkommen unterschiedlicher Art.

Die beste Einladung für ein gutes Leben ist eine weitgehende Ehrlichkeit sich selbst und dem Leben sowie anderen Menschen gegenüber. Wer z. B. ständig gierig durchs Leben rennt, rennt am Glück vorbei, weil Gier blind macht und damit unehrlich. Somit können wir bestimmte Gefühle benennen, welche als Gegenspieler des Glücks bezeichnet werden können. Diese sind vorrangig die Gier und der Hass.

Die Wege zum Glück hängen auch vom Charakter ab. Es gibt Menschen, denen die zwischenmenschlichen Beziehungen am wichtigsten sind, andere wiederum finden in einer sinnvollen Arbeit zu sich selbst. Und wieder andere erleben wesentliche Erfüllung in den eigenen seelischen Vorgängen.

Taktik 1: Nicht unglücklich werden

Wie bereits zu lesen war, ist das Gegenteil von Glück Depression, nicht Unglück. Deshalb ist die Taktik, nicht unglücklich zu werden, so etwas wie ein Seitenweg. Es geht dabei nicht wirklich um eine Möglichkeit, zu Glück zu gelangen. Einige Forscher glauben, bereits die Abwesenheit von Leid sei Glück. Das ist eine sehr passive Auffassung; das Fehlen von Unglück muss einen nicht zwangsläufig Glück empfinden lassen. Trotzdem ist die aktive Vermeidung von Unglück wichtig, denn wir können nun einmal nicht zeitgleich Unglück und Glück empfinden.

Um Unglück zu vermeiden gibt es laut Sigmund Freud (13) grundsätzlich nur drei verschiedene Mittel: Ablenkungen, Ersatzbefriedigungen und Rauschmittel.

Wobei eine *Ablenkung* auch das Streben nach Macht und Geld umfassen kann – Ablenkung bedeutet also viel mehr als in Urlaub zu fahren, oder in einem Club abzufeiern. Ablenkungen, so kann man sagen, haben dem Menschen erst das verschafft, was das Menschliche heute ausmacht. Auf ihnen basiert unsere Kultur.

> Unsere Kultur gründet zu einem wesentlichen Teil auf dem Versuch, Unglück zu vermeiden oder zu vermindern.

Deshalb kann ein Smartphone nicht glücklich machen, aber sehr wohl Unglück verhindern. Beispielsweise wenn man den Pizzalieferservice anruft, um dem drohenden Hungertod zu entrinnen.

Ersatzbefriedigungen führen vom Handfesten und Greifbaren in die Illusion. Das Kreative, was uns vom Alltäglichen oder Überlebensnotwendigen ablenkt, ist eine Ersatzbefriedigung. Es befruchtet unsere Fantasie und wächst zugleich auch aus ihr hervor. Auf einen Bildschirm, wie etwa den des Fernsehers, zu starren, ist ebenso eine Ersatzbefriedigung.

Rauschmittel sind jedem klar.

Was einen tatsächlich unglücklich macht, kann man oft nicht spontan beantworten. Oder die vermeintlichen Unglückssituationen sind beim genauen Betrachten gar keine:

Wieder zwei Richtige im Lotto statt sechs Richtige? Einfache Lösung: Tippen Sie nie wieder – Unglück vermieden!

Neidisch auf das neue Auto vom Nachbarn? Einfache Lösung: Marder sammeln und unter dem Auto aussetzen – was können Sie schon dafür, wenn die drolligen Tierchen so einen Appetit auf Gummischläuche haben.

Sauer, weil die Ampel schon wieder auf Rot geschaltet hat? Einfache Lösung: Zu Hause bleiben.

Natürlich sind diese Lösungen nicht ernst gemeint, sie sollen aber auf etwas Wichtiges hinweisen: Auch wenn man Unglück vermeiden will, sollte man die späteren Folgen seiner Entscheidungen bedenken.

Taktik 2: Das Glück erfolgreich einladen

Wir haben die Pflicht uns selbst gegenüber, ein möglichst gutes Leben anzustreben. Das Ziel der Glückseligkeit (wie es früher hieß) ist Jahrtausende alt. Vor etwa 2500 Jahren haben sich bereits griechische Philosophen mit diesem Thema herumgeschlagen. Es gibt viele Ansätze, ein solches Lebensziel zu erreichen. Vermutlich ist es jedoch um einiges sinnvoller, dies nicht als ein hohes Lebensziel zu betrachten, sondern als ein Ziel für jeden einzelnen Tag. Dabei kommt es auf das richtige Maß an. Auch Glück sollte dosiert sein. Die Inflation von Glück würde dessen Wert auslöschen.

Taktik 3: Zufriedenheit anstreben

Zufriedenheit bedeutet, in einer Form von innerem Frieden zu leben. Und Frieden kommt nur auf, wenn man sich wohlfühlt und wenn man keine Ängste verspürt. Wenn man mit dem Wesentlichen, was ist, im Einklang ist. Deshalb hat Zufriedenheit weitgehende Auswirkungen auf unser Gefühlsleben. Manche werden einwenden, Zufriedenheit mache träge oder schläfrig. Das ist weniger als die halbe Wahrheit. Schauen wir uns zunächst an, was Unzufriedenheit mit einem macht: man ist gehetzt, starrt unentwegt auf eine mögliche bessere Zukunft, spürt Unruhe und empfindet eine Unlust am tatsächlichen Leben.

Unzufriedenheit kann kein ernst gemeintes Mittel sein, um seine Ziele zu erreichen. Venedig gründete sich auch nicht auf Dung, sondern auf Eichenholz.

Zufriedenheit bedeutet das Gegenteil: In einer Form von Balance sein, auch das Heute genießen können, nicht nach immer mehr oder anderem streben, Ruhe haben und Lust am Leben. Selbst wenn Zufriedenheit in Trägheit abgleitet, warum soll das immer schlimm sein? Wer sagt denn, dass wir ununterbrochen strebsam sein müssen? Das ist eine alte Glaubensvorstellung, die sich der Kapitalismus auf die Fahnen geschrieben hat, damit wir alle immer mehr konsumieren. Selbst wenn der Mensch träge, aber damit zufrieden ist: Was wäre daran auszusetzen? Trotzdem hat Zufriedenheit sicher dann besondere Kraft, wenn wir uns ihr bewusst sind und den Zustand weder als selbstverständlich abtun noch uns auf unseren Lorbeeren ausruhen, sondern schauen, wie wir unser Leben weiterhin aktiv gestalten und ergreifen können.

Ü Seite 153: Meine alltäglichen Freuden. Inhalt der Übung: Wo das eigene Glück lebt

Nachdem Sie die Übung gemacht haben, ist Ihnen jetzt klar, welche Kapitel von besonderer Bedeutung für Sie sind. Sie haben verstanden, welcher der drei sehr unterschiedlichen Wege zu einem guten Leben für Sie persönlich Erfolg versprechend ist. Entweder Sie versuchen, Unglück zu vermeiden oder bestehendes Unglück aufzulösen (s. Kap. *Was ein gutes Leben verhindert* und Kap. *Techniken für ein gutes Leben*), oder Sie streben dahin, dass Ihnen Ihr Glück entgegenkommt. Oder Sie haben sich entschieden, die Bedeutung der Zufriedenheit noch genauer kennenzulernen (s. Kap. *Die Einladung fürs eigene Glück vervollkommnen*). All das sind Chancen, die Sie nutzen können. Ein Tipp: Lesen Sie das Buch ganz durch und entscheiden dann noch einmal, was derzeit Ihren eigenen Weg ausmacht.

Die Prinzipien des Glücks

Stellen wir uns vor, in einer unangenehmen Situation zu sein. Unser Auto hat eine Reifenpanne und unser Handy keinen Strom mehr. Es regnet stark und wir kommen mit diesem blöden Set nicht zurecht, das statt eines Ersatzreifens im Kofferraum liegt. Da stehen wir nun einsam auf einer Landstraße, es wird langsam dunkel und wir verfluchen die wenigen Autofahrer, die weiterfahren, ohne uns zu helfen. Schließlich hält doch noch ein Auto an, eine junge Frau steigt aus und fragt, was das Problem ist. Wir schildern die Lage, haben aber Zweifel, dass dieses zarte Wesen uns wirklich behilflich sein kann, doch der Schein trügt: Die Frau ist Automechanikerin und in wenigen Minuten ist unser Auto wieder fahrbereit. Dankbarkeit durchströmt uns. Wir fragen, was wir ihr Gutes tun können, sie winkt ab und uns aus ihrem wegfahrenden Auto zu. Wir können weiterfahren und sind glücklich. Dieses Glück erwuchs praktisch aus der eigenen Dankbarkeit aufgrund der uns entgegengebrachten Mitmenschlichkeit und Hilfe. Ein solcher Ablauf ist grundsätzlich möglich. Das erste Prinzip des Glücks lautet also:

1. **Es gibt Gefühle, die uns zu unserem Glück hinführen.**
   Das ist wichtig, denn die uns zum Glück leitenden Gefühle sind oftmals leichter »herzustellen« als das Glücksgefühl selbst. Damit eröffnen sich uns Wege zum Glück. Sie laden das Glück geradezu ein. Ansonsten versteckt es sich gern ein wenig, es ist wie ein scheues Reh.
   Verlassen wir kurz unser Glück und gehen hin zur Angst. Wenn man als Kind eine Geisterbahn besteigt, ist einem schon recht mulmig zumute – was da Schlimmes auf einen zukommen kann … Dabei ist es die *Erwartung* von etwas Unbekanntem, die uns Angst macht. Wer – selbst als Kind – dann mehrfach mit derselben Geisterbahn fährt, stumpft ab, langweilt sich sogar irgendwann: »Gleich springt wieder der Tote aus dem Sarg.« Es kommt bei fast allen Gefühlen zur Gewöhnung. Daraus folgt etwas sehr Wichtiges: Wer Glück erwartet, wird es kaum bekommen. Und wer sich ständig glücklich fühlen will, wird dieses Ziel nicht erreichen. Das ist nicht möglich.

2. **Glück kann kommen, wenn es unerwartet ist.**

3. **Glück als Dauerzustand kann es nicht geben.**
   Wie eben schon beschrieben, verstärkt Ungewissheit die Chance auf ein Gefühl. Aber hierfür muss der Boden bereitet sein, der Raum oder Rahmen vorher eingerichtet sein. Eine Geisterbahn wird kaum zu einem Glücksgefühl beitragen, einen lieben Menschen nach langer Zeit wiederzusehen schon. So wie eine Geisterbahn ein typischer Raum oder Rahmen für Angst ist, sollten wir uns klarmachen, welche unsere persönlichen Räume für Glück sind. Wir müssen uns also die Frage beantworten, was uns Glück verschaffen kann.

4. **Glück braucht Vorbereitung (die man nicht immer, aber oft, selbst leisten kann).**
Bleiben wir noch kurz bei der Geisterbahn. Wenn wir sie das erste Mal verlassen haben, werden wir uns als Erwachsene vermutlich etwas gelangweilt fühlen, vielleicht aber auch – wenn sie ganz furchtbar war – erleichtert, in einigen Fällen auch froh. Der Grund ist einfach: Nach überstandener Angst folgt Erleichterung. Es gibt also logische Abläufe, die wie »Gefühlsketten« erscheinen. Der logische Ablauf, der zum Glück führt, ist, etwas gemeistert zu haben, das schwierig war.

5. **Glück entsteht, wenn schwere Zeiten vorbeigehen.**
Schwere Zeiten können deshalb ein Preis sein, den wir für unser Glück zahlen müssen.

6. **Glück entsteht, wenn wir Aufgaben meistern, unsere eigene Wirksamkeit erleben.**
Wer die eigene Energie spürt und seine eigene Kraft einsetzen kann, spürt die eigene Wirksamkeit und entwickelt meistens Selbstsicherheit. Alles scheint möglich, zumindest das meiste. Nichts, was in uns Platz für Zweifel böte. Selbstsicherheit allein führt meistens noch nicht zum Glücksgefühl. Wir müssen etwas vollbringen, eine konkrete Aufgabe lösen, um uns dann glücklich zu fühlen. Die Sache im Griff zu haben, die Aufgabe zu meistern, darum geht es.

7. **Glück zeigt sich häufiger, wenn wir eine sichere Bindung haben (oder mehrere).**
Es gibt Beziehungen, die in die Brüche gehen. Manche davon waren von vornherein zum Scheitern verurteilt, andere entwickelten sich spät auseinander. Dennoch: Meistens sind Beziehungen eine Zeit lang wundervoll. Wir erleben sie als erfüllend, sehnen uns nach dem anderen und können uns überhaupt nicht vorstellen, ohne ihn oder sie zu sein. Positiv empfundene Beziehungen und damit Bindungen drücken sich meistens durch die Sehnsucht aus, dem anderen ganz nah sein zu wollen. Sehnsucht führt zu zweierlei, zum Verlangen und zum Glücksgefühl. Das kann durchaus erlebt werden, ohne den anderen zu sehen. Einfach das Wissen und Gefühl um den anderen Menschen genügt.

8. **Ein gemeinsames Erleben führt zum Glücksgefühl.**
Meistens beziehen sich Menschen am Anfang ihrer Beziehung ganz aufeinander. Sie wollen alles gemeinsam erleben, andere spielen in dieser Zeit nur eine untergeordnete Rolle. Irgendwann wird das aber doch etwas langweilig. Dann kommen die Freunde wieder zum Zug. Aber gleich, ob es sich um die Anfangs- oder eine fortgeschrittene Phase einer Beziehung handelt, ist gemeinsam Erlebtes eine Quelle von Glücksgefühlen.

9. **Ein Gewinn kann zum Glücksgefühl führen.**
   Wie gesagt führt oftmals das Unerwartete zum Glücksgefühl. Daraus folgt ein weiteres Glücksprinzip: Unerwartet sind meistens Gewinne. Das mögen Gewinne in irgendwelchen Glücksspielen sein, können aber auch unerwartete Gehaltserhöhungen sein.

10. **Wenn Sehnsucht erfüllt wird, kann dies zum Glücksgefühl führen.**
    In vielen Büchern steht etwas vom Menschen als Sammler und Jäger. So weit will ich es hier nicht treiben, es soll genügen, wenn an anderen Stellen etwas von vor 2500 Jahren lebenden Philosophen auftaucht. Trotzdem: Wenn wir etwas erjagt – oder auch nur bekommen – haben, das uns sehr erfreut oder das wir besonders ersehnten, sind wir meistens glücklich. Einmal mehr geht es um das Unerwartete. Das gilt ebenso, wenn wir etwas bekommen, von dem wir nicht mehr (oder niemals) dachten, es zu erhalten.

11. **Intensive, freudige Erlebnisse führen zum Glücksgefühl.**
    Dazu gehören ganz unterschiedliche Erlebnisse wie Reisen, Veranstaltungen oder Feste, welche uns dem Glück näher bringen.

12. **Es gibt Räume, Städte, Landschaften, die einen zum Glücksgefühl bringen.**
    Vielleicht kennen Sie das auch: Sie kommen an einen bestimmten Ort, und dort keimt Glück in Ihnen auf, unabhängig von Menschen oder Begebenheiten. Der Ort als solcher entfaltet diese Wirkung. Es ist am ehesten ein Gefühl wie: »Hier bin ich richtig, hierher gehöre ich, hier will ich sein, hier ist alles in Ordnung.« Es ist das Gefühl, dass alles passt.

13. **Innere Konfliktfreiheit und Klarheit sind häufige Begleiter von Glücksgefühlen.**
    Hier zeigt sich ein weiteres Prinzip des Glücks: Wir alle kennen Zeiten voller Zweifel, Sorgen und schwerer Gedanken. Aber die meisten kennen auch Zeiten, in denen alles wie geschmiert läuft. Wir fühlen uns rundum wohl, so könnte es immer sein. Das sind praktisch immer Zeiten ohne tiefere Konflikte und Unsicherheiten.

14. **Änderungen von einem unerwünschten oder unangenehmen Zustand zu etwas Besserem führen zum Glücksgefühl.**
    Trotzdem können auch weniger erwünschte Situationen zu unserem Glück beitragen – und zwar, wenn sie vorübergehen. Das können banale Auslöser sein. Die wenigsten erfreuen sich an vier Wochen Dauerregen. Wenn sich dann aber das erste Mal wieder zaghaft die Sonne zeigt, durchströmt einen vielleicht ein wenig Glück. Genau das Gegenteil kann ebenfalls glücklich machen. Wochen oder Monate von andauernder Trockenheit lassen unsere Pflanzen leiden. Wenn es dann wieder regnet, machen die betroffenen Landwirte ein Tänzchen. Auch die Überwindung einer schweren Erkrankung kann uns zum Glück führen.

15. **Wer etwas unbedingt festhalten will, vertreibt damit sein Glück.**
Das eben Gesagte zeigt auch, dass Glück eine gewisse Dynamik braucht. Die Änderung in Richtung des Besseren gehört dazu. Das führt zu einer recht wesentlichen Erkenntnis. Viele von uns wollen, wenn es ihnen einmal gut geht, dass sich nichts mehr ändert. Das können wir am politischen Klima sehen, wo viel Kraft investiert wird, um alles beim Alten zu belassen. Das funktioniert zwar nie, aber versucht wird es doch immer. Festhalten am Bestehenden ist ein Hochrisikoverhalten für das Glück, das eben erst mit einer gewissen Dynamik erscheinen kann. Wenn etwas bleiben soll, wie es ist, entspricht dies einer Starre. Starre jedoch verhindert Glück.
Das gilt besonders für Beziehungen. Wer in einer Partnerschaft den anderen zu fest umklammert, würgt damit ein fließendes, harmonisches Miteinander ab.

16. **Glück spüren wir am besten, wenn wir es uns bewusst machen.**
Die sogenannte »hedonistische Gewöhnung« ist nichts anderes, als dass wir uns schnell an gute Umstände gewöhnen. Nach recht kurzer Zeit nehmen wir das Glück nicht mehr wahr und auch nicht, wie gut es uns geht. Wer nicht rechtzeitig wach wird, setzt eine Spirale aus »es muss besser werden und besser und besser« in Gang.

17. **Künstlich hergestelltes Glück wird auf Dauer zum Unglück.**
Die meisten von uns dürften irgendwann schon einmal einen Rausch gehabt haben. Ein »tolles« Gefühl, aber wie lang – oder wie kurz? Das ist schnell vorbei und der Kater danach umso schlimmer. Jeder kennt das, was nun kommt, dennoch: Rausch oder Suchtmittel führen nur zu Beginn zum Glücksgefühl, danach ist der Absturz programmiert. 60 Sekunden Achterbahn mögen geil sein, zwei Stunden sind jedoch furchtbar.

18. **Wenn wir beim Erreichen eines Ziels glücklich sind, dann am ehesten, wenn dabei irgendetwas für uns unerwartet ist.**
Wenn wir ein (lange Zeit) angestrebtes Ziel erreichen, muss sich bei Weitem nicht immer Glück als Gefühl einstellen. Wir können einfach nur erleichtert sein, oder erschöpft, oder satt, oder zufrieden. Auch Stolz und selbst innere Leere treten häufig auf. Immerhin bricht damit ja ein Ziel weg. Wie erreichen wir es, glücklich zu werden, wenn wir ein Ziel erreicht haben? Das ist ein wenig trickreich. Es kommt einmal mehr auf das Unerwartete an. Wer die Schulnote 1,0 erwartet und sie erreicht, ist allenfalls zufrieden. Wer die 3,0 erwartet und die 2,2 erreicht, wird eher glücklich sein. Sobald also in uns eine gewisse Unsicherheit herrscht, was das Ziel angeht, können wir eher mit Glück rechnen. Wie kommt man aber aus dieser Kiste heraus, wenn man nun einmal die Note 1,0 erwarten darf? Vielleicht fällt einem als Erstes ein, das Ziel ein wenig höher stecken zu sollen. Vielleicht wäre es aber auch sinnvoller, die Fokussierung zu ändern. Also zu schauen, was neben dem vorgeblich leichten Ziel noch so möglich ist. Ansonsten gilt Prinzip 16.

Was ein gutes Leben verhindert: Von Lügen, Unglücken und anderen Dingen

Unser Streben nach Glück ist nicht egoistisch, sondern menschlich und normal. Ein Widerspruch zwischen »normal« und »glücklich« besteht nicht. Man kann auch schreiben: Unglücklich ist nicht normal. Sigmund Freud spricht davon, wie sich das Lustprinzip im Laufe des Lebens zum Realitätsprinzip wandelt. Das ist bescheidener, weil man sich schon als glücklich bezeichnet, wenn nur das Unglück fehlt oder ein Leiden vorüberging. Deshalb versetzt Sie dieses Buch in Ihre Jugend zurück!

Es gibt drei Hauptquellen für Unglück (13). Aber halt! – sagt jetzt vermutlich Ihr Unbewusstes –, das hier ist doch ein Buch über Glück? Unglück verhindert aber ein gutes Leben. Deshalb: Die erste Unglücksquelle ist der eigene Körper. Damit sind Erkrankungen und Leiden sowie dessen altersbedingter Abbau gemeint. Die zweite ist die Außenwelt. Das bedeutet, jeder andere Mensch und auch die Natur können sich stetig gegen uns richten. Da können wir noch so lieb sein. Wenn sich Wetterkatastrophen, Unglücke oder körperliche Angriffe gegen uns richten, können wir dagegen nicht viel ausrichten. Und es gibt noch eine dritte Unglücksquelle: Die Beziehungen zu anderen Menschen. Die meisten kennen auch diese Quelle des Unglücks, z. B. durch die Trennung von einem (ehemals) geliebten Menschen.

Wenn wir uns überlegen, was tatsächlich Unglück auslöst, dann sagen wir vielleicht, das Verhalten eines Vorgesetzten oder eine schwere Erkrankung. Wir haben durchaus die Tendenz, Unglück außerhalb von uns zu vermuten und zu lokalisieren. Etwas anderes oder andere Menschen sind dann an unserem Unglück schuld. Damit machen wir es uns schwer, nicht leicht. Denn sobald wir die Verantwortung für ein so wichtiges Thema von uns weisen, geben wir sie ab. Nur: Wie soll sich etwas in unserem Sinne ändern, das nicht in unserer eigenen Macht liegt? Ohne Zweifel gibt es genug, das tatsächlich außerhalb unseres Einflusses liegt (Erkrankungen gehören dazu) – aber es gibt einiges, das wir selbst bestimmen können. Dazu gehört auch, wie wir uns auf Inhalte, die unveränderbar sind, einstellen. Welche Haltung wir dazu einnehmen. Mindestens ebenso bedeutsam ist, wie wir selbst für unser Unglück sorgen. Das geschieht auf zwei Wegen. Zum einen mit unseren Einstellungen (Vergleiche, Bewertungen, Vorstellungen, Ideen, Haltungen), die uns sogar ein gutes Leben unmöglich machen können. Zum anderen mit unserem Verhalten (Taten, Tätigkeiten), das ebenfalls Unglück fördern kann. Wie machen Sie das konkret?

Ü Seite 155: Was passt und was nicht. Inhalt der Übung: Wie ich gegen mich lebe

Geld oder Leben?

Man kann sich des Eindrucks nicht erwehren, dass die Menschen gemeinhin mit falschen Maßstäben messen, Macht, Erfolg und Reichtum für sich anstreben und bei anderen bewundern, die wahren Werte des Lebens aber unterschätzen.

Sigmund Freud

»*Geld allein setzt die Welt in Bewegung*« – das sagte 50 v. Chr. ein gewisser Syrus. Ovid, kaum später, meinte: »*Wenn einer Geld hat, darf er so dumm sein, wie er will.*« Livius (59 v. Chr. bis 17 v. Chr.) schließlich steuerte Folgendes bei: »*Nichts ist schmerzhafter als der Verlust von Geld.*« Kaum gab es das Geld, schon schlug seine Macht zu. Es könnte sich um ein Werk des Teufels handeln, wenn es den gäbe.

Haben und Besitz

Geld ist etwas, das man besitzen kann. Damit spielt Geld in der Liga des Habens (man hat es und viele haben es nicht). In diese Liga gehören wichtige, für den Menschen auch überlebenswichtige Dinge wie unsere Nahrung (die wir haben oder nicht) oder eine Wohnung. Der Mensch ist wesentlich auch ein Körper und den haben wir ebenso. In diesen Bereich gehört etwas, das wir vermutlich spontan nicht als unseren Besitz ansehen, nämlich unsere Seele. Sie ist der zweite Teil, der andere Pol des menschlichen Besitzes. Dieser ureigene Besitz von Körper und Seele hat einen Sinn und einen Nutzen: Ohne sie zu haben, kann man nichts tun (8). Mit anderen Worten:

> Wir können uns nicht um den Sinn unseres Lebens kümmern, solange wir nichts haben.

Es gibt zwei sehr verschiedene Grundformen unseres Besitzes, einmal das Haben, was dem Menschsein wirklich nützt (8). Hierher gehört auch der Besitz, der uns tatsächlich und auf Dauer erfreut, ja erfüllt. Freude ist nicht Protzen – es geht also nicht um das hirnlose Ansammeln von Gegenständen. Das beglückende Haben ist wesentlich für die kulturelle Entwicklung von uns Menschen. Wenn sich frühere Generationen nicht an Kunstwerken wie von Rembrandt, van Gogh oder Picasso erfreut hätten, könnten wir heute auf diesen Schatz nicht zugreifen. Besitz, der in diesem Sinne nützt, ist ohne jedes Risiko und kann angestrebt, genutzt und behalten werden. Er kollidiert nie mit Unglück, allenfalls kann er uns erfreuen.

Aber es gibt noch eine ganz andere Form von Haben, das dem Schein oder der Fassade, der Show dient. Dazu gehört das Protzgehabe, mit dem man sich selbst und andere ablenkt. Es wird benutzt, um den mangelnden Selbstwert aufzupolieren. Diese Politur wird jedoch allzu rasch matt, weswegen dieses Verhalten nach

Steigerung giert. Genügt dem jungen Herren am Anfang noch der dezente Spoiler auf der Familienkarre, muss es später doch der Sportwagen aus schwäbischer Produktion sein. Dieses Protzgehabe ist seit Langem ein wesentlicher Faktor unserer Wirtschaft. Sie würde geradezu einbrechen, wenn Menschen nicht mittels sehr unterschiedlicher Waren versuchten, ihren empfundenen Minderwert auszugleichen. Neben dem Protzen geht es bei dieser zweiten, weniger sinnvollen Form des Habens auch um die Minderung von Angst. Besitz soll uns Sicherheit vortäuschen. In gewisser Weise funktioniert das auch – es ist nun einmal besser, Kartoffeln im Keller zu lagern, als keine zu haben, wenn der Winter naht und es keinen Supermarkt in der Nähe gibt. Aber Besitz macht dummerweise immer auch Angst, weil er gestohlen oder zerstört werden könnte.

Dann gibt es noch das, was wir horten. Dazu gehören umfassende Sammlungen; die Extremform dieser menschlichen Spezies nennen wir »Messie«. Auch dahinter steckt meistens Angst (zu verhungern, nicht mehr genug zu besitzen).

Wenn wir diese Aussagen zum Besitz und damit auch zum Geld auf uns wirken lassen, werden wir vermutlich enttäuscht sein, was dessen Bezug zu unserem Glück angeht. Die erste der eben beschriebenen Gruppen ist tatsächlich notwendiger Besitz. An diesem können wir uns erfreuen, müssen es aber nicht. Es ist auf Dauer einfach etwas banal, sich jedes Mal an einem Werkzeug zu ergötzen, das wir zum Arbeiten benötigen. Die zweite Gruppe von Besitz hingegen hat eine gewisse Sprengkraft: Haben, das eigentlich dem Glück dienen soll, dient in Wirklichkeit dem Schein. Es soll eine Form von Lebensinhalt und Lebenssinn abbilden. Das kann Materie jedoch nicht leisten. Vieles, das ursprünglich nicht in diese Gruppe hineingehört wie Partner oder der Status oder ein Titel werden seit jeher zum Scheinaufbau missbraucht. Glück, das wahrhaftig ist, kollidiert jedoch mit jedem Schein. Es entlarvt ihn sozusagen, indem es sich immer seltener zeigt oder nach steter Steigerung (des Besitzes) verlangt. Wer mit einem gebrauchten Kleinwagen nicht zufrieden sein kann, wird es auch mit dem neuen Bentley nicht werden. So wie man nur scheinbar seinen Selbstwert mit etwas Äußerem steigern kann, macht dieses Äußere nur scheinbar glücklich. Besitz ist weder gut noch schlecht, manchmal notwendig, aber niemals Glück spendend. Glück ist die Ebene unserer innerlich bewegten Gefühlswelt, gehört also zu dem, was wir »tun«. Besitz ist die Welt des Habens und damit letztlich starr und unbeweglich.

Freiheit wächst nicht am Geld

Eine Grundlüge ist, Geld mache frei. Das tut es nur in einem einzigen Bereich, dort nämlich, wo man damit etwas kaufen kann. Nur: Gesundheit kann man nicht kaufen, Glück ebenso wenig und eine gute Partnerschaft erst recht nicht (denn wenn dafür Geld nötig ist, ist es keine gute Partnerschaft). Das Einzige, wovon Geld uns befreit, sind materielle Sorgen. Immerhin.

> Geld trägt nur wenig zu einem guten Leben bei.

Glück oder Nichtglück – das ist hier die Frage

Allerneueste Untersuchungen sollen die Vorstellung widerlegen, ab einer gewissen Grenze würden mehr Einnahmen nicht noch glücklicher machen. Bisher galten 75.000 Dollar im Jahr als diese Grenze. Nun stimmt das angeblich nicht mehr, wie der Wirtschaftsnobelpreisträger Angus Deaton nachgewiesen haben will. Ich bezweifle das – oder es gilt nur für die Menschen des Staates, die für diese Forschungen zur Verfügung standen. Die folgen nach wie vor der Vorstellung, dass »bigger« gleich »better« sei. Deshalb brauchen sie auch immer mehr Waffen, um ihren Besitz zu »verteidigen«.

Zufriedenheit und Glück sind nahezu unabhängig von Besitz. Deshalb ist man meistens auch mit dem *nicht* zufrieden, was man gerne haben möchte, sofern man nicht jetzt schon zufrieden ist. Zufriedenheit, im inneren Frieden sein, kann durch *kein Ding* der Erde hergestellt werden. Auch Glück lässt sich nicht mit Geld kaufen, Freude schon. Vielleicht ist das der Grund, warum es »Freudenmädchen« heißt und nicht »Glücksmädchen«. Freunde lassen sich übrigens auch mit Geld kaufen, aber eben nur falsche.

Warren Buffett, einer der reichsten Männer der Erde, sagte einmal: »Die glücklichsten Menschen haben nicht zwangsläufig die besten und teuersten Dinge. Sie schätzen die Dinge, die sie haben.« Vielleicht ist das einer der Gründe für seinen Erfolg, ziemlich sicher ist es jedoch ein Grund dafür, dass er seit Jahrzehnten im selben, vergleichsweise bescheidenen Haus wohnt.

Abnehmender Grenznutzen

Man soll ja bekanntlich keiner Statistik glauben, die man nicht selbst gefälscht hat. Dennoch spricht jede Untersuchung davon, dass Personen mit höherem Einkommen ihr Wohlempfinden höher bewerten als Menschen, die weniger verdienen (14).

Aber die Beziehung zwischen dem Einkommen und dem Glück ist nicht linear. Unser Glück steigt nicht genauso an wie unsere Einnahmen. Statistiker nennen das einen »abnehmenden Grenznutzen«, was nichts anderes bedeutet, als dass ab einer bestimmten Geldmenge das empfundene Glück immer langsamer und schließlich praktisch gar nicht mehr ansteigt. Das ist eine tolle Botschaft! Wer bisher alles dafür getan hat, um mit dem erzielten Mehr an Geld auch mehr Glück zu erlangen, kann einige Gänge runterschalten.

Das mit dem abnehmenden Grenznutzen kennen wir alle aus dem Alltag. Stellen Sie sich einfach Ihr Lieblingsessen vor. Wie geht es Ihnen, wenn Sie ausgehungert vor einer großen Portion dieser Köstlichkeit sitzen? Und wie geht es Ihnen, wenn Sie bereits eine üppige Portion davon gegessen haben und nun eine neue auf den Tisch gestellt wird? Sobald die Grenze eines vollen Magens erreicht ist, haben wir davon keinen Nutzen mehr. Das ist abnehmender Grenznutzen.

Geld lässt sich nicht essen. Da manche das jedoch nicht glauben wollen, sondern ihren Hals nicht vollkriegen können, brauchen sie immer mehr davon. Das liegt daran, weil wir Geld anders werten. Wer einen Euro besitzt, für den sind 1 000 Euro zusätzlich unglaublich viel. Wer schon 1 000 Euro sein Eigen nennt, für den sind 1 000 Euro zusätzlich immerhin noch eine Steigerung um 100 Prozent. Wer jedoch 1 000 × 1 000 Euro hat, für den bedeuten 1 000 Euro obendrauf nur noch eine Steigerung um 0,1 Prozent. Bei Geld öffnet sich also auf wundersame Weise der schon volle Magen, und wir setzen es immer in Relation zu dem, was wir bereits besitzen oder – schlimmer – in Bezug zu dem, was andere besitzen. Neid komm raus!

Gewöhnung

Fast niemand kann sich von steigenden Ansprüchen frei machen, die mit steigenden Einnahmen einhergehen. Wer als Student noch problemlos mit wenigen 100 Euro im Monat auskam, für wen in den ersten Jahren der Berufstätigkeit vielleicht 1 000 Euro reichten, dem genügen später auch 5 000 Euro nicht mehr, sofern nur die Einnahmen hoch genug sind.

Da schlägt die hedonistische Gewöhnung gerade bei Geld erbarmungslos zu. Wir gewöhnen uns an fast alles, und an Gutes besonders rasch. Wer so richtig viel in der Lotterie gewonnen hat, ist zunächst begeistert, schließlich freut er sich noch, doch irgendwann ist die Zufriedenheit nicht mehr höher als vor dem Gewinn.

Relativitätstheorie

Es gibt zwei Hauptursachen für Unzufriedenheit, den Vergleich, und damit die Bewertung, und die Gewöhnung. Es gehört schon eine nahezu übermenschliche Kraft dazu, diese beiden Ursachen Tag für Tag zu erkennen und sich aktiv dagegenzustellen. Anders gesagt: Wir können uns diesen selbst gemachten Einflüssen kaum entziehen. Stellen Sie sich einmal vor, Sie könnten ab sofort 50 Prozent mehr verdienen. Wie werden Sie reagieren? Sie wären wahrscheinlich hochzufrieden, ein kleiner oder auch größerer Freudenausbruch ist fällig. Nun erfahren Sie, dass zeitgleich anderen (die Sie kennen) nicht 50 Prozent, sondern 75 Prozent mehr Einnahmen versprochen wurden. Schon ist Ihre Zufriedenheit hin und Sie ärgern sich, unnötige Energie mit dem vorherigen Ausbruch verbraucht zu haben. Gerade bei Geld neigen wir dazu, uns ständig mit anderen zu vergleichen. Deshalb ist Geld für uns immer relativ und nicht absolut. Das ist die wahre Relativitätstheorie, denn nicht nur in der Theorie, sondern auch in der Praxis werden wir immer Menschen finden, die relativ gesehen besser bezahlt werden als wir selbst. Zu dieser Referenzgruppe gehören Arbeitskollegen (bei Selbstständigen andere Selbstständige), aber auch Familienangehörige oder Freunde und Bekannte (14), selbst Prominente werden nicht verschont.

Suchtgefahr

Mit dem Geld ist das so eine Sache: Mehr davon macht nämlich nur dann ein wenig glücklicher, wenn das Gehalt (die Bezahlung) *dauerhaft* steigt. Hier sehen Sie die Parallele von Geld und Sucht. Am Anfang reicht ein Schnäpschen, dann braucht es noch ein Piccolöchen dazu, dann steigt man irgendwann auf ganze Flaschen um. Gewiefte Arbeitgeber können aus der Erkenntnis, dass eine einmalige, auch stattliche Erhöhung des Gehaltes keinen besonderen Einfluss auf das Glücksempfinden der Mitarbeiter hat (1), den Schluss ziehen, auf die Gehaltserhöhung gleich ganz zu verzichten. Das ist hier aber natürlich nicht gemeint. Denn die Lösung ist ganz einfach – ansteigend mehr zahlen! Dabei muss die Summe auf der Lohnabrechnung nur wenig zunehmen. Trotzdem kommt auch der Arbeitszeit eine Bedeutung zu, sie darf nämlich trotz steigendem Lohn nicht länger werden.

Gier und Unfreiheit

Wenn wir gierig werden, finden in unserem Gehirn in den gleichen Regionen Aktivitäten statt wie bei sexueller Erregung (10). Insofern ist Gier also geil, Geiz weniger. Werbung sagt eben oft nicht die Wahrheit. Dabei bleibt diese Aktivität auf ähnlich hohem Niveau, solange wir das Ziel (etwa Geld) noch nicht erreicht haben. Wir begehren also vorrangig das, was gerade *nicht* in unserem Besitz ist. Kaum dass wir es allerdings haben, interessiert es uns nicht mehr sonderlich. Geil ist das Streben an sich und weniger der Besitz. Darin liegt ein Grundproblem, aufgrund dessen Geld nicht wirklich glücklich macht: Sobald man es hat, puscht es einen nicht mehr richtig. Glücklich machen also das Streben und der Moment der Erlangung. Doch danach ist der Effekt verraucht. Viele realisieren diesen Effekt nicht, aber sie bemerken die positiven Auswirkungen ihrer Gier. So streben sie nach immer Neuem und meistens auch nach immer mehr. Das strengt auf Dauer ziemlich an und kaschiert letztlich nicht die Leere, die zwangsweise auftaucht, sobald man irgendein Gut sein Eigen nennen kann. Mehr noch als bei Geld ist das bei Konsumartikeln nachvollziehbar. Wie groß die Vorfreude auf das neue Smartphone, die tolle Hi-Fi-Anlage, die schicken Klamotten oder das schnittige Auto auch waren, kaum befindet es sich in unserem Besitz, nimmt das positive Gefühl ab, oft sogar sehr schnell. Der Teufelskreis entsteht also, wenn sich die Erwartung auf den Gewinn besser anfühlt als der Gewinn selbst. Deshalb versuchen wir nicht selten, diese Erwartungs- und damit Gierhaltung aufrechtzuerhalten. Selbst wenn man diesen Teufelskreis irgendwann durchschaut hat, ist es dennoch nicht leicht, dagegen vorzugehen – als zu angenehm empfinden wir ihn. Das kostet uns viel Energie.

> »Je mehr wirtschaftlichen Erfolg wir haben, umso weniger werden wir uns erregt fühlen und umso größer muss die Erwartungshaltung werden, um zufrieden zu sein.« (10)

Unsere Gier können wir nicht durch normal funktionierende seelische Abläufe kontrollieren, weil sie vom Körper gebraucht oder eingesetzt wird. Sie half nämlich in ganz frühen Zeiten der Menschheit, ausreichend Nahrung zu finden oder zu sammeln. Sie war also einmal überlebensnotwendig. Liz Taylor hat dazu auch etwas beizutragen: »Es geht nicht darum, etwas zu besitzen, sondern darum, wie man es bekommt.« Damit sprach sie sozusagen den Jäger in uns an – oder den Sammler, je nach Typ.

Doch wie um Himmels willen kommen wir denn dann aus dieser Falle heraus? Mittels einer anderen Kompetenz, die wir haben. Wenn wir uns die hohle Sinnlosigkeit der Gier klar gemacht haben, wenn wir verstanden haben, damit nicht wirklich glücklich zu werden, wenn wir akzeptiert haben, viel zu kurz und für einen viel zu hohen Preis durch Geld oder materielle Anschaffungen Glück zu empfinden, sollten wir die Reißleine ziehen. Und die hat einen Namen: Willen und Überlegung. Wir müssen es wirklich wollen, nicht mehr unserer Gier nachzugeben. Das funktioniert, indem wir uns selbst Grenzen setzen. Manche besitzen zwei Autos, eines für den Sommer und eines für den Winter. Irgendwann sollte man sich aber hinsetzen und sich klarmachen, niemals zwei Autos gleichzeitig fahren zu können – das können nur Menschen mit gespaltener Persönlichkeit. Daraufhin könnte man sich entscheiden, welches Auto einem mehr Freude macht und das andere verkaufen oder für einen guten Zweck spenden. Es ist wichtig, sich Grenzen zu setzen, wie viel Geld man wirklich einnehmen »muss«, wie viel man sich selbst zum Ausgeben zugesteht. Sich Grenzen zu setzen, wie viele Stunden man arbeiten möchte. Sich Grenzen zu setzen, ob es wirklich drei Ferienwohnungen sein müssen oder nicht auch ein einziges Haus genügt, dort, wo man sich am wohlsten fühlt.

Ein gutes Leben beginnt mit der richtigen Festlegung von Grenzen.

Es geht überhaupt nicht um Selbstkasteiung oder um spartanische Zustände. Es geht ganz einfach um das richtige Maß – und darum, nicht mittels Geld zu versuchen, ein gutes Leben zu erlangen. Es ist klüger, hierfür die anderen Chancen zu nutzen, die uns zur Verfügung stehen.

Wer frei ist von Ansprüchen an sich selbst oder an andere Menschen, stärkt das Gefühl eigener Freiheit.

Etwas nicht zu wollen oder etwas nicht zu brauchen, entlastet und erleichtert den Weg zu einem guten Leben.

Freiheit bedeutet eben auch die Freiheit, auf etwas zu verzichten.

Tunnelblick der Gier

Gier macht blind – und damit unfrei –, dabei ist die Welt doch so schön anzuschauen.

Gier produziert einen Tunnelblick, führt zu einer Fokussierung auf ein materielles Ziel. Damit blendet Gier Alternativen, die am Wegesrand warten könnten, mehr und mehr aus. Gier produziert das Gefühl, praktisch keinerlei Alternative zu haben, außer nach Geld zu streben. Das macht Gier so effektiv, was das Geld angeht, und zugleich so zerstörerisch, was das eigene Glück angeht. Wir wissen bereits, dass Depression das Gegenteil von Glück ist. Gier muss jedoch nicht zur Depression führen, viel eher hängt sie mit dem Unglück zusammen. Unglücklich sind wir auch dann, wenn wir das Gefühl haben, keine Alternativen mehr zu haben – das ist die wahre Bedeutung von Unfreiheit. Nur die Alternative verschafft uns das Gefühl von Freiheit. Das Gefühl von Alternativlosigkeit hat hingegen ein extrem herabziehendes Potenzial.

> Gier führt zu dem Gefühl der Alternativlosigkeit und verhindert damit ein gutes Leben.

Man kann also sagen, die Einseitigkeit, welche Gier vortäuscht, ist eines der drei aus ihr resultierenden Hauptprobleme. Ein anderes Problem besteht darin, dass Gier tendenziell aggressiv ist oder Mitmenschlichkeit verhindert. Gerade aber in Beziehungen finden wir unser Glück. Nicht zuletzt ist Gier mit Angst verbunden (mit der Angst vor dem Tod), weshalb sie grundsätzlich glückliche Stimmungslagen verhindert, oder zumindest vermindert.

> Geld und Glück sind einander fremd.

Das Tee-Problem

Stellen wir uns einmal vor, jemand hätte einen innovativen Tee entwickelt. Nach einem Glas von diesem Tee fühlt man sich wohl, nach zwei Gläsern freut man sich und nach drei Gläsern stellt sich ein vollkommenes Glücksgefühl ein. An einen solchen Tee kämen wir nie heran. Der Entwickler würde nämlich sofort in die Höhle der Löwen gehen, dort einen Investor finden und den einzelnen Teebeutel für einen vierstelligen Betrag anbieten.

> Gier verhindert Glück – bei einem selbst und bei anderen.

Innere Leere

Hamster sind beliebte Haustiere. Sie wirken putzig, wenn sie ihr Essen in ihren Backen horten und ins Lager schaffen. Auf uns wirken sie dabei freudig, zumindest geschäftig. Aber bei uns Menschen ist das anders, wir sind halt keine Hamster. Menge macht voll, aber sie erfüllt nicht. Nur das Wesentliche erfüllt uns Menschen. Deshalb führt die Erfüllung aller (oder der meisten) Wünsche niemals zum Gefühl, ein erfülltes Leben zu führen – eher im Gegenteil. Was bleibt, wenn man alles besitzt, was man gerne hätte? Völlige Leere.

Sechs Tricks, um sich der Macht des Geldes zu entziehen

Trick 1: Glück ist einfach, nicht luxuriös

Je mehr wir nach schwer erreichbaren Gütern streben (wie z. B. Luxusartikeln), umso größer wird unsere Abhängigkeit davon. Dafür gibt es eine relativ einfache Lösung, und die kann man am Beispiel des Durstes erklären. Was trinken Sie am liebsten? Nehmen wir an, es sei irgendein Softdrink oder auch Kaffee oder Tee, oder auch etwas Alkoholisches. All das mag viel leckerer sein als schlichtes Wasser. Wenn Sie aber Lust haben und beginnen, Ihren Durst gleich mit diesen besonderen Getränken zu stillen, kommen Sie in die Bredouille. Entweder schaden Sie Ihrer Gesundheit oder Ihrem Geldbeutel. Oder der Durst wird doch nicht richtig gestillt. Alternative: Sie haben Durst und trinken einfach eine wirklich ausreichende Menge eines köstlichen Wassers aus der Leitung. Wie groß ist in diesem Zustand Ihr Verlangen nach Ihrem Lieblingsgetränk? Wahrscheinlich erheblich geringer als zuvor.

So banal sie erscheint, so wesentlich ist diese Erkenntnis: Mit ganz einfachen Mitteln können wir nicht nur die Befriedigung unserer Bedürfnisse erreichen, sondern genauso unser Glück. Sobald wir keinen Durst mehr haben, ist der »Schmerz« beseitigt und die Unlust ebenso. Um dann wirklich lustvoll zu leben, braucht es meist nichts anderes mehr oder sehr viel weniger von dem, was man als Luxus bezeichnen muss.

> Einfache Mittel führen zum Glück.

Kein teures Auto führt Sie zu einem guten Leben, kein Schmuck, kein Smartphone. Der Grund ist einfach: Luxusartikel befriedigen niemals das, worum es geht, wenn wir nach ihnen streben.

Trick 2: Alternativen beschränken

Wer es (zu) leicht hat, trifft häufiger falsche Entscheidung als der, der sich seine Kapazitäten einteilen muss. Im Leben ist es also oftmals gar nicht sinnvoll, wenn alles besonders leicht abläuft. Wer kennt ihn nicht, den 1,0-Abiturienten, der in völliger Freiheit entscheiden soll, was er studieren will und prompt die falsche Wahl trifft. Das schier unüberschaubare Angebot von etwa 18.000 möglichen Studienfächern vernebelt den Blick, der sich zunächst auf den Menschen selbst und weniger auf das Fach richten sollte. Zu viele Alternativen lenken also ab, und dann werden oft die Alternativen attraktiv, die mit etwas Greifbarem – wie Geld – locken.

Eine Beschränkung der Möglichkeiten erleichtert das Leben ungemein – in Alternativlosigkeit darf es allerdings nicht ausarten.

Trick 3: Konsum mit Bedacht

Viele werden den Satz kennen, dass viel zu viele Dinge gekauft werden, die man nicht braucht, um irgendwelche Menschen zu ärgern, mit denen man eigentlich gar nichts zu tun haben will. Von Hirschhausen meint (26), man »könne nicht genug haben von Dingen, die man nicht braucht«. Da steckt Logik drin. Man kann weder zu wenig noch zu viel von etwas haben, das man nicht braucht, gerade weil dieser Besitz keine Bedeutung hat. Darüber hinaus machen einen die meisten Dinge, die man tatsächlich braucht (wie ein Bett oder ein Schreibtisch) ja auch nicht glücklich. Wie soll dann etwas glücklich machen, wenn man es noch nicht einmal braucht?

Eine Art von Sättigung erreichen wir nur dann, wenn vorher der gleiche Mangel tatsächlich existierte, der eben befriedigt wurde. Viele Einkäufe finden schon aus einem Mangel statt, aus dem Mangel an Glück oder an Liebe, nur wie soll jemals ein Einkauf diesen Mangel ausgleichen?

Trick 4: Andere nicht immer glücklich machen wollen

Wollen Sie andere glücklich machen? Dann kaufen Sie sich Nahrungsergänzungsmittel. Eine unüberschaubare Vielzahl von Pulvern, Tiefkühlprodukten, Säften, Riegeln wird heute mit dem Versprechen angeboten, dann gesünder zu leben. Wer gesund ist, hat angeblich viel bessere Chancen auch glücklich zu sein. Übrigens machen Sie wirklich andere glücklich mit Ihrem Kauf, die Verkäufer und Hersteller der entsprechenden Produkte. Die verdienen nämlich richtig gut mit unnötigen Dingen.

Ursprünglich bin ich Hautarzt, deshalb weiß ich tatsächlich das eine oder andere über das größte menschliche Organ. Niemals in meinen insgesamt 15 Jahren an einer Universitätsklinik oder als niedergelassener Arzt habe ich etwas von einer Uhr in der Haut gehört. So etwas muss es doch aber geben, denn es gibt ja auch Tages- und Nachtcremes. Vergessen Sie *alles*, was Ihnen die Werbung je über Glück erzählt hat.

Trick 5: Mit dem, was wirklich zählt, können wir nicht rechnen

Im Leben zählt nur, womit wir *nicht* rechnen können. Es sind die vielen Zufälle, die unser Leben ausmachen. Auch zählt auf Dauer genau das wenig, was viel Geld kostet. Damit führen die wahren Wege zu einem guten Leben weg vom Geld.

> Ein gutes Leben wird wahrscheinlicher, wenn wir Geld oder Reichtum nicht ins Zentrum unserer Bemühungen stellen.

Es gibt eine Übung in der Erwachsenenbildung, in der die zwei jeweiligen Übungspartner sich genau gegenüber sitzen und einander in die Augen schauen. Der eine ist der Fragensteller, der andere soll jeweils unverzüglich antworten. Dabei wird gebetsmühlenartig eine einzige Frage gestellt: »Was willst du wirklich?« Die Übung wirkt umso intensiver, je länger sie andauert. Kommen anfangs noch Antworten wie »Geld« oder »mein Glück«, stellen sich meistens bald Aggressionen ein und so mancher Antwortender schreit: »Meine Ruhe!« Aber fast immer gelangt man zu ein und demselben Schluss, denn es geht ja um das, was der Antwortende *wirklich* will. Diese letzte Antwort lautet: »geliebt werden«. Unbezahlbar!

Trick 6: Der Beruf ist ein Beruf, kein Glücksbringer

Eine wesentliche Frage zum eigenen Beruf ist, warum man ihn ausübt. Nur, um Geld zu verdienen? Vorrangig, um glücklich zu werden? Beides sind Extreme, die vermutlich auf Dauer nicht guttun. Wer den finanziellen Aspekt überbetont, begibt sich auf eine materielle Schiene, auf der es schwerfallen kann, noch Zufriedenheit zu erreichen. Denn Materie braucht stete Steigerung, um positive Effekte mit ihr erzielen zu können. Wer dagegen den Beruf als so etwas wie eine Spielwiese für die eigene, gute Laune missversteht, wird vermutlich an Grenzen stoßen, die ihm andere aufzeigen werden.

One more thing – für ein gutes Leben

Dieses Kapitel soll in keiner Weise die Bedeutung von Geld kleinreden. Geld bietet den Vorteil, materielle Entscheidungen weitgehend frei treffen zu können. Liquidität ist also zweifelsfrei von Vorteil (10). Wer sich aus welchem Grund auch immer unfrei fühlt, wird sich von diesem Gefühl jedoch nicht freikaufen können. Ähnliches gilt für Unglück: Geld kann davon nicht freikaufen. Geld kann noch nicht einmal Glück erkaufen, allenfalls Glücksmomente, die sehr rasch vorübergehen. Die wichtige Schlussfolgerung ist also:

> Geld hat mit einem guten Leben nur wenig zu tun.

Was tun dennoch viele? Sie erfreuen sich an dem kurzfristig erkauften »Glück«, das eigentlich »nur« Freude ist, um genau deshalb in immer kürzeren Abständen immer noch mehr zu kaufen. Dies spiegelt eine der Grundregeln menschlichen Verhaltens wider: Menschen wiederholen auch ein wenig angemessenes Verhalten wieder und wieder in der Hoffnung, es werde sich doch noch irgendetwas ändern. Es ändert sich aber nichts, solange man sein Verhalten nicht ändert. Oder – wie Leo Tolstoi sagte: »Einen ewigen Fehler machen alle jene Menschen, die sich unter Glückseligkeit die Erfüllung ihrer Wünsche vorstellen.«

Die Flucht vor heute

Eigentlich ist es kaum möglich, einen Zug zu verpassen. Meistens kommen die ja ohnehin später. Wenn es Ihnen trotzdem einmal geschehen ist, kann Sie Folgendes trösten: Ganz am Anfang Ihres Lebens waren Sie unter Millionen der Schnellste! Und das kann wirklich jeder von sich selbst behaupten.

Es kommt tatsächlich relativ häufig vor, dass Menschen sich beklagen, schon wieder zu spät gekommen zu sein. Dieses etwas flapsige Beispiel der eigenen Zeugung hat durchaus Berechtigung. Wir alle waren zumindest damals unter vielen, vielen Millionen die oder der jeweils Schnellste. Es gibt übrigens auch den umgekehrten Fall. Das kennen manche Menschen, die Ideen zu früh hatten. Ein solches Beispiel erzählte mir einmal Konrad, der mit seiner Partnerin Charlotte einen Einrichtungsladen führt. Sie entdeckten auf einer Messe in Frankfurt einen Hersteller von Leuchten aus Schweden. Ein bestimmtes, brandneues Modell hatte es ihnen angetan und sie orderten gleich ein Dutzend dieser Leuchten. Sie verkauften kein einziges Exemplar, nach zwei Saisons wurden die Leuchten unter dem Einkaufspreis verscherbelt. Konrad und Charlotte waren zu früh dran – mit dem Einkauf und mit dem Abverkauf. Denn etwas später wurde die Leuchte als Designobjekt ins Museum of Modern Art in New York aufgenommen. Darüber berichteten auch die hiesigen Einrichtungszeitschriften. Kunden, die die Leuchte bei Konrad und Charlotte gesehen hatten, wollten sie nun kaufen. Doch die war längst weg. Auf das Timing kommt es also oft genug im Leben an. Zu früh ist genauso schlecht wie zu spät. Und so hat auch ein gutes Leben mit Timing zu tun – dabei ist es am besten, genau *heute* zu leben.

Opfer haben zweimal Pech: Wenn Glück nicht leichtfällt

Um heute glücklich zu sein, muss man sich nicht jahrelang mit seiner eigenen Vergangenheit und Kindheit beschäftigen. Dennoch ist es sinnvoll, einige Tatsachen zu verstehen. Störungen in der Schwangerschaft haben Auswirkungen auf das spätere seelische Leben des sich gerade neu entwickelnden Menschen. So erhöht mütterlicher Stress das Risiko des Kindes später an Depression oder Bluthochdruck zu erkranken (zitiert in 9). Wichtig ist, zu verstehen und zu akzeptieren, dass die eigene seelische Befindlichkeit auch von Einflüssen abhängt, die außerhalb der eigenen Macht liegen.

Die Bedeutung von schlimmen Ereignissen während der Kindheit ist unstrittig. Wer als junger Mensch (meist gilt: je jünger, umso intensiver wird die Erfahrung auch auf Dauer wirken) etwas Furchtbares erleben musste, kann sein Leben lang darunter leiden. Die Dramen, die Menschen ertragen müssen, sind fast nie die, die uns in Nachrichtensendungen oder Reportagen vorgeführt werden. Die echten Dramen sind viel intimer und oft nahezu unsichtbar. Gerade deshalb wirken sie so stark. Angsterkrankungen hängen z. B. regelhaft mit traumatischen Erfahrungen in den ersten Lebensjahren zusammen.

In unserer Kindheit gibt es eine wesentliche Schwelle, die zwischen Vor-Ich-Zeit und Ich-Zeit scheidet. Etwa im Alter von eineinhalb Jahren erkennen Menschen ihre Individualität und Identität. Wir sind nicht mehr eins (mit der Bezugsperson), sondern Ich und der andere ist Du. Diese Erkenntnis scheint wenig aufregend, aber sie ist vermutlich die wesentlichste in der Menschwerdung. Neben der Eigenständigkeit des Ich bedeutet sie eben auch, von allen anderen getrennt zu sein. Alles, was uns bis zum Einzug des Ich zustößt, können wir nicht als von uns getrennt erkennen und erleben. Das ist der Grund, warum frühkindliche Ereignisse eine solche tief greifende Wirkung haben. Solche Erlebnisse werden in Hirnregionen gespeichert, auf die wir unser Leben lang *nicht* zugreifen können. Wir können deren Auswirkungen wahrnehmen und uns mit unserem Willen dagegenstemmen, heilen können wir sie jedoch nicht. Die eigene Vergangenheit ist eine Zone, auf die wir keinen Zugriff haben. Jedoch können wir unsere Einstellung und unser Verhalten so anpassen, dass wir damit besser umgehen können.

Wer Pech hatte und ein Unglück erleben musste, ist noch lange nicht für alle Zeiten verdammt. Es bedeutet einfach nur: Pech gehabt, blöd gelaufen. Übrigens ist genau das eine der schwersten Erkenntnisse für »Opfer« – die Einsicht, durch das Schlimme, was ihnen zustieß, nicht irgendwie auserwählt zu sein, sondern einfach schlechte Karten gezogen zu haben.

Bruce Springsteen ist mit über 130 Millionen verkauften Tonträgern einer der erfolgreichsten Künstler weltweit. Was viele lange Zeit nicht wussten, ist, dass er jahrzehntelang psychotherapeutische Hilfe in Anspruch nahm wegen seiner Depression. Wer z. B. seine Alben »Nebraska« oder »The Ghost of Tom Joad« hört, spürt das. Was aber sagte dieser Weltstar 2013 über sich selbst und seine seelische Befindlichkeit: »Du kommst damit zurecht, du lernst dazu und entwickelst dich weiter, aber du musst auch einsehen, dass das nun mal die Karten sind, die du beim Ausgeben bekommen hast.« (22)

Es kommt im Leben nämlich gar nicht auf die Karten an, die man ausgeteilt bekommen hat, sondern darauf, mit diesen Karten gut zu spielen.

In diesem Buch geht es um ein gutes Leben. Wer beständig Probleme hat, sich glücklich zu fühlen, sollte sich selbst und andere (die dabei waren) einmal fragen, ob das nicht mit Erlebnissen von früher zusammenhängen könnte. Bei der Antwort auf diese Frage geht es nicht um Schuldzuweisungen oder darum, etwas ungeschehen zu machen, sondern darum, sich selbst besser zu verstehen und mit sich selbst freundlicher, gnädiger umzugehen. Sich selbst nicht mehr unter Druck zu setzen. Verstehen, dass man ist, wie man ist, und dass es dafür mit Sicherheit sehr, sehr gute Gründe gibt. Vergangenes bleibt wie es war. Der erste Schritt zu einer positiven Bewältigung solch einer Vergangenheit ist, sie anzunehmen und dann zu schauen, was einem mit dieser Vergangenheit möglich ist und was vielleicht schwerer möglich sein wird.

Goethe meinte: »Erwachsen sein heißt, seinen Eltern verziehen zu haben.« Dabei geschieht oft das Gegenteil: Viele Menschen wollen an ihren vermeintlich tollen Eltern festhalten. Andere wollen daran festhalten, welches Leid ihnen durch die Eltern widerfahren ist. Ohne Zweifel haben die Eltern eine zentrale Funktion in der eigenen Kindheit und Jugend. Sollte man ihnen deshalb aber die Macht über sein gesamtes Leben verleihen? Ganz gewiss nicht. Sie sind Menschen mit Schwächen und Stärken, wie jeder andere Mensch auch. Sich dies einzugestehen, mag schwerfallen, erleichtert aber die Selbstwirksamkeit. Jeder Mensch ist höchst wertvoll, einfach weil es ihn gibt. Dafür braucht es niemand anderen.

> Ein gutes Leben kann unabhängig von jeder Vergangenheit erreicht werden.

Leid festhalten

Das Leben ist kein Ponyhof. Wir erfahren körperliche Schmerzen – doch sie sind nötig. Sie weisen auf ein Problem hin. Wir erfahren Traurigkeit – doch sie ist nötig. Sie zeigt an, wie fest und tief und bedeutsam eine Bindung war. Wir erfahren Angst – sie kann nötig sein, um unseren Übermut zu dämpfen.

Leid jedoch ist unnötig. Sobald man das erkennt, kann es vergehen und den Weg zum Glück freigeben. Doch wer sehr lange Zeit Unglück erleben musste, kann darin wie gefangen bleiben.

Warum sollte man aber an etwas festhalten, das einem offenkundig nicht guttut? Zum einen gibt so etwas wie eine Gewöhnung an Leid und auch an Unglück. Am Unglück festzuhalten kann aber auch bedeuten, sich selbst über das Unglück zu definieren oder als besonders zu stilisieren. Es gibt Menschen, die ihre eigene Bedeutung am Ausmaß ihres Unglücks bemessen. Je mehr Unglück, umso vermeintlich gewichtiger oder bedeutsamer. Nur wenn es wehtut, spüre ich mich. Nur im Schmerz bin ich Mensch. Klingt vielleicht merkwürdig, kommt aber nicht selten vor. Als Drittes ist es möglich, das Unglück zu missbrauchen. Meistens nutzt es einem, an anderen Themen nicht arbeiten zu müssen. Es hat also die Funktion einer Ablenkung. Oder auch die Funktion einer Ausrede, nicht selbst für eine Änderung der eigenen Situation zu sorgen.

Lassen Sie Ihr Leid los! Dazu können wir entweder unsere Einstellung ändern oder uns anders verhalten. Den meisten dürfte es grundsätzlich leichter fallen, ihre Einstellung zu ändern. Das bedeutet letztlich nichts anderes, als das Geschehene anders zu bewerten: »Das ist mir geschehen, und ich habe überlebt. Es ist ein Teil von mir, ich bin daran gewachsen. Ein Glück, dass es mich gibt – nicht trotz, sondern mit meinem früheren Leid.« Um diesen Schritt gehen zu können, müssen Sie sich jedoch erst einmal darüber klar werden, was Sie selbst vom Glück abhält:

Ü Seite 155: Glücksräuber. Inhalt der Übung: Durch was ein gutes Leben verhindert wird

Den Horizont erweitern

Zum Glück gehört, seinen Horizont zu erweitern. Wer es nicht schafft, über den eigenen Tellerrand hinauszuschauen, verzichtet freiwillig auf ein unendlich großes Spektrum von Glücksmöglichkeiten. Das ist einer der Hauptgründe, warum Menschen, die sich zu sehr auf sich selbst und ihre eigenen Probleme konzentrieren, nicht glücklich werden. Sie nehmen nämlich das Angebot, welches um sie herum ununterbrochen besteht, gar nicht wahr.

Sich sein Glück erlauben

Ich erinnere mich an einen Klienten, der Mitte 40 war und mehr als 20 Jahre vorher eine Operation hatte durchführen lassen, um eine angeborene körperliche Fehlbildung zu korrigieren. Das Ergebnis der Operation war nicht so, wie er sich das vorgestellt hatte – er war halt doch irgendwie ganz der Alte geblieben. Da stand er dann, noch schwach von der Vollnarkose, das erste Mal wieder vor dem Spiegel und sagte sich mit Anfang 20: »Ich will nie mehr glücklich sein.« Gibt es bei Ihnen ähnliche Vorfälle?

Ü Seite 157: Ein zweiter Blick zurück. Inhalt der Übung: Wie es früher war

One more thing – für ein gutes Leben

Every day, every hour, turn the pain into power.

The Script, »Superheroes«

Wie das Glück draußen bleibt

Die wenigsten Gefängnisse werden als Justizvollzugsanstalten konzipiert. Die meisten baut man sich selbst. Und sie sind unsichtbar. Je mehr Gefängnisse man in sich aufbaut, desto schwieriger wird es, ein gutes Leben zu führen. Unglück besteht nur, wenn jemand da ist, der sich unglücklich fühlt. Und unglücklich fühlt sich nur, wer ein Problem hat. Gewiss werden uns im Alltag fast unmerklich dauernd Freiheiten genommen, dennoch ist die Unfreiheit, in der manche leben, alles in allem vorrangig hausgemacht. Die größten Beschränkungen sind die, die wir uns selbst auferlegen. Denn Freiheit bedeutet auch die Freiheit von Vorstellungen, von Meinungen und Einstellungen. Diese zu überprüfen und gegebenenfalls aufzugeben, eröffnet ein großes Potenzial. Dabei kommt der Kultur eine gewichtige Rolle zu: Kultur zwingt die Sexualität und die Aggressionsneigung des Menschen in sehr enge Bahnen – und damit auch seine Vorstellungen. Kultur ist also immer auch eine Methode der Triebeinschränkung. Schauen wir uns genauer an, worum es dabei geht:

Der gute Mensch? – Unglück durch Schuldgefühl

Eine kurze Vorbemerkung: In diesem Abschnitt fasse ich in meinen schlichten Worten die Erkenntnisse eines viel schlaueren Geistes (13) zusammen. Und obwohl diese Erkenntnisse um die 100 Jahre alt sind, sind sie überaus aktuell.

Sind Sie manchmal sauer, so richtig sauer? Würden Sie hin und wieder einmal gerne mehr tun, als nur mit der Faust auf den Tisch zu hauen?

Nein? Nie? Wunderbar, Ihr Gewissen funktioniert.

Aber der Reihe nach: Wir Menschen existieren nur deshalb, weil unzählige unserer Vorfahren mit ihresgleichen und den Unbilden der Natur (Bären, Mammute, Wölfe etc.) alles andere als zimperlich umgegangen sind. Etwas direkter ausgedrückt: Unsere Vorfahren hatten überhaupt keine Probleme damit, anderen den Garaus zu machen. Andere zu töten ist ein Teil des menschlichen Vermögens.

Heutzutage leben wir, meistens, um einiges »zivilisierter«. Denn was tun wir heute mit unseren Aggressionen? Wir lassen sie *nicht* heraus, sondern sperren sie in uns ein, ganz, ganz tief drin. Wenn sie dann doch einmal offenbar werden, sind die meisten von uns sowohl eingeschüchtert als auch verstört – über sich selbst und das, was da in ihnen schlummert. Unser Gewissen, unsere Kontrollinstanz, hält uns im Zaum, oder tadelt uns, wenn wir einmal »aus Versehen« etwas zu laut geworden sind. Das ist nett von uns – aber irgendwie ist es auch dumm.

Denn dadurch haben wir ein Problem. Die Energie unseres Hasses, unserer Aggression, unserer Wut, die steckt in uns fest. Doch Energie, die in uns verbleibt, wirkt auch *in* uns. Sie kann gar nicht anders. Aber wie tut sie das? So mancher verpasst sich schon mal eine Ohrfeige oder schlägt seinen Kopf gegen die Wand. »Autodestruktion« und »Selbstverletzendes Verhalten« sind die Fachausdrücke dafür. Wir bestrafen uns selbst, was nicht nur körperlich geschehen muss. Wer wird prinzipiell bestraft? Der, der sich etwas zu Schulde hat kommen lassen. Und damit wir Schuld empfinden und erkennen können, brauchen wir unser Gewissen. Unser Gewissen dient uns also dazu, unsere ureigene Aggression irgendwie zu kontrollieren.

Doch warum will die Mehrheit der Menschen nicht schuldig werden? Weil wer »böse« ist, sich mit dem Schlimmsten überhaupt bedroht sieht: mit Liebesverlust! Wer aber nicht mehr geliebt wird, der verliert seine gesellschaftlichen Sicherheitsnetze, seine Bindungen. Und allein zu überleben ist schwer.

> Unser Gewissen ist die Instanz, welche alles daransetzt, sozial eingebunden zu bleiben.

Angst, den sozialen Kontakt zu verlieren, wird von uns deshalb als eine Art Spiegel des Bösen gesehen, weshalb wir das Böse unbedingt meiden wollen.

Nun ist es aber so, dass wir immer einmal wieder (vermutlich zigmal am Tag) dazu verleitet sein könnten, doch irgendwie Böses zu tun. Das meint, etwas zu tun, das andere Menschen schädigen oder ihnen missfallen könnte. Natürlich sind alle Leser dieses Buches von solchen Neigungen ausgeschlossen. Ein paar Beispiele: Die Alufolie in den Restmüll werfen, statt den gelben Sack zu nutzen. Das eigene Kind mit einem Tablet abspeisen, statt selbst mit ihm im Sandkasten zu spielen. Doch das billigere Fleisch aus der Massentierhaltung kaufen statt Biofleisch von einem mit Gewehrschuss in freier Wildbahn erlegten Tier. In die Karibik fliegen, statt durch die schöne Heimat zu wandern. Den Drei-Euro-Wein zur Verkostung anbieten statt den 1982er Bordeaux.

Ach, das Leben ist schon ungut. Warum eigentlich? Ist es eben nicht! Basta! Die Alufolie kriegt keiner mit, die ist zu gut unter den Resten der Kaffeekapseln versteckt. Auf dem Tablet finden sich nur wertvolle Spiele – und ganz viel für das Wissen des jungen Erdenbürgers. Das Fleisch schmeckt praktisch genauso wie das andere. Außerdem, ob es wirklich besser ist, mit einer Knarre ein Tier abzuknallen? Wandern geht ohnehin nicht wegen der Hüfte, außerdem tut man denen in der Karibik nur Gutes, wenn man dort Devisen ausgibt. Und den 1982er Bordeaux schenken wir nicht aus, weil der inzwischen ziemlich sicher gekippt ist – und wir lieber was Frisches auftischen.

In sozialen Zusammenhängen können wir unsere »bösen« Absichten oder Taten meist verheimlichen. Dafür hat jeder Mensch besondere Kompetenzen zu lügen. Aber es gibt ein Problem bei der Sache: Uns selbst können wir nicht bescheißen. Wir wissen genau, was wir den anderen vortäuschen. Ganz gleich, wie erfolgreich wir dabei sind, wir fühlen uns nicht wohl dabei. Mit Ausnahme vielleicht von einigen besonderes talentierten »Führungspersönlichkeiten«, die es zu einem gewissen Talent gebracht haben, sich selbst zu betrügen.

Der Rest von uns ist jedoch dazu verdammt, ein schlechtes Gewissen zu haben. Es gibt schon ungute Konstruktionen in unserer Seele. Das Gefühl, welches aufkommt, wenn wir etwas tun, von dem wir wissen, es besser nicht tun zu sollen, kennen wir als Schuldgefühl. Nur: Woher haben wir das? Wenn wir als Säuglinge in die Windel machen, fühlen wir uns wohl dabei. Wenn wir das als Achtjährige tun, eher weniger.

Dazwischen liegt etwas, das wir Erziehung nennen. Denn irgendwann muss, wer ein wirklich großer Junge sein möchte, der Mama rechtzeitig Bescheid sagen, dass er aufs Töpfchen muss. Unsere Schuldgefühle entspringen also aus der Angst vor einer äußeren Autorität. Das sind zunächst nur die Eltern, später die Lehrer, dann die Ausbilder, ganz allgemein die Polizisten, die Staatsmacht oder die Ehefrau.

Zu Beginn müssen Mama oder Papa noch anwesend sein, um deren Anweisungen zu folgen. Aber wir Menschen sind »schlaue Wesen« und tun es recht bald selbst dann, wenn die »wegweisenden« Personen nicht mehr im Raum sind. Wir entwickeln unser Gewissen als eine verinnerlichte Kopie dessen, was uns von den Eltern (und anderen) beigebracht wird. Denn über all dem schwebt eine Drohung: Wenn du das nicht so tust, wie ich es will, bekommst du meine Liebe nicht mehr.

> Das Gewissen ist unsere ununterbrochen handelnde Schuldvermeidungsmaschine.

Glücklich werden wir auf diese Weise jedoch nicht. Auch wenn Schuld nicht nur negativ ist, weil sie bedeutet, Verantwortung zu übernehmen: Wer sich nicht mehr zu Entscheidungen durchringt, will Schuld vermeiden und handelt deshalb nicht mehr eigenständig, sondern als verlängerter Arm, als Marionette seiner Erzieher. Die können da schon lange das Zeitliche gesegnet haben.

Der Grund für all das ist schlicht und ergreifend: Wir vermeiden mit den Impulsen unseres Gewissens, bestraft zu werden. Denn Schmerz tut weh und ist gefährlich.

Die perfide Konstruktion ist also, den *von anderen geforderten* Triebverzicht mit dem *eigenen Gewissen* kontrollieren zu müssen. Solange ich auf etwas verzichte, weil es von außen so verlangt wird, befreit mich der Verzicht. Denn ich erreiche, was ich will, und werde weiter geliebt: »Du bist ja ein ganz liebes Mädchen.« Oder: »Das ist ein wirklich braver Junge.« Genau das sind die Sätze, die das beweisen. Kennen Sie solche Sätze aus Ihrer Kindheit?

> Je netter der Mensch, umso stärker unterwirft er sich den Regeln, die andere aufgestellt haben.

Aber das hat mit Authentizität nichts mehr zu tun. Wer nur lieb und brav ist, weil andere es so von einem erwarten, ist nicht mehr er selbst.

Sollten wir also alle sofort zu Serientätern und Massenmördern werden? Aber nein! Wir sollten uns jedoch klarmachen, welche Vorgänge in uns selbst ablaufen. Denn dann wird uns klar, welche Aggressionen wir besitzen – und die sind oft berechtigt, denn es gibt genug, das uns sauer aufstoßen sollte. Gute Miene zum bösen Spiel – das geht gut, wenn ich mich zum Mitmenschen hin orientiere. Meine Sehnsüchte bekommt der andere ja nicht mit. Wenn ich mich jedoch mit meinem Gewissen konfrontiere, das ich nicht belügen kann, genügt der Verzicht auf eine »anrüchige« Tat nicht mehr. Der Verzicht befreit mich nicht, weil ich ja eigentlich etwas ganz anderes will und nur für dieses Wollen schon bestraft gehöre. Das allein, der nur in uns selbst sichtbar gewordene Wunsch, etwas »Verbotenes« zu tun, reicht schon aus, um uns ein schlechtes Gewissen zu machen.

Der Triebverzicht wird also durch das Gewissen erreicht. Je stärker der Verzicht, umso stärker das Gewissen. Wer somit nach außen hin höchste Moral vorlebt, ist nach innen vermutlich stark triebbehaftet. Diese Tatsache hat schon längst ihr eigenes Sprichwort geprägt: Stille Wasser sind tief.

Was aber hat das alles mit einem guten Leben zu tun? Unser Gewissen verhindert, dass wir das tun, was wir tun wollen, und damit auch das, was zu uns passt.

Es ist also erst einmal wichtig, die Auswirkung des Gewissens zu *unterdrücken*, um dann zu schauen, was einem wirklich passt – worauf bin ich wirklich scharf? Aber danach – Gewissen hin oder her – müssen wir tatsächlich bewerten, was wir davon in welcher Weise auch immer ausführen können und was nicht.

Es geht nicht darum, ab sofort straffällig zu werden oder sich von allen sozialen Bereichen abzukapseln. Aber es geht eben auch nicht, seine eigenen Neigungen andauernd zu unterdrücken. Das sorgt gewiss nicht für ein gutes Leben.

Können Sie sich vorstellen, dass Schuld und Glück miteinander vereinbar sind? Ich kann es nicht. Und der gute Dr. Freud konnte es auch nicht: Er beschreibt das Schuldgefühl als das wichtigste Problem der Kulturentwicklung. Schuld steht in einem direkten Zusammenhang zu abnehmendem Glücksgefühl. Wer sich daran macht, sein eigenes Glücksgefühl auszubauen, hat also die erste Pflicht, sich mit seinen Schuldgefühlen auseinanderzusetzen.

Das Schuldgefühl spiegelt die Strenge des Gewissens, das umso härter zupacken muss, je mehr unsere kulturelle Entwicklung voranschreitet. Je präziser festgelegt ist, was wir in der Gemeinschaft tun und was wir lassen müssen (etwa was die Sexualität angeht, die soziale Normen etc.), umso mehr müssen wir uns als Individuen an immer rigidere Vorschriften anpassen. Unsere Gesellschaft funktioniert nur noch durch die Beachtung von vorgegebenen Handlungsanweisungen. Das hat aber nichts mehr mit uns als echten Individuen mit hoher Eigenständigkeit zu tun. Die Folge: Es wird immer schwerer, glücklich zu sein.

Glück ist höchst individuell. Wer glücklich sein will, darf und muss auf sich selbst hören und nicht vorrangig auf sein Gewissen; auf das, was von ihr oder ihm erwartet wird.

Das alles hat nichts mit Geld oder Gütern zu tun, auch nichts mit der Umwelt oder Frieden. Es hat mit der Normierung zu tun, die uns beschneidet und uns nicht mehr uns selbst sein lässt.

Auch wenn all das nachvollziehbar erscheint, schreit unser Gewissen auf. Denn: Das Gewissen ist eine sadistische, über-individuelle Instanz! Wir tun das, was die *vor uns* für richtig hielten. Aber was, wenn das längst überholt ist? Oder wenn sie sich geirrt haben? Und was, wenn wir diesem Gewissen dauernd blind folgen? Dann werden wir masochistisch.

Die »So ist es richtig und so muss es bleiben«-Ansprüche der anderen werden zur Qual für uns selbst. Auf diese Weise werden sie zu einem der stärksten Widersacher des eigenen Glücks und damit eines guten Lebens.

Unser Gewissen arbeitet einem guten Leben zuwider.

Die Strenge der uns (auch von uns selbst) auferlegten Vorschriften, unserer innerlichen Gebote und Verbote, kümmert sich um alles Mögliche, aber ganz sicher nicht um unser Glück.

So wird unsere normale und überlebenswichtige Aggression, unsere Lebensenergie, verwandelt in gefühlte Schuld, die wir mit aller Macht bekämpfen, statt mit ihr kreativ (und nicht destruktiv) umzugehen.

One more thing – für ein gutes Leben

Einen Scheiß muss ich.

Krisen, Scheitern und das gute Leben

Krise

Flüchtlingskrise, Finanzkrise, Energiekrise, Atomkrise, Bankenkrise, Wirtschaftskrise, Wertekrise, wo man auch hinschaut, es kriselt. Warum nur? Weil Krisen der Normalzustand sind. Ruhe, Gleichmaß, ausbleibende Veränderungen: Das sind Ausnahmen. Sicher, uns wären berechenbare Zeiten und Zustände erheblich angenehmer. Aber wir werden nicht gefragt, weil die Zustände auf der Erde so sind, wie sie nun einmal sind.

»Alles ist in Bewegung«, das ist ein uralter Satz, der sich immer wieder als richtig herausstellt. Die meisten Ratgeber behaupten, alles sei planbar, vorhersehbar. Doch nichts davon ist wahr: Sie wissen noch nicht einmal sicher, ob Sie den Satz, den Sie gerade lesen, zu Ende lesen können. Aber ich bin froh, dass es geklappt hat. Niemand kann sagen, was morgen sein wird, geschweige denn, in einem Jahr oder in einem Jahrzehnt. Das hat zur Folge, dass es so etwas wie absolute Sicherheit nicht gibt. Umso wichtiger ist es, sich seiner selbst einigermaßen gewiss zu sein.

Not treibt an. Die Not ermöglicht uns vieles, das uns ohne sie scheinbar unmöglich ist. Not ist oft die Folge von Krisen. Krisen basieren bei genauer Betrachtung immer auf Lügen, die an die Oberfläche kommen. Beispielsweise entsteht eine Krise in der Partnerschaft nicht einfach so aus dem Nichts, sondern weil viele Hinweise untereinander missachtet werden. Eine Krise hat den Nutzen, für Klarheit zu sorgen und ist deshalb meistens sowohl sinnvoll als zugleich auch schwer. Glücksgefühle während einer Krise dürften die Ausnahme bleiben. Somit ist nachvollziehbar, dass Wahrheit, genauer Wahrhaftigkeit, die wesentliche Vorgehensweise sein muss, um Krisen zu vermeiden.

Wer mitten in einer Krise steckt, den wird der bekannte Spruch von Shakespeare kaum trösten: »Ein tiefer Fall führt oft zu höherem Glück«, schrieb er und meinte damit vielleicht nicht viel mehr, als dass eine Durstphase jedes Quellwasser köstlich erscheinen lässt. Aber tatsächlich gibt es viele Menschen, die aus einer Krise seelisch gestärkt hervorgehen.

Scheitern

Karl Jaspers (zitiert in 20) schrieb: »Die Wahrheit des Glücks ersteht auf dem Grunde des Scheiterns … Nur wer tiefes Leid erfahren hat, kann wirklich glücklich werden, und zwar dadurch, dass er in diesem Leid einen Sinn sieht, der über den selbst hinausweist.«

Wenn etwas nicht klappt, sprechen wir im Deutschen vom »Scheitern«. Der Ausdruck stammt ursprünglich ab von: »zu Scheitern (Holzscheite oder Bruchstücke) werden«. Im Deutschen bedeutet das: Wer scheitert, ist endgültig zerstört. Ob es der Verlust der zuvor in ein Projekt geflossenen Energie der Planung oder das Ziel der Fehlerfreiheit ist, welche den Deutschen das Scheitern so schwer machen? Auf jeden Fall ist das Englische erheblich menschenfreundlicher. Heißt es dort doch »to fail«, also »(durch)fallen«. Das kennen wir alle spätestens seit der Bankenkrise. Die Banken waren »too big to fail«, was natürlich Blödsinn ist. Die Mächtigen hatten schlicht keine Lust, den Preis ihrer Machtbeschneidung zu zahlen. Aber zurück zu uns Menschen: Zu fallen bedeutet ja nicht, nicht mehr aufstehen zu können. Im Gegenteil, so haben wir alle laufen gelernt. Im Englischen bedeutet eine Krise somit etwas, das vorübergeht, im Deutschen etwas, das endgültig ist. Daraus resultiert in unserem Land eine weit unterdurchschnittliche Akzeptanz, Fehler als nötig und unvermeidlich anzusehen. Selbst wenn es den (wahren) Satz, dass man aus Fehlern lernt, auch bei uns gibt. Nur: Das will hier kaum jemand, weil Fehler »eigentlich« nicht sein dürfen.

Optimismus bedeutet die Zuversicht, eigene Ziele realisieren zu können (9). Deshalb vermindert zunächst jedes Scheitern unsere Fähigkeit zum Optimismus. Daran erwachsen uns Selbstvorwürfe, die einem glücklichen Leben abträglich sind. Wer jedoch gescheitert ist, braucht vor allem Stärke, um wieder auf die Beine zu kommen. Der Moment des Scheiterns sollte daher genau der

Moment sein, in dem man sich Selbstvorwürfe verbietet. Es ist unmöglich, ohne Fehler groß zu werden. Deshalb gibt es ohne Scheitern auch kein Wachstum, keine Entwicklung. Und deshalb sollte man das eigene Scheitern mitunter etwas positiver sehen, als es gemeinhin der Fall ist.

Eines jedoch sollte Scheitern immer zur Folge haben: Man sollte die Ursachen genau betrachten und die notwendigen Konsequenzen daraus ziehen. Umso leichter wird einem das gute Leben möglich sein. Denn Scheitern bedeutet Weiterentwicklung (9) und basiert auf dem Mut zur Entscheidung.

Zu scheitern bedeutet nicht zu versagen, eher im Gegenteil. Wenn man versagt, dann sind die Kräfte gänzlich verbraucht, man gerät in eine passive Situation. Wenn man jedoch scheitert, ist dies viel eher ein aktiver Vorgang. Wer eine aufrichtige Entscheidung getroffen hat, die sich später als falsch herausstellt, hat immerhin eine Entscheidung getroffen und sich in diesem Sinne das Zepter nicht aus der Hand nehmen lassen. Entscheidungen sollten folglich nicht als Anlass für spätere Vorwürfe missbraucht werden.

Jeder scheitert immer einmal wieder im Leben, das lässt sich schlichtweg nicht verhindern, auch wenn es unangenehm ist. Das muss aber auch so sein, denn wenn das Risiko des Scheiterns nicht bestünde, gäbe es auf der anderen Seite auch den Erfolg nicht. Durch diese Differenz können wir den Erfolg erst erkennen und feiern.

Ohnehin ist es sehr fruchtbar, sich beim Thema Erfolg weniger auf die Anerkennung von außen zu konzentrieren. Damit macht man sich abhängig vom Applaus anderer. Sollte der dann jedoch einmal ausbleiben, verfällt man in tiefe Selbstzweifel. Wer seinen Erfolg lediglich auf die Anerkennung anderer baut, begibt sich in die Gefahr, vom ausbleibenden Lob in eine Depression gezogen zu werden, schlimmer noch, wenn die mangelnde Bestätigung gar in offene Anfeindung umschlägt, wie es heute im Internet nicht selten vorkommt. Wer seinen Erfolg hingegen an seinen eigenen inneren Maßstäben misst, erhöht seine Chancen, aus einem solchen Tief oder Shitstorm gestärkt hervorzugehen.

Beim Erfolg geht es vorrangig darum, durch das eigene Schaffen zu etwas zu *werden*, z. B. zu einem guten Handwerker oder einer gerechten Anwältin. Dabei ist es uns wichtig, dies aus eigenem Antrieb zu schaffen. Ein Anwalt, der nur aufgrund der Beziehungen in eine bestimmte berufliche Position gekommen ist, wird unzufrieden sein. Ein Handwerker, der nur für eine gute Internetpräsentanz sorgt, wird jämmerlich am ersten Projekt scheitern. Glücklich schätzen wir uns dagegen, wenn wir etwas bewirken.

One more thing – für ein gutes Leben

Ein gutes Leben ohne mindestens einmal gescheitert zu sein ist unwahrscheinlich.

Extreme machen nicht glücklich

Der griechische Philosoph Epikur sagte, wir finden nur dann zum Glück, wenn wir lernen, lustvoll zu leben *und* wenn wir lernen, Schmerzen auszuhalten (15). Das ist etwas, was die wenigsten lesen oder hören möchten, wenn es um ihr eigenes Glück geht. Was ist schon ein Glück, das in Verbindung steht mit Schmerzen?

Denn Schmerzen werden natürlich in der Regel nicht als Glück empfunden. Umso wichtiger ist es, sich klarzumachen, ob einem der Schmerz etwas sagen möchte. Dabei geht es natürlich nicht um so etwas »Banales« wie einen akuten Zahnschmerz. Den muss niemand aushalten, allenfalls wenn er im Wartezimmer einer Zahnarztpraxis sitzt und noch nicht behandelt wurde. Epikur meinte vielmehr Schmerzen, die jedes menschliche Leben begleiten, wie Traurigkeit, Verlust einer wichtigen Person oder nicht im Frieden sein mit bestimmten Vorfällen aus der Vergangenheit.

Unlust entspringt einem Mangel an etwas. Dieser Mangel verursacht den Schmerz. Aber wenn die Unlust beseitigt wird, muss nicht unbedingt Lust an ihre Stelle treten. Es gibt auch ein Gefühl des Zuviel.

Beide Extreme wollen wir nicht spüren, sie stören unser Gleichgewicht; zu wenig zu haben genauso wie zu viel zu haben. Sobald wir ins Extreme geraten, uns also von der Mitte der Ausgeglichenheit entfernen, empfinden wir dies als unangenehm oder sogar schmerzvoll. Diese Erkenntnis ist sehr wichtig, da viele in der heutigen Konsumgesellschaft nach immer mehr streben. Es kann praktisch nicht genug sein, noch eine Prämie, noch mehr Kleidung im Schrank, noch eine weitere Urlaubsreise. Es gibt zahllose Möglichkeiten, zu viel zu haben, zu viel zu verlangen oder zu viel anzustreben.

Dagegen kann es uns glücklicher machen, etwas loszulassen, freizugeben. Das fängt beim Durchfall an und hört bei negativen Gedanken noch lange nicht auf. Man sollte sich davor hüten, das Schlechte aufzubewahren. Etwas loszulassen, kann jedoch ganz schön schwer sein. Denn wir Menschen haben eine ganz bestimmte Eigenart: Uns ist das bekannte Schlechte immer noch lieber als das völlig Unbekannte. Das könnte ja im Zweifelsfall noch schlimmer sein. Diese ängstliche Grundvorstellung ist so falsch wie verbreitet. Sie ist einer der Hauptgründe, warum wir allzu oft an unguten Beziehungen festhalten.

Deshalb gibt es eine wichtige Frage, die wir uns unbedingt ehrlich und angstfrei beantworten müssen: Was hindert mich daran, glücklich zu sein? Oftmals ist es das Festhalten an etwas, das das Glück verhindert. Immer wieder werden auch Probleme, die nicht zu lösen sind, in ihrer Unlösbarkeit zunächst gar nicht erkannt:

Ü Seite 158: Meine wichtigsten Hindernisse. Inhalt der Übung: Die gute Absicht

One more thing – für ein gutes Leben

Es gibt viele Situationen, in welchen Glück nicht das führende Gefühl sein sollte. Da müssen wir nicht gleich an die Beerdigung denken. Es genügt bereits ein »Meeting«, auf dem wichtige Weichen gestellt werden sollen.

Die fundamentale Lüge von Sicherheit

Die Unglückslupe

Wer sich vor morgen ängstigt, überlässt einem Gefühl die Oberhand, das im Moment ohne jeden Nutzen ist. Angst hat zwar die Funktion, vor Gefahren zu warnen. Meistens besitzt Angst jedoch eine weit über das Notwendige hinausgehende Intensität. Wie mit einer Unglückslupe vergrößert Angst ein beliebiges Risiko, das dadurch wie aufgeblasen wirkt.

Die überragende Zahl unserer Ängste sind eingebildet (6 und 9), hinzukommt oft die Angst vor der Angst. Unsere Wahrnehmung richtet sich dann fast ausschließlich auf mögliche oder vermutete Probleme, die irgendwann auftreten könnten. Zugleich schätzen wir diese Probleme auch noch als unlösbar ein. Da hilft einem die gesammelte Lebenserfahrung erst einmal wenig, die uns eigentlich sagen könnte: »Toll, so weit bist du schon gekommen. Und bisher hast du noch jedes Problem lösen oder vermeiden können.«

Angst wird oftmals zu einem Hindernis. Wer stetig in einer Art von vorsichtiger Vermeidungshaltung lebt, verpasst ein aktives Leben. Vielleicht vermeidet er dabei auch ein wenig Schmerz oder Trauer. Ganz sicher jedoch verabschiedet er sich von seinem Glück, bevor das überhaupt entstehen konnte. Glück und Passivität finden nun einmal kaum zueinander. Auch Freude und Lust verlangen nach Aktivität. Nicht nach blindem Aktionismus, sondern nach überlegtem, für einen selbst passendem Handeln. Wer stetig auf seine Angst fixiert ist, lebt nicht im Augenblick, sondern immer in irgendeiner Form von banger Zukunftserwartung. Wer jedoch den Moment, den heutigen Tag, nicht erlebt, wird sein eigenes Leben als leer empfinden – denn mit einem bloß vermuteten Morgen kann unsere Gefühlswelt nicht positiv erfüllt werden. Wer täglich Ängste spürt und feststellen muss, dass diese sein Leben bestimmen, sollte sich professionelle Hilfe suchen. Eine Angsterkrankung allein mit einem Buch lösen zu wollen, ist vermessen. Wessen Ängste jedoch in einem üblichen Rahmen liegen, der sollte sich bewusst fragen, was ihm diese Ängste sagen wollen. Hinhören, sich beruhigen, den Ängsten danken und sie für den Moment friedvoll verabschieden.

Angst tötet Glück

Angst ist immer in die Zukunft gerichtet. Stellen wir uns einfach eine Situation vor, die uns vor längerer Zeit richtig Angst gemacht hat. Nehmen wir ein hoffentlich schönes Beispiel, unseren ersten Sex. Die meisten haben irgendwie Angst davor, zu versagen, nicht standfest genug zu sein, zu schnell zu kommen, sich nicht genügend zu öffnen, dass es wehtut, nicht attraktiv genug zu sein, »es« nicht zu bringen. Ach, welche Ängste Menschen sich doch so machen können. Wie auch immer das erste Mal dann war, ziemlich sicher war es *anders* als die Vorstellungen davon. Wenn wir uns heute daran erinnern, spüren wir keine Angst mehr. Selbst wenn wir an eine wirklich bedrohliche, glimpflich ausgegangene Situation aus unserer Vergangenheit denken, kommt keine Angst auf. Eher Dankbarkeit oder Erleichterung oder auch Wut (wenn ein anderer uns bedroht hat).

Angst ist im Gegenteil zu Furcht nicht konkret. Angst scheint notwendig, um allgemein vorsichtig und auf das eigene Leben bedacht leben zu können, aber letztlich ist sie meistens unnötig und ein echter Glückskiller.

Unser Glück liebt die Gegenwart.

Alles, was uns vom Heute fortbringt, vertreibt zugleich die Aussicht auf Glück.

Der Wunschtraum Sicherheit

Glück in der Zukunft zu suchen ist aus einem ganz einfachen Grund wenig sinnvoll: Kein Mensch kann nämlich wirklich in die Zukunft schauen. Von Kaiser Wilhelm II. ist etwa die Aussage überliefert, das Auto sei eine vorübergehende Erscheinung. Der Kaiser glaubte an das Pferd. Man kann sagen, der war ja auch kein Fachmann. Deshalb noch das, was Gottlieb Wilhelm Daimler geäußert hat: »Die weltweite Nachfrage nach Kraftfahrzeugen wird eine Million nicht überschreiten … Allein schon aus Mangel an verfügbaren Chauffeuren.«

Es gibt Menschen, die viele Jahre für eine bessere Zukunft sparen. Abgesehen davon, dass niemand weiß, ob er diese Zukunft überhaupt erleben wird, steckt darin ein grundsätzlicher Fehler. Wer so handelt, überschätzt, um wie viel besser sein künftiges Leben sein wird, als das, welches er jetzt haben könnte (4). Es besteht ein recht ausgeprägtes Risiko, dass die Zukunft gar nicht so gut sein wird (oder auch sein kann), um die Entbehrungen der Vergangenheit zu rechtfertigen oder auszugleichen. Es kommt vielmehr auf ein persönlich bestimmtes, ausbalanciertes Verhältnis zwischen den Sicherungsmaßnahmen für die Zukunft und dem Erleben der Gegenwart an.

Was tun wir nicht alles, um keine Überraschungen zu erleben. Doch:

Erst wenn wir detaillierte Planungen aufgeben, können wir uns selbst glücklich sein lassen.

Ich könnte noch direkter schreiben:

> Wer ein gutes Leben haben will, muss sich seinem Schicksal hingeben.

Ansonsten hat man ein ruhiges Leben, ein übliches. Aber keines, in dem man sich selbst glücklich sein lässt. Wie werden wir all die Planungen wieder los? Das ist erst einmal schwierig. Schwierig nicht nur für einen selbst (das ist meistens das geringere Problem), sondern schwierig für alle, die uns nahe sind – denn es wird ihnen Angst machen –, und noch viel schwieriger für das System, das uns umgibt: Das setzt auf unsere Berechenbarkeit. Nichts anderes machen all die modernen Überwachungssysteme wie Google, Facebook, WhatsApp, Microsoft oder Apple.

One more thing – für ein gutes Leben

Je höher der Anspruch an die Sicherheit ist, umso schwieriger wird es werden, Glück zu empfinden. Das liegt unter anderem daran, dass Sicherheit nur mit Einschränkungen der Freiheit (und damit der Entscheidungsfreiheit des Einzelnen) erkauft werden kann.

Die kulturelle Entwicklung führte jedoch dazu, dass wir immer stärkeren Einschränkungen unterliegen. Menschen, die fixe Rollen zugewiesen bekommen und diese dann auch widerstandslos einnehmen – der Traum bestimmter Gesellschaftsschichten. Freud (13) schrieb dazu: »Je höher entwickelt Kultur ist, umso stärker schränkt sie die Freiheit des einzelnen Menschen ein – und umso unglücklicher wird der Mensch werden.« Dabei sollte Kultur doch eigentlich vorrangig die Bedürfnisse von uns Menschen befriedigen.

Das Unglück herausfordern

Glücksoptimierung und Allmachtsfantasien

Manche versuchen, teilweise verzweifelt, alles im Griff zu behalten. Viele Ratgeber gaukeln den Lesern vor, das sei möglich, wenn nur bestimmte Regeln eingehalten werden. Dabei zeigt die Lebenserfahrung jedem Menschen, dass die eigene Macht spätestens beim Mitmenschen aufhört. Und nicht selten hört die eigene Macht sogar schon beim eigenen Körper auf, der nicht jeden unserer Schritte mitgehen möchte. Hindernisse in einem selbst machen einem das Leben nicht unbedingt leichter. Aber es gibt eben genauso viele Hindernisse außerhalb von einem selbst, auf die man keinen Einfluss hat. Es ist eine kleinkindliche

Illusion zu glauben, wenn man nur selbst alles ändert, würde sich auch alles ändern. Diese Illusion hat einen Namen: »Omnipotenz- oder Allmachtsfantasie«.

Die Vorstellung, allmächtig zu sein, verkleidet sich in nette Sprüche (alle aus 19):

a) Ein Traum bleibt so lange ein Traum, bis du ihn endlich wahr machst.
b) Wer in der Jugend die Begrenztheit seiner Gedanken hinnimmt, wird sie im Alter als Selbstverständlichkeit ansehen.
c) Wer Angst vor der Blamage hat, wird niemals Schlittschuhlaufen lernen.

Ähnliche Sprüche finden sich in vielen Ratgebern in unüberschaubarer Menge. Ich muss zugeben, sie klingen allesamt zunächst richtig und motivierend. Schauen wir deshalb hinter die Kulissen:

Zu a) Es gibt einfach genügend Dinge, die in jedem Leben ein Traum bleiben müssen.

Zu b) Unsere Gedanken begrenzen sicher unsere Welt, aber unsere Gedanken sind die Endstrecke unserer gesamten bisherigen Erfahrung und unserer Persönlichkeit, auch unseres Intellekts. Über all das herrschen wir *nicht*, unsere Macht ist eben überaus beschränkt. Schlimm ist nur, das als schlimm zu empfinden. Besser ist, sich gemütlich hinzusetzen und zu schauen, was man mit dem anfängt, was einem zur Verfügung steht.

Zu c) Man wünschte so manchen, die bei Castingshows auftreten, genau diese Angst. Dann würden sie sich nicht zu Deppen der Nation machen. Genauso wenig wie es einen Schalter gibt, mit dem wir unser Glücksgefühl anstellen können, gibt es einen Schalter, mit dem wir unsere Angst abschalten können.

> Sich ein gutes Leben zu machen ist das Gegenteil von Omnipotenzfantasien.

Erfolg statt Passung

Wie sagte es Martin Buber? »*Erfolg ist kein Name Gottes.*« Und ein gelingendes Leben ist kein erfolgreiches Leben (in 20). Oder anders: Ein gutes Leben ist ein gelingendes, jedoch muss es kein erfolgreiches sein.

> Erfolg ist nachrangig: Auf den Einklang kommt es an, auf die Passung.

Erfolg, den unsere Gesellschaft nahezu ausschließlich als materiellen Erfolg definiert, ist ein geringer Ausschnitt dessen, was dem Menschen möglich ist. Wer misst seinen Erfolg schon daran, wie oft er an einem Tag jemanden angelächelt hat oder als wie großzügig oder mitmenschlich er von anderen eingeschätzt wird? Erfolg bedeutet nichts weiter als Zielerreichung. Wer seine Ziele vorrangig im Materiellen setzt, schränkt seine Erfolgsmöglichkeiten daher allzu stark ein. Glücklich wird er damit sehr wahrscheinlich nicht. An anderer Stelle habe ich ausgeführt, wie wenig Glück mit Materie zu tun hat (s. Kap. *Geld oder Leben*). Erfolg, in dieser Weise definiert, kann zur Freude im Leben beitragen, auch zum Gefühl, etwas bewegt zu haben. Das tiefe innere Glück erreicht man damit jedoch meistens nicht.

One more thing – für ein gutes Leben

Die vollkommen abstruse Idee, geschäftlicher Erfolg allein sei es, der glücklich mache, ist inzwischen so verinnerlicht, dass kaum mehr jemand an diesem vollkommenen Blödsinn zweifelt.

Mein Schweinehund hat 'ne Peitsche in der Hand

Den inneren Schweinehund kennen die meisten. Darunter werden kleine Tiere verstanden, die in einem Menschen wohnen können und z. B. verhindern, dass die Menschen ihre Wohnung aufräumen. Andere dieser Tiere sorgen dafür, Entscheidungen bis zum Sankt Nimmerleinstag aufzuschieben. Es gibt auch eine Unterart, die sportliche Aktivitäten von vornherein unterbindet und die von ihnen infizierten Menschen zu starren Wesen auf Sofas vor Fernsehern mutieren lässt. Bislang sprechen wir vom »inneren Schweinehund«, wenn wir Dinge *nicht* erledigen. Er hindert uns also daran, etwas zu tun. Meine wissenschaftlichen Forschungen zu dem Thema haben ein sensationelles Ergebnis erbracht. Es gibt auch ganz andere innere Schweinehunde, die mindestens ebenso sehr ein gutes Leben verhindern wie die eben beschriebenen, längst bekannten Rassen (5). Diese Schweinehunde haben eine Peitsche in der Hand. Sie treiben an, lassen nicht locker, lassen nicht los. Sie führen zu dem Gefühl, nie richtig zu sein, schon wieder zu spät oder zu früh zu sein. Sie prügeln das Letzte an Leistungsfähigkeit aus einem Menschen heraus. Sie sorgen für stete Unzufriedenheit (s. auch Kap. *Wie das Glück draußen bleibt*). Diese Peitschen-Schweinehunde werden bislang viel zu wenig beachtet. Sie arbeiten als Antreiber, Diktatoren, Kritiker.

Viele Menschen lassen sich von ihnen quälen. Es ist eine Form von innerem Zwang, dem sie meinen, folgen zu müssen. Entsprechende Schweinehunde haben Sprüche parat wie: »Nimm dich nicht so ernst«, »Das schaffst du sowieso nicht«, »Du bist nichts wert«, »Jetzt reiß dich mal am Riemen«. »Nur wenn ich etwas leiste, werde ich geliebt.« Solche inneren Stimmen sind fordernd, verlangend, rücksichtslos, hart und teilweise erbarmungslos (16). Kernüberzeugungen können sehr unglücklich machen.

Das Hauptproblem besteht darin, dass man sich meistens den Inhalten dieser Anweisungen beugt, ohne sich selbst darüber bewusst zu sein. Dann steht man da, wundert sich über sich selbst und kann es erst einmal doch nicht ändern.

Wenn einem schwant, welche inneren Antreiber einen ins Unglück jagen, ist man oft fassungslos: Es kann doch nicht sein, dass ich auf mich selbst reingefallen bin. Hier tut Selbstliebe Not. Denn nichts ist schlimmer, als sich zu verurteilen für die Kernüberzeugungen, die irgendwann einmal sehr wohl notwendig waren. Solche Überzeugungen entstehen nämlich nicht aus Jux und Tollerei, sondern um in kritischen Situationen durchzuhalten. Sie haben uns, ganz gleich wie merkwürdig, schrullig oder idiotisch sie heute klingen, einmal sehr geholfen. Das ändert nichts daran, dass man sie nun, da man sie nicht mehr benötigt, erkennen muss, um sie sodann freundlich in den Ruhestand zu verabschieden. Es ist wichtig, sich selbst mit Güte, Demut, Fürsorge, Verständnis und Liebe zu begegnen. Schafft man das nicht, ist man seines eigenen Unglücks Schmied.

In der Regel stammen diese Peitschen-Schweinehunde aus unserer Kindheit, sogar aus der Kleinkindzeit, und wirken seitdem in uns. Da hilft nur eins: erwachsen werden. Dazu gehört, sein eigenes inneres Kind liebevoll anzuhören, in den Arm zu nehmen und ihm dann zu sagen: »Du kanntest mich noch nicht und du kanntest nicht das Leben. Damals warst du klein und du fühltest dich auch so. Aber schau mich jetzt mal an, inzwischen bin ich groß und erwachsen. Ich kenne das Leben, also kannst du mit deinen kindlichen Sätzen auch mal etwas Ruhe geben.«

Es kann sehr schwer sein, seinen eigenen Kernüberzeugungen oder Lebensmustern auf die Schliche zu kommen. So klar, wie sie hier stehen, sind sie den wenigsten von uns. Sie merken dann nur deren Auswirkungen, fühlen sich gestresst oder allgemein unwohl, sind traurig oder unzufrieden. Hinter die eigenen Kulissen zu blicken und sich selbst zu erkennen, eröffnet einem die Chance, aus dieser selbst gestrickten Falle zu entkommen.

Es ist also von hoher Bedeutung, welches Wissen man von sich selbst gewinnt, um innerlich frei zu werden für ein gutes Leben. Denn man kann sehr viel leichter glücklich werden, wenn man sich selbst und anderen verzeiht und sich selbst gegenüber etwas gnädiger ist. Alles in allem ist es wichtiger zu verstehen, *wie* man selbst ist, und weniger, *warum*. Es ist wie es ist. Ich bin wie ich bin.

Dumme Wiederholungen

Die Erkenntnisse der Emotionsforschung zeigen eindeutig, dass Gefühle (manche nennen selbige zusammengefasst dann das »intuitive System«) einflussreicher sind als dies nach unserer subjektiven Einschätzung der Fall zu sein scheint. Wir können also sagen, wir bilden uns ein, rational zu handeln, und betrügen uns dabei selbst. Es laufen Verhaltensschemen ab, die relativ sicher vorherzusagen sind. Beispielsweise wählen wir beim Einkauf Produkte, für die wir uns schon einmal entschieden haben. Wir meiden also das Neue. Diese grundsätzliche Verhaltensweise stellt dann ein Problem dar, wenn unser Leben bisher nicht ganz so glücklich verlief, wie wir es gerne wollten. Man kann auch sagen: Wir wiederholen das Verhalten, welches uns unglücklich macht, und denken dabei, wir täten immer wieder etwas anderes oder Neues. Das alles geschieht unter der Oberaufsicht von Peitschen-Schweinehunden.

Dumme Konventionen

Konventionen werden grundsätzlich außerhalb von einem selbst festgelegt. »Das tut man so und nicht anders«, wird einem schon als kleines Kind beigebracht. Es ist Aufgabe des Erwachsenen, sich zu überlegen, welche Konventionen man tatsächlich für sich selbst akzeptiert und welche nicht – unter Beachtung der Mitmenschlichkeit. Peitschen-Schweinehunde berufen sich in aller Regel auf solche Konventionen. Es kann also eine große Erleichterung bedeuten, sich von unpassenden zu trennen. Als Erwachsener hat man aber natürlich genauso das Recht, sie beizubehalten, wenn man sich bei der Abwägung zwischen den zu erwartenden Strafmaßnahmen der Gesellschaft und dem eigenen Nutzen, die Konventionen los zu sein, opportunistisch verhält.

Schuldgefühle

Die Schuldfrage ist eine menschliche Frage (s. Kap. *Wie das Glück draußen bleibt*). Schuld wird man in der Regel, weil man etwas getan hat, was man nicht hätte tun sollen. Damit kann das Gefühl von Schuld nur entstehen, wenn man sein eigenes Handeln reflektiert. Schuld ist zwar nur eines von etwa 500 dem Menschen möglichen Gefühlen, aber ein sehr wichtiges. Ohne Schuldgefühle könnte ein soziales Miteinander sehr rasch aus den Fugen geraten. Auch wenn manche Menschen standhaft versuchen, immer die anderen zu beschuldigen, führt sowohl die Abwehr von Vorwürfen als auch das Schuldgefühl selbst in aller Regel zu einer starken Betroffenheit.

Überforderung

Die Peitschen-Schweinehunde verlangen so manches, das uns schlichtweg überfordert. Es können Jahre vergehen, ohne dass wir uns der Überforderung bewusst werden. Oftmals sind es Symptome wie Unzufriedenheit, die uns rascher auffallen als unsere eigentliche Überforderung. Risiken dauerhafter Überforderung sind Krankheiten, die als »psychosomatisch« bezeichnet werden. Grundsätzlich macht Überforderung also auf Dauer mehr als nur unzufrieden, sie macht unglücklich.

One more thing – für ein gutes Leben

Es gibt Gefühle, die wir leichter entwickeln und ausleben können als andere. Beispielsweise fällt es manchen leichter, wütend zu sein als traurig. Aber es gibt auch manche, denen es schwerfällt, glücklich zu sein. Die meinen dann z. B., sie hätten es nicht verdient.

Glücklich zu sein ist ein Zustand, für den wir einiges tun können. Die Basis dafür ist, sich zuallererst einmal zuzugestehen, glücklich zu sein. Sich selbst also die »Erlaubnis« zu erteilen, Glück empfinden zu dürfen. Das klingt vielleicht erst einmal merkwürdig – warum soll man sich selbst Glück vorenthalten wollen? Nun, als ganz junge Kinder nehmen wir die Erlaubnis dafür wie selbstverständlich an. Weil wir gar nicht auf die Idee kommen, es könnte auch anders sein. Erst die vielen Einschränkungen durch die Erwachsenen – also meistens durch die Eltern – führen dazu, diese Erlaubnis in Frage zu stellen.

Man muss sich diese Einschränkungen, diese lähmenden Handlungsvorschriften, diese Peitschen-Schweinehunden also bewusst machen, sie aus der Verborgenheit an die Oberfläche holen und sie auf ihre Notwendigkeit hin untersuchen. Welche Überzeugungen wirken in mir gegen mein Glück?

Der innere Architekt des Unglücks

Der Weg ist das Ziel. Wirklich? Dann würde ja auch stimmen, dass der rohe Teig das belegte Brot ist. Oder der Rosenstrauß der Geschlechtsverkehr. Oder zwölf Jahre Schulzeit das Abitur. Ganz viele Sätze, die schon seit Urzeiten wiederholt werden, sind Blödsinn. Glauben Sie also keinen Satz, den Sie nicht selbst konstruiert haben. Am besten verzichten Sie jedoch gleich auf folgende Unglückskonstruktionen:

Konstruktion 1: Das Wenn-dann-Prinzip

Nossrat Peseschkian hatte wohl recht damit, und vermutlich die Deutschen im Kopf, als er sagte: »Es ist leicht, das Leben schwer zu nehmen. Aber schwer, es leicht zu nehmen.« Unter diesen Punkt fallen auch einige Konstruktionen. Um eine der zügig ins Unglück führenden geht es hier:

Ü Seite 159: Wenn-dann. Inhalt der Übung: Die Bedingungen überdenken

Wenn ich dies und jenes erreicht oder getan habe, dann …
… trete ich kürzer.
… werde ich glücklich.
… bin ich zufrieden.
… steige ich aus.

Ist das wirklich so? Wenn-dann-Konstruktionen funktionieren nämlich oft nicht, diese Erfahrung dürfte vielen nicht fremd sein. Solche Konstruktionen setzen Bedingungen für die Zielerreichung fest und betonieren eine Form von

Weg, der damit zum Ziel wird – nur ist er das eben nicht. Es ist wichtig, sich selbst die Freiheit für den Weg und damit möglicherweise notwendige Anpassungen zu schenken. Das geht nur, indem wir möglichst wenige oder gar keine Vorbedingungen für das eigentliche Ziel setzen.

Wenn-dann lenkt von der Gegenwart ab und richtet den Blick auf eine Zukunft, die so nie kommen wird. Sollten wir deshalb alle Maßnahmen, die wir für unsere Zukunft treffen, sein lassen? Gewiss nicht. Gerade finanzielle Vorsorgemaßnahmen für das Alter oder eine Berufsunfähigkeit sind notwendig. Mit einem weichen Polster lässt es sich einfach ruhiger schlafen. Nein, es geht darum, wie stark viele sich aus ihrem Alltag und dem Heute fortbeamen und damit verhindern, richtig gut zu leben. Denn Glück ist ein Gefühl, und dieses Gefühl kann nur im Moment wirken. Heute – das ist die einzige Zeit für Glück. Deshalb lässt sich mit Wenn-dann kein Glück erreichen.

Ich will Ihnen nicht vorenthalten, dass die Motivationsforschung zu belegen meint (2), Wenn-dann-Pläne seien ein wirksames Werkzeug zur Selbstregulierung. Ein konkreter Plan könne z. B. lauten: »Immer wenn ich eigentlich Fahrstuhl fahren will, nehme ich die Treppe.« Na, dann gutes Treppensteigen.

Konstruktion 2: Das verschobene Problem

Menschen halten durchaus gezielt an Problemen oder problematischen Konstellationen fest. Ein Klassiker sind Beziehungen wie Ehen, die längst als gescheitert gelten müssen und dennoch aufrechterhalten werden. Das geht nur, wenn beide Partner dies mitmachen. Der Grund dafür ist oft, dass dadurch ein neues Problem verhindert wird, das bei einer Trennung (Lösung des ersten Problems) auftreten würde. In der Vergangenheit war es nicht selten so, dass die Ehefrau die Eskapaden des Mannes nur deshalb ertrug, weil sie nach einer Trennung wirtschaftliche Schwierigkeiten oder Statusprobleme befürchtete.

Oftmals liegen die Dinge und Gründe, ein Problem aufrechtzuerhalten, jedoch bei Weitem nicht so klar an der Oberfläche. Das sollte einen nicht davon abhalten, sich folgende Frage zu stellen: Verhindere ich, indem ich eine Lösung des Problems vermeide, wirklich ein neues, noch schwierigeres Problem?

Oder allgemeiner:

Wenn das Unglück vorbei wäre, was wäre dann?

Womit müsste ich fertig werden?

Gäbe es etwas Neues, das ich erst recht verhindern will?

Anhand derartigen Fragen erkennen wir eine Hierarchie des Unglücks.

Konstruktion 3: Dem Glück nachjagen

Je mehr wir dem Glück nachjagen, desto eher kann man dies als ein Symptom dafür werten, dass sich unsere Seele nicht im Gleichgewicht befindet. Viele versuchen, wenn sie traurig oder unglücklich sind, diesen Gefühlen mit besonders heftigen Eindrücken quasi entgegenzuarbeiten. Dazu gehören dann Exzesse, durchgefeierte Nächte, dauernde Partnerwechsel, Missbrauch von Alkohol und Drogen und vieles mehr. Diese Menschen *haben* dann Glück, wenn sie rechtzeitig verstehen, mit einer solchen Gegenbewegung nichts zu verändern. Viel wirkungsvoller ist es, *relative* Erfolge anzustreben, also sich Schritt für Schritt einem ausgeglichenen Zustand anzunähern.

Wer unbedingt glücklich werden will, sozusagen mit aller Macht, wird sein Glück dabei nicht finden. Glück lässt sich ebenso wenig erzwingen wie Liebe.

> Wer immer das Beste herausholen will, wird auf Dauer das Beste verpassen.

Das ist eine Variante der Wenn-dann-Regel. Oft führen starre, unbeirrbare Absichten über Bedingungen und Ausgestaltungen des Wegs eben nicht zum gewünschten Erfolg.

Konstruktion 4: Mitleid

Mit*gefühl* ist die wesentliche Basis des Einfühlungsvermögens und damit der Kern des menschlichen Gefühlslebens. Wer Mit*leid* hat, leidet hingegen mit. Ein englisches Sprichwort sagt, Mitleid sieht die Not, nicht die Ursache. Wer sich in eine mitleidende Position bringt, degradiert den, den er bemitleidet praktisch zwangsläufig. Die Not des anderen wird damit missbraucht, um sich selbst größer (gesünder, glücklicher) zu fühlen. Deshalb ist Mitleid rundweg abzulehnen. Es zementiert das Unglück des Bemitleideten.

Konstruktion 5: Unglück anderer ausnutzen

Manche entwickeln die Taktik, sich am Unglück anderer zu bedienen, auch ganz ohne Mitleid – ähnlich wie Gaffer bei Autounfällen. Dann hören wir Sätze wie: »Schau mal, wie schlecht es den anderen geht.« Auf den ersten Blick mag das wie eine Anteilnahme am Schicksal des anderen erscheinen. Das ist aber nur so etwas wie ein Übergangsstadium, damit wir uns am Ende wieder besser oder wohler fühlen. Wer dies tut, nutzt also das Unglück anderer aus, um selbst glücklicher zu werden. Das sehen wir auch an Sätzen wie: »Uns geht's ja noch gut.« Glücklicher werden jedoch nicht diejenigen, denen die Anteilnahme tatsächlich gelten sollte, sondern die, die sie scheinbar empfinden. Das ist ethisch nicht in Ordnung.

Konstruktion 6: Flucht vor der Gegenwart

Die Störfaktoren der Lust sind laut Epikur (15) unsere Furcht, die Begierde und der Schmerz. Wenn wir diese drei Inhalte bezüglich ihrer zeitlichen Wirkung betrachten, stellen wir fest: Sowohl die Furcht als auch die Begierde richten sich immer in die Zukunft und sind deshalb mehr oder minder komplette Einbildung. Wir fürchten uns *vor* etwas, wir gieren zu etwas *hin*. Nur der Schmerz betrifft die Gegenwart und nicht selten, im Sinne des Festhaltens am Unglück, auch die Vergangenheit. Die weitverbreitete Flucht vor dem Heute nennen wir »Sorgen«, die wir mit zwei Techniken unterstützen, dem Grübeln und dem Katastrophisieren. Beide lassen sich vortrefflich einsetzen und beweisen einmal mehr die menschliche Kreativität, wenn es um unser Unglück geht.

Aber es gibt eine oft funktionierende Möglichkeit, dieser Form von Kreativität Einhalt zu gebieten:

> Ü Seite 160: Grübeln und Katastrophisieren. Inhalt der Übung: Aus dem eigenen Teufelskreislauf ausbrechen

In dieser Übung wird deutlich, worum es bei Ihnen persönlich geht und wie Sie gezielt dagegen vorgehen können.

One more thing – für ein gutes Leben

Depressionen haben sowohl körperliche als auch seelische Ursachen. Die folgenden Ausführungen sollen das nicht bestreiten, aber doch die Sicht auf diese Krankheit ein wenig weiten. Sie ist der wichtigste Verbündete der Angst und das Gegenteil von Glück (s. Kap. *Leitgefühle für ein gutes Leben*). In einem glücklichen Zustand läuft alles wie geschmiert, es gibt keine Zweifel, man fühlt sich sicher, aufgehoben und macht sich keine Sorgen. Depressionen beeinflussen uns in genau entgegengesetzter Richtung. Wer depressiv ist,

- schaut pessimistisch in die Zukunft,
- kann sich nicht mehr freuen,
- fühlt eine innere Leere,
- empfindet das Leben als sinnlos,
- fühlt sich wie eingemauert,
- hat Angst,
- zeigt einen Leistungsabfall,
- hat Schlafstörungen,
- hat Essstörungen,
- ist traurig.

Wenn Sie sich darin wiederfinden, suchen Sie rasch einen Spezialisten auf. Ein Buch allein wird Sie aus einer Depression nicht herausführen können.

Wenn man nur noch eines zu verlieren hat

»Proaktiv« nennt man ein Verhalten, welches in die Zukunft gerichtet ist und die Wahrscheinlichkeit dessen, was einem geschieht, einbezieht. Proaktiv wäre es also z. B., sich um die eigene Grabstätte zu kümmern, denn die wird sicher irgendwann gebraucht werden. Proaktives Verhalten hat deshalb oft eine etwas fragwürdige Note. Dennoch ist es voll und ganz zu unterstützen, wenn wir uns heute Gedanken über etwas machen, über das wir uns in wenigen Jahren vermutlich ärgern würden, etwas also, das wir in unserem Leben zügig ändern sollten.

Ü Seite 162: Der Zeitsprung. Inhalt der Übung: Innere Ruhe durch Distanz

Bronnie Ware hat Menschen kurz vor ihrem Tod befragt und deren unerfüllte Wünsche zusammengetragen (28). Eine der Erkenntnisse war, sich selbst im Leben nicht glücklich sein gelassen zu haben. Die anderen Wünsche drehten sich um den zu geringen Kontakt mit Freunden, die Unfähigkeit, seine Gefühle zu zeigen, zu viel gearbeitet zu haben. Ein weiterer Wunsch hatte ebenfalls sehr viel mit Glück und Unglück zu tun. So sagten viele im Angesicht ihres eigenen Todes, sie hätten ihr Leben nicht getreu sich selbst geführt, sondern ein Leben, das andere von ihnen erwarteten. Jetzt ist die Zeit gekommen, liebe Leserin und lieber Leser, sich genau darüber Gedanken zu machen:

Ü Seite 163: Was ich mir selbst schenken möchte. Inhalt der Übung: Anstehende Änderungen

Eine zentrale Botschaft für unser eigenes Glück ist, ab sofort nichts mehr zu tun, das wir voraussichtlich später bereuen würden. Ein noch recht banales Beispiel ist der Verzicht auf Kalorienbomben – und ich kenne Gewichtsprobleme seit mehr als 40 Jahren! Es gibt den netten Spruch: »Fünf Sekunden im Mund macht die Hüften rund.« Ein Schluck eines Softdrinks ist wahrscheinlich nur zwei Sekunden im Mund, hat aber den gleichen Effekt auf Hüfte, Po und Bauch. Die wenigen Sekunden Freude werden oftmals mit Tagen bis Wochen Mühsal erkauft. Ist es das wirklich wert?

One more thing – für ein gutes Leben

Warten Sie nicht mit sinnvollen Änderungen. Beginnen Sie unverzüglich damit – ein gutes Leben ist erheblich lebenswerter als eine glückloses.

Zeit ist Glück, nicht Geld

Äußere Lebensumstände tragen erheblich *weniger* zu einem guten Leben bei, als die meisten denken. Das liegt an der wunderbaren Fähigkeit des Menschen, sich an fast alles zu gewöhnen. An Gutes genauso wie an Schlimmes. Sobald diese Gewöhnung eingesetzt hat, machen wir unser Glücksempfinden kaum mehr von den Umständen abhängig. Das ist einer der Gründe, warum die Menschen in armen Ländern eher glücklicher sind als in reichen. Sie haben meistens mehr Zeit für sich selbst und ihre Beziehungen. Zeit, sich um die eigene Zeit zu kümmern:

> Ü Seite 164: Womit ich meine Zeit verschwende. Inhalt der Übung: Mir passende Inhalte finden

Ewig zu warten ist weder prickelnd noch zielführend. Ebenso unnötig ist Hast. Wer sich der heute üblichen Hektik und Hetze hingibt, muss nahezu zwangsweise am Genuss und am Glück vorbeirennen. Denn die vertragen sich ganz und gar nicht mit Zeitnot. Sie brauchen innerlichen Frieden und nicht den Zustand einer Flucht. Immer dann, wenn man das Gefühl hat, auf keinen Fall genug Zeit zur Entspannung zu haben, sollte man sich entspannen.

Gewiss ist Zeitdruck manchmal gut, um zu einer Entscheidung zu gelangen oder auch eine Handlung auszulösen. Er ist aber fast immer schlecht, wenn es um die Qualität und die Zielsicherheit einer Handlung geht. Khalil Gibran beschrieb den Nutzen der Langsamkeit so: »Schildkröten können mehr über die Straße erzählen als Hasen.«

»Golf spielen immer die Menschen, die keine Zeit dafür haben.« Vielleicht kennen Sie diesen Spruch auch. Wer schon mal auf einem Golfplatz war, weiß, dass er nicht wirklich zutrifft.

Wir sollten uns darüber im Klaren sein, wie kostbar unsere Zeit ist. Wir haben nur eine begrenzte Zahl von Chancen und Versuchen.

> Die Kostbarkeit jedes Moments und die Bewusstheit über eigene Entscheidungen sollten unser Leben prägen.

Zeit ist die einzige ausnahmslos beschränkte Ressource. Deshalb sollten wir uns sehr bewusst darüber werden, was wir mit dieser Zeit anstellen. Sobald wir das Gefühl haben, uns wird Zeit gestohlen, wir könnten die Zeit anders und besser nutzen, werden wir unzufrieden. Dann ist es wichtig, sich zu überlegen, was man alles *nicht* tut, weil zu wenig Zeit vorhanden ist, obwohl man es gerne täte. Die Lösung ist keine Wenn-dann-Konstruktion. Sie folgt nicht dem Prinzip eines so omnipräsenten Satzes wie: »Wenn ich erst Rentner bin, dann mache ich das.«

Wer kann sich denn schon sicher sein, dass er überhaupt Rentner wird? Bis die meisten so weit sind, hat die Politik das Renteneintrittsalter wahrscheinlich auf 92 Jahre erhöht.

Es liegt definitiv in der eigenen Macht, *jetzt* etwas zu ändern. Zwar kommt an dieser Stelle immer einmal wieder das Argument der Sachzwänge auf, weshalb eine Änderung unmöglich sei. Aber eine *Sache* kann niemanden zu irgendetwas zwingen. Ein Zwang wird ausschließlich durch die eigenen, fixen Vorstellungen ausgeübt, oder durch andere Menschen, oder durch eine schlimme Erkrankung, die uns einschränkt. Aber eine bloße Sache ist unfähig, einen Zwang auszuüben, ihr fehlt der eigene Wille. Meistens geht es um den Preis, den man nicht zu zahlen bereit ist, um etwas zu ändern. Glück kann auch bedeuten, auf etwas zu verzichten. Die Wahl jedoch müssen wir schon bewusst treffen.

Ein sehr häufiger Stressauslöser ist die Fahrt von daheim zur Arbeitsstelle. Wer für den Hin- und Rückweg lange braucht, findet dies alles andere als angenehm – der Weg sollte nicht länger als 30 Minuten dauern. Wenn er länger ist, gibt es nur zwei Möglichkeiten: Entweder muss die Arbeit möglichst nah an das Zuhause verlegt werden (was meistens der Suche nach einer neuen Arbeitsstelle entsprechen dürfte) oder das Zuhause selbst muss verlegt werden.

Die strikte Taktung unseres Lebens, das ununterbrochene Hinterherrennen, ist eine zentrale Ursache für Stressempfinden. Ja, man kann schreiben: Hetze und Hektik werden immer als Stress empfunden. An anderer Stelle habe ich bereits beschrieben, wie Hetze zur Flucht führt und damit Angst auslöst (11). Es ist unmöglich, wenn man sich laufend gestresst fühlt, sein Leben als gut zu empfinden. In Ruhe zu sein, in Ruhe zu sich zu finden, das sind notwendige Voraussetzungen, um die Einmaligkeit eines jeden Moments wahrnehmen zu können. Aber nicht nur jeder Moment ist einmalig, wir selbst sind es ebenso. Jeder Einzelne hat das Recht auf sein eigenes Glück, welches vor allem dann wachsen kann, wenn man sich selbst als stabil empfindet, obwohl sich vieles im Körper und auch manches in der Seele im Laufe der Zeit verändert.

Nur das Wichtige zählt

Es gibt kleine Monster, die fressen einem etwas weg, was man selbst nicht erschaffen oder kaufen kann – die Zeit. Solche Zeitfresser sind viel geschickter, als man gemeinhin annehmen mag. Sie verstecken sich an Stellen, wo man sie nicht vermutet (11), meistens direkt in einem selbst. Es sind oftmals eigene Fehler bei der Planung, unpassende Einstellungen und Verhaltensweisen oder äußere Faktoren, die uns Zeit kosten. Beispiele sind etwa:

- nicht Nein sagen können,
- für andere immer da sein wollen,
- alles perfekt machen wollen,
- nicht delegieren wollen oder können,
- sich unverzichtbar machen wollen,
- sich nicht entscheiden können,

- zwischen Aufgaben hin- und herspringen,
- auf Pausen verzichten,
- zu keinem Ende kommen wollen,
- Dringendes vor Wichtigem erledigen,
- keine Zeit für Unvorhersehbares einplanen,
- das Handy nicht ausschalten,
- erlauben, dass unklare Ziele die Sicht auf das Wichtige verschleiern,
- Banalitäten nicht ablegen,
- sich laufend unterbrechen lassen.

Wie gehen Sie mit dieser machtvollen Instanz, der Zeit, um?

Ü Seite 165: Die machtvollste Kraft. Inhalt der Übung: Die Zeit nutzen

One more thing – für ein gutes Leben

Wir alle wissen, dass wir endlich sind. Wir alle wissen, dass am Ende unser eigener Tod wartet. Das Problem: Die meisten von uns wollen es nicht wahrhaben, können es nicht glauben. Selbst so herausragende Persönlichkeiten wie Marcel Reich-Ranicki nicht. Er sagte wenige Wochen vor seinem eigenen Tod im hohen Alter, er habe Angst, nicht mehr zu existieren. Nun, es ist eine Tatsache. Das Thema ist schwierig, auch für mich selbst, das will ich an dieser Stelle nicht verschweigen.

Nicht ein einziger Moment unseres Lebens ist wiederholbar. Nichts kann wirklich festgehalten werden. Das gilt auch für jedes Gefühl und somit auch für Glück. Gerade deshalb sind die Momente im Leben, die uns berühren, so wertvoll. Sie machen unser Leben aus, nicht das, was wir uns leisten können. Da alles Wichtige nicht festgehalten und somit auch nicht besessen werden kann, gibt es nur eine einzige Chance für ein gutes Leben: Wir sollten bewusst in der Gegenwart leben. Alle Ängste, die uns in die Zukunft führen, genauso wie alle Erinnerungen, die uns in die Vergangenheit reisen lassen, führen uns vom wahrhaftigen Leben weg und damit von der Möglichkeit, glücklich zu werden. Heute!

Fluchten ins Unglück

Vergangenheit

Vergangenheit brauchen wir, um zu verstehen. Wer verstanden hat, kann – und sollte – verzeihen. Ansonsten ist der oft mühsame und traurige Blick zurück wenig sinnvoll.

Stellen Sie sich einmal vor, Sie könnten alle Ihre Verwandten, auch die, die schon tot sind, noch einmal zu einem Kaffeekränzchen einladen. Wer säße dann an diesem riesigen Tisch? Vielleicht die schrullige Tante Änne, der muffige Opa August, die notgeile Nichte Nicole, der aggressive Großcousin Sigismund, die herzensgute Urgroßmutter Erdmute. Welch ein Anblick! Schauen Sie sich das ganz genau an, das sind Ihre Gene! Mit all denen haben Sie irgendetwas zu tun, ob Sie wollen oder nicht. Unsere Herkunft ist, wie sie ist. Das sollte man sich immer mal wieder klarmachen, wenn man vielleicht gerade etwas geringschätzig über andere Menschen denkt. Über vieles, was den Menschen ausmacht, hat er keine Macht.

Wenn unsere Zukunft, die schon beginnt, wenn Sie diesen Satz fertig gelesen haben, glücklicher sein soll, sollten wir uns noch einmal klarmachen, wie eine erwachsene und uns selbst achtende Einstellung zur eigenen Vergangenheit möglich ist (wie schon einmal ab S. 41). Dabei sollten wir nicht ablehnen, wer wir waren. Wichtiger ist, die Überzeugung zu gewinnen, seine *Haltung* und sein *Verhalten* verändern zu können, gleich was früher war oder wie man früher war.

Ein Sprichwort aus Japan besagt: »Wenn du in einem Loch sitzt, musst du zuerst mit dem Graben aufhören.« Das bedeutet auch, das Vergangene irgendwann einmal ruhen zu lassen. Nicht indem man sich gute Gedanken daran vortäuscht oder indem man alles leugnet, was war. Sondern indem man es innerlich zu einem friedvollen Abschluss bringt. Es war, was war, und das alles in seiner Gesamtheit hat mich dorthin gebracht, wo ich heute bin.

Oder meinen Sie nicht, auch stolz darauf sein zu dürfen, es so weit gebracht zu haben, wie Sie heute sind? Wenn Sie nicht stolz auf sich wären, wäre dies ein Hindernis für ein gutes Leben.

Der Blick in die Vergangenheit kann auch unter einem anderen Gesichtspunkt sinnvoll sein. Man kann darin oftmals sehen, was man *nicht* tun sollte. Gewiss, jeder Tag ist neu und jede Zeit ist neu, dennoch sind bestimmte Grundregeln aus dem, was man erlebt hat, ableitbar. Außerdem kann man sich im Sinne der Psychohygiene darum kümmern, wie man mit Belastungen aus der Vergangenheit umgehen sollte:

Ü Seite 166: Meine Päckchen. Inhalt der Übung: Belastungen beenden

Wenn wir wissen, was uns früher glücklich gemacht hat, haben wir einen Anhaltspunkt dafür, was uns auch heute und in Zukunft glücklich machen könnte. Aber mehr als ein Anhaltspunkt ist es nicht. Denn der Blick auf die Vergangenheit kann uns keine Sicherheit für die Gegenwart und erst recht nicht für die Zukunft verschaffen. Eine höhere Sicherheit für die Bereiche, in denen wir unser Glück finden können, verschafft uns die Anbindung an unsere Gefühlswelt.

Wenn wir es schaffen, uns unserem Inneren zu öffnen, ist auch die Tür hin zu unserem Glück offen.

Abwesenheit

Die Gegenwart ist überaus flüchtig. Eben beim Lesen des Wortes »Gegenwart« war sie noch Gegenwart, jetzt ist es bereits Vergangenheit. Oftmals führt die Konzentration auf die Gegenwart dazu, an dem Erlebten zu kleben. Damit bindet man sich an das, was geschehen und vergangen ist. Dieser »Klebstoff« führt in die Vergangenheit, weshalb immer wieder und immer größere Unzufriedenheit empfunden werden kann. Wer an alten Inhalten kleben bleibt, macht die Erfahrung, wie stark sich der Augenblick entzieht. Das ist nur ein vermeintlicher Vorteil der Vergangenheit, diese können wir zumindest in unseren Erinnerungen und Gedanken festhalten – zugleich ist dies eine Flucht.

Manchmal kann Flucht lebensnotwendig sein. Daneben gibt es aber viele Formen von Fluchten, die überaus glücklos ablaufen. Meistens haben sie mit einer Flucht vor sich selbst zu tun. Manche Menschen haben es zu wahrer Meisterschaft im Fliehen gebracht, sie sind geistig fast nie dort, wo sich ihr Körper gerade befindet. Denken wir an Florian, den fabelhaften Friseur, der, wenn er morgens die Tür zu seinem Laden aufschließt, schon daran denkt, wie er am Abend mit seinem Freund Franz zu einem Konzert gehen wird. Der, wenn er einem Kunden den Bart stutzt, an seine Mittagspause denkt. Der, wenn er in der Mittagspause ist, an den ersten Kunden nach der Pause denkt.

Sobald wir unsere Gedanken abschweifen lassen, haben wir keine Chance auf Glück. Dieses kann ja nur im Moment selbst erlebt werden. Wach zu sein für den Moment, für den Raum, für die Situation ist eine wesentliche Voraussetzung, um glücklich werden zu können.

Bildschirme

Als in den 1960er-Jahren Fernseher Einzug in deutsche Haushalte hielten, hätte wohl niemand gedacht, welche Karriere Bildschirmen noch bevorstehen würde. Es scheint kein Gerät mehr zu geben, das ohne Bildschirm auskommt. Kühlschränke, Hi-Fi-Geräte, Telefone. Früher ging es ohne, heute heißt es: Wie sonst? Ein Großteil der konzentrierten Aufmerksamkeit richtet sich heutzutage auf Bildschirme. Das Problem dabei: Dort findet alles Mögliche statt, nur nicht das Leben. Virtuelles Glück, gesucht in sozialen Netzwerken und scheinbar gefunden auf Flat-Screens, ist nie so gefühlsecht wie das wahre Leben.

One more thing – für ein gutes Leben

Haben Sie schon einmal ein kleines Kind ganz bewusst beobachtet? Ist es immer glücklich? Nein, aber viel, viel öfter als wir Erwachsenen. Denn es lässt sich glücklich sein. Der Impuls dazu war bei uns ebenso angelegt, nur lassen wir ihn nicht mehr zu. Oft, weil es uns peinlich ist, so unerwachsen zu reagieren. Wie werden wir – in diesem Sinne – wieder zu Kindern?

Kinder sind glücklich, wenn sie keine Widerstände spüren (weil es keine gibt oder weil sie diese überwunden haben) und alles im Fluss ist. Sie sind glücklich, weil sie noch staunen können. Sie verzichten zunächst weitgehend auf Bewertungen, insbesondere von anderen Menschen. Sie leben in der Gegenwart und sind auch innerlich dort, wo sie tatsächlich sind. Meistens wähnen sie sich also nicht lieber irgendwo anders. Aber sie wissen eben auch nicht, was Schlimmes im Leben geschehen kann, insofern sind sie naiv. Nicht zuletzt fehlt ihnen die Fähigkeit, bewusst ihr bisheriges Leben und Erleben zu reflektieren.

Wenn wir diese Auflistung, warum Kinder glücklich sind, auf uns wirken lassen, nehmen wir vermutlich eine innere Abwehrhaltung ein. Wollen wir wirklich als Erwachsene naiv sein, oder nicht reflektieren? Wohl kaum. Das eigene Glück weniger selbstverständlich zu erleben ist also ein Preis für das Erwachsensein. Aber jeder Preis zieht auch Gewinne nach sich. Diese sind: Einigermaßen bewusst leben zu können. Sich aktiv Alternativen überlegen und sich für die eine oder die andere entscheiden zu können. Verantwortung tragen und über den eigenen Tellerrand hinausschauen zu können.

Immer schneller, immer mehr

Wofür haben wir zwei Augen? Um damit sehen zu können.
Wofür haben wir zwei Ohren? Um damit hören zu können.
Wofür haben wir zwei Hände? Um damit arbeiten und liebkosen zu können.
Wofür haben wir einen Bauch? Um auf ihn hören zu können.

Viele Männer leiden an ihrem Bauch, immerhin versperrt er den Blick auf das Wesentliche darunter. Die wenigsten Männer haben jedoch den Ehrgeiz, diesen Bauch dauerhaft weg zu trainieren. So wichtig scheint der Blick dann doch nicht zu sein. Das ist ein wundervolles Beispiel, wie Mann auf Optimierungswahn verzichten kann. Wahrscheinlich sind deshalb die meisten Schönheitschirurgen männlichen Geschlechts und zugleich wenig attraktiv. Ein Mann käme auch selten auf die Idee, sich im Profil im Spiegel anzuschauen. Dermaßen selbstzerstörerische Tendenzen scheinen vorrangig Frauen zu haben. Aber es gibt auch andere Formen der Selbstkasteiung.

Aktivität statt Glück

Aufstehen! Der Wecker klingelt. Stopp! Noch nicht aufstehen, erst die Smartwatch anlegen. Ins Badezimmer, Zähne putzen. Stopp! Nicht die Handzahnbürste, sondern die drucksensitive Ultraschall-3-in-1-Mega-Bürste und zwar exakt 120 Sekunden. Anziehen. Stopp! Die gute Funktionsunterwäsche rausholen. Frühstücken. Stopp! Erst mal den Fitness-Smoothie-Maker anmachen und den

Grünkohl rausholen. Hinsetzen. Stopp! Wo war nochmal das Minitretrad, um beim Frühstück gleichzeitig was für die Fitness zu tun? Stopp! Die Elektronik klingelt, der Puls ist noch nicht hoch genug.

Mir wird gerade ein wenig übel beim Schreiben. Was hat ein solches Leben mit Menschsein zu tun? Nichts! Hier wird Aktivität mit Optimierungswahn verbunden, um sich von sich selbst abzulenken, oder um »perfekt« oder »besser« zu werden. Viel gesünder wäre es, die Zähne in Ruhe selbst zu putzen, sich dann bewusst und achtsam sein Frühstück aus Ingredienzen zu bereiten, die einem schmecken, sich dann in Ruhe hinzusetzen und beim Essen auch innerlich anwesend zu sein. Warum diese ganzen Aktivitäten? Meistens, um sich von sich selbst und der sonst bedrohlichen, inneren Leere (oder auch von Ängsten) abzulenken. Aber so lenken wir uns auch vom möglichen Glück ab. Selbst das wird dann irgendwie versucht, künstlich zu erschaffen. Wie wäre es mit einer App, die genau zur richtigen Zeit eine Glückskatze winken lässt?

Dabei kommt Glück auf natürlichem Weg einfach so vorbei.

Selbstoptimierung und Anspruchsniveau

Glück hat auch viel mit unserem Anspruch an das Leben zu tun. Wer jung ist, gibt sich oft nur mit dem »Besten« zufrieden. Edelmarken ohnehin, auch Fernreisen müssen sein, Erfolg im Berufs- und Privatleben sind selbstverständlich. Das Smartphone muss alle neun Monate erneuert werden.

Doch die Lebenserfahrung zeigt einem älter werdenden Menschen dann, wie unwesentlich all diese Dinge sind. Allein das sorgt schon für einen höheren Grad an Zufriedenheit. Außerdem erkennt man, wie relativ viele Sorgen sind. Wirklich schlimme Dinge geschehen fast immer ohne Vorankündigung. Damit sind selbstzerstörerische Gedanken, die das Unglück in der eigenen Zukunft wähnen, ohne Sinn und ohne Nutzen.

Schauen Sie sich nun an, was Sie belasten könnte – Ihre eigenen Ansprüche an sich selbst:

Ü Seite 167: Meine Ansprüche an mich selbst. Inhalt der Übung: Erwartungen zügeln

Ansprüche haben wir nicht nur an unsere eigenen Leistungen oder an das, was andere leisten. Die meisten haben auch Ansprüche an ihren Besitz, an das Leben an sich, an die Eltern, Geschwister oder Kinder. Ansprüche bedeuten in aller Regel in die Zukunft gerichtete Forderungen.

Es gibt keinen Bereich, der vor eigenem Anspruchsdenken gefeit wäre. Wie wäre es mit Ansprüchen an seinen eigenen gesellschaftlichen Status, seine Intelligenz, seine Ausbildung und sein Wissen, an andere Menschen (gleich ob Partner oder völlig Fremde oder an Mitarbeiter), an Urlaube und daran, wie welche Zeit verbracht werden soll, an die Qualität und Quantität der Nahrung, und so fort. Diese Liste könnte ein ganzes Buch füllen. Eine vergleichsweise neue Variante von Anspruchsdenken hat einen professionell klingenden Namen erhalten: »Selbstoptimierung«. Klingt erstmal positiv. In Wirklichkeit steckt jedoch eine Mischung aus Allmachtanspruch und Gier dahinter, die versucht, den eigenen Körper zu missbrauchen, statt ihn als Wunderwerk zu würdigen. Dazu tragen auch die ständige Zeitoptimierung und die ganzen technischen Spielereien bei, von Apps über die komplette Vernetzung der eigenen Wohnung bis hin zu sogenannten »Fitness-Trackern«. Alles soll optimiert werden, und damit perfektioniert. Perfektionsanspruch und Selbstoptimierung haben also viel gemeinsam. Letztlich sollen beide vor dem eigenen Tod schützen – wenn's optimal läuft …

So ein Humbug! So eine verrückte Maßlosigkeit! Kann Selbstoptimierung zu einem guten Leben beitragen? Niemals! Denn das Ziel ist ja das Perfekte oder Optimale und damit etwas Künstliches. Mit einem individuell *passenden* Lebenskonzept hat das ganz sicher nichts zu tun. Obendrein haben diese Ansprüche eine gefährliche metastatische Komponente. Denn die eigenen Kinder werden wie selbstverständlich mit eingefangen, Stichwort »Helikoptereltern«. Wehe, die machen kein Spitzenabitur und wagen es, das zu tun, was sie wollen.

Problematisch ist indes vor allem, dass sich die Inhalte auf Unveränderbares ausdehnen. Die Optimierung soll ja letzten Endes natürlich auch die eigene Herkunft umfassen. Doch wie, bitte schön, soll das gehen?

Den folgenden Ausspruch kennen viele, er stammt von Oscar Wilde: »Ich habe einen ganz einfachen Geschmack: Ich bin immer mit dem Besten zufrieden.« Solche Sätze werden gerne genutzt, um irgendwelche hohen Ausgaben zu rechtfertigen. Dabei ist dieser Spruch Blödsinn. Es geht in einem guten Leben überhaupt nicht um »das Beste« oder um »Luxus«. Das lässt sich am einfachsten an Automobilen erklären. Welches Auto ist das beste? Das teuerste? Seien wir also mal unbescheiden und kaufen uns einen Bugatti Veyron, der kostet gut erhalten etwa eine Million Euro. Wir sind dann eben doch irgendwo bescheiden, die neueste Variante für zwei Millionen muss gar nicht sein. Das ist nun also das beste Auto? Versuchen Sie mal damit eine vierköpfige Familie (auf einmal) zu transportieren. Da sehnen Sie sich aber rasch nach einer Mittelklasselimousine. Und wenn Sie die haben, aber an Platzangst leiden, wäre vielleicht doch ein Cabriolet das Beste. Aber wehe, Sie bekommen Heuschnupfen, dann werden Sie doch lieber ein besonders gut schließendes Auto besitzen. Für Autos gilt wie für alles andere im Leben:

Das Beste gibt es nicht.

»Das Beste« bezieht sich meistens auf etwas Materielles wie ein Auto oder Schmuck oder auf die eigenen Leistungen. Aber »das Beste« ist eine vollkommen subjektive Bewertung. Stellen Sie sich vor, an einer Champagnerverkostung teilzunehmen und dabei Ihren besten zu küren. Sie sitzen in einem herrlichen, alten Weinkeller und probieren vielleicht zehn verschiedene Prickelwasser. Allein die Beschränkung auf diese zehn Sorten verhindert eine wahrhaftige Bewertung. Die hängt auch von der Stimmung und dem erreichten Alkoholpegel ab, sogar von Ihrer Tagesform.

Es gilt für uns:

> Für ein gutes Leben müssen wir das für uns selbst Passende finden.

Es geht ausschließlich um das Passende, nicht um das Beste, nicht um das Optimum, nicht um das Maximum. Das Passende kann mal das Beste sein oder etwas besonders Teures, aber in aller Regel ist es das nicht. Das Passende passt – und das kann auch das Billigste sein. Dieser wesentliche Satz erklärt auch, warum Optimierungsversuche, wie wir sie allenthalben wahrnehmen können, Blödsinn sind. Gewiss mag es mal einen Menschen geben, für den das herausholbare Optimum auch nach Jahren intensiver Psychotherapie noch das Passende ist, für alle anderen gilt das jedoch nicht. Selbstoptimierung löst deshalb fast immer nur unnötigen Druck aus, den man sich selbst macht oder von außen aufzwingen lässt, auf jeden Fall aber für sich selbst akzeptiert. Druck macht man sich immer selbst. Das ist schade, denn:

> Wer nach Selbstoptimierung strebt, entfernt sich von sich selbst und von einem guten Leben.

Multitasking

Die Idee, ein Mensch sei zu Multitasking fähig, gehört auf den Müllhaufen. Ein chilenisches Sprichwort besagt: »Die Kuh, die viel herumspringt, kommt wenig zum Fressen.« So ist das auch mit einem guten Leben. Je mehr wir uns verzetteln, auf je mehr Hochzeiten wir meinen tanzen zu müssen, umso unzufriedener werden wir sein. Glück und Zufriedenheit brauchen keine 1 000 Fährten. Legen Sie zwei oder drei aus, das genügt vollauf.

Unzufriedenheit als krankhafter Antrieb

Es gibt eine Sorte von Trainern, die ich Tschakka-Tschakka-Trainer nenne. In markanter Selbstüberschätzung stehen solche Menschen vor der Gruppe, lassen sie Lieder singen wie »We are the champions« und fühlen sich selbst richtig gut dabei. Eben fundierte Erwachsenenbildung. Einen solchen Trainer habe ich einmal bei einem Vortrag erleben dürfen, dabei schrie er in die Menschenmenge: »Ich brauche die Unzufriedenheit! Ich will nicht zufrieden sein! Zufriedenheit, das bedeutet für mich den Tod, das bedeutet Stillstand! Dafür ist der Stress gut. Wir alle brauchen Stress!« Nun denn. Eustress, also angeblich positiv wirkender Stress, ist eine Lüge. Stress ist Stress ist Unglück.

Stress bedeutet innere Not

Stress bezeichnet immer eine Not, aber nicht immer eine Zeitnot, obwohl viele das Wort »Stress« ausschließlich damit verbinden. So ist der Ausspruch »Ich bin im Stress« praktisch gleichzusetzen mit »Ich fühle mich gehetzt«. Manchmal liegt dem Stress aber eigentlich eine Kompetenznot zugrunde, also die Unfähigkeit zu etwas.

Es ist interessant, was eine wichtige Studie vor Jahrzehnten zeigte: Die Ereignisse, welche auch nach Jahren noch Stress auslösen, hängen sämtlich mit Beziehungen und Bindungen zusammen, etwa der Tod eines Partners oder der Eltern oder die Trennung von wichtigen Personen. Stress ist also viel mehr als eine Zeitkrankheit, konkret ist er ein Bindungs- bzw. Trennungsproblem. Stressarm ist deshalb ein Leben mit einigen erfüllenden Beziehungen und Bindungen. Manche sind sogar der Meinung, es genügten gute soziale Beziehungen, eine hohe Qualität der Freundschaften und eine stabile Ehe, um auf Dauer glücklich zu sein (3).

Dringend oder wichtig

Wichtige Aufgaben sind solche, die wirklich erledigt werden sollten, weil wir sonst nicht vorankommen oder etwas weniger Gutes droht. Die meisten wichtigen Aufgaben sind anfangs *nicht* dringend. Man kann sie in Ruhe erledigen. Wenn man kann. Viele jedoch kümmern sich bevorzugt um die Aufgaben, die sich als dringend aufplustern. »Dringend« bedeutet Zeitdruck. E-Mails jede Stunde oder noch häufiger abrufen, jedem Signalton bei einer SMS sofort nachgehen, sofort zum Telefon springen, wenn es klingelt. Dabei sind fast alle sich als dringend darstellenden Inhalte unwichtig. Grundregel (11): Lassen Sie nie wichtige Aufgaben dringend werden. Dann brennt es nämlich. Natürlich gibt es Dinge, die wirklich dringend sind, in aller Regel sind dies jedoch ursprünglich wichtige Inhalte, die nur nicht rechtzeitig wahrgenommen wurden. Ein Beispiel aus dem medizinischen Bereich: Ohne jeden Zweifel ist ein Herzinfarkt ein überaus dringendes Geschehen und zugleich ist es lebensnotwendig, die richtige Hilfe zu bekommen. In der Tat gehen einem Herzinfarkt aber oft Warnzeichen wie der von der Brustmitte ausstrahlende Schmerz voraus. Dieser hinweisende Schmerz war also das Wichtige, das dem Betroffenen ein Hinweis hätte sein sollen und das schließlich erst deshalb dringend wird, weil es missachtet wurde.

Das hat auch unter Glücksaspekten eine Bedeutung. Meistens fühlen wir uns leer oder sogar ausgenutzt (im Extremfall von uns selbst), wenn wir stetig an Dringendem arbeiten. Wenn wir jedoch etwas Wichtiges erledigt haben, setzt Zufriedenheit ein.

Eine erste Übung, sich durch scheinbar Dringendes nicht mehr aus der Ruhe bringen zu lassen, ist, sich nicht bei jeder E-Mail oder SMS sofort an den Computer oder das Smartphone zu begeben, sondern gemütlich aus dem Fenster zu schauen, oder sich zu überlegen, ob man deshalb jetzt wirklich das unterbrechen sollte, was man gerade tut. Wäre halt die Neugier nicht ...

Geht es darum, weniger zu arbeiten? Vielleicht. Aber viel wichtiger ist, anders zu arbeiten. Kümmern Sie sich also um das Wichtige:

> Ü Seite 168: Das dringende und das wichtige Glück. Inhalt der Übung: Wichtiges wichtig nehmen

In aller Regel wird heute in Unternehmen einem Götzen namens Effizienz gedient. Dieses Streben danach, möglichst viel in möglichst kurzer Zeit und mit möglichst hoher Ausbeute zu erreichen, hat längst das Privatleben vereinnahmt. Dies ist die schon beschriebene Selbstoptimierung. Effizienz bedeutet nichts anderes als: »Wir kommen gut voran, wenngleich wir das Ziel nicht wirklich kennen.« Viel besser und wirksamer als Effizienz wäre Effektivität, sich also zu überlegen, was man wirklich will, um dann in Ruhe dieses Ziel zu erreichen. Das meint der Unterschied zwischen wichtig und dringend. Im Leben geht es um das, was einem wichtig ist und nicht um das, was Zeitnot auslöst.

One more thing – für ein gutes Leben

Je mehr wir uns Gedanken um die Zukunft machen, umso mehr werden wir erwarten, was als Nächstes geschehen wird. Wie wir inzwischen wissen, entsteht Glück jedoch sehr gerne unerwartet. Daraus folgt: Je weniger wir uns konkret um unsere eigene Zukunft kümmern, umso wahrscheinlicher werden wir glücklich sein. Damit ist keine Fahrlässigkeit gemeint und auch nicht, einfach immer nur in den Tag hineinzuleben. Es meint lediglich: Sobald wir etwas *zu* konkret planen und erwarten, vermindern wir unsere Chancen auf Glück.

Außerdem bringen Erwartungen immer auch Ansprüche an andere oder sich selbst mit sich. Sie setzen uns also einem Druck aus, der nicht sein müsste. Oftmals kann es sinnvoll sein, sich weniger mit seinen Erwartungen zu befassen als mit seinen Erfolgen. Erfolge hat jeder aufzuweisen, denn Erfolg bedeutet nichts anderes, als dass etwas folgt. Die Wirtschaft und das politische System sorgen seit Jahrzehnten dafür, finanziellen Erfolg mit Glück gleichzusetzen. Wer wirtschaftlich oder beruflich erfolgreich ist, so die Implikation, läuft nur noch mit dem glücklichen Strahlen blendend weißer Zähne durch das Leben. Finanzieller

Erfolg ist gut, er beruhigt vorrangig, aber Glück schafft er nicht. Lütz schreibt dazu, »nicht was Menschen als Erfolg verbuchen konnten, sondern was ihnen gelang, gehört zum Erbe der Menschheit«. Und: »Wer nur auf Erfolg setzt, wird unvermeidlich *unglücklich*« (20).

Je stärker wir unsere Erwartungen und Ansprüche nach unten schrauben, umso stärker können wir uns an unseren Erfolgen erfreuen. Das muss überhaupt nicht ins Banale abgleiten, sondern darf mit Würde und Selbstachtung geschehen. Wer einmal längere Zeit krankheitsbedingt im Bett lag und dann mit großer Mühe wieder das erste Mal aufsteht, weiß, wie schwer in vielen Momenten des Lebens solche scheinbaren Banalitäten sein können.

Keine Kröten mehr schlucken

Herzlichen Glückwunsch! Sie haben eine Million Euro in einer Lotterie gewonnen. Das Geld auf dem Konto zu lassen, passt Ihnen nicht, denn der Bank vertrauen Sie nicht. Das ist nachvollziehbar. Was tun Sie? Es gibt drei Möglichkeiten: In Variante 1 legen Sie das Geld selbst an und verspekulieren sich erbarmungslos. Diese West-Immobilien waren doch nicht der richtige Tipp – das Geld ist auf einen Schlag weg. In Variante 2 heben Sie das ganze Geld ab, legen es unter Ihr Kopfkissen, und während Sie eines Tags im Discounter einkaufen sind, wird bei Ihnen eingebrochen und alles Geld gestohlen. In Variante 3 ist es kein Einbrecher, sondern ein Blitz, der ins Haus einschlägt, welches daraufhin Feuer fängt. Sie können sich und Ihre Lieben gerade noch rechtzeitig retten, aber das Geld ist verbrannt. Welche Variante ist für Sie die Schlimmste und welche die noch im Unglück angenehmste? Das ist gewiss eine persönliche Sache. Im Allgemeinen jedoch wird die Bewertung so vorgenommen, dass wir Naturgewalten am ehesten akzeptieren können. Am wenigsten akzeptieren wir, wenn etwas von anderen Menschen gegen uns getan wird. Stellen Sie sich weiter vor, einige Jahre gehen ins Land, die vielen Euros sind weg, und jemand würde Sie auffordern, folgenden Satz zu ergänzen: »Ich habe zwar eine Million Euro verloren. Aber in der Tat habe ich dadurch gewonnen, weil ...« Was würden Sie sagen?

Vermutlich wird das Empfinden unseres Lebens maßgeblich von unseren Gedanken beeinflusst. Warum machen sich die meisten dann aber so viele schlechte Gedanken? Damit meine ich Sorgen, Ängste, Befürchtungen, das gesamte Spektrum dessen, was uns dem Unglück näher bringen kann. Das schließt die Bewertungen mit ein, von denen wir meinen, sie fast allem zuteilwerden lassen zu müssen. Dazu gehört auch, nicht wertzuschätzen, was man selbst hat, sondern ständig an das zu denken, was man nicht hat.

Man kann ganz schön viel bewerten, Situationen, andere Menschen, Dinge. Bewertung an sich ist nicht negativ, ist sie doch notwendig, um sich der eigenen Zufriedenheit anzunähern. Jedoch war sie früher, als wir noch durch die Steppe zogen und ohne Werkzeuge überleben mussten, von erheblich höherem Nutzen als heute. Zu bewerten bedeutet, aus der Subjektivität heraus allem einen Stempel aufzudrücken. Es gibt nichts, was nicht auch *anders* bewertet werden könnte, als man selbst es tut. Das kennen wir alle – Menschen, mit denen wir gut zurechtkommen, mögen von anderen als unangenehme Zeitgenossen eingeschätzt werden. Möbelstücke, bei denen wir uns fragen, wer so etwas Hässliches designt, finden wir bei Freunden, die vielleicht auch noch viel Geld dafür ausgegeben haben. Die Subjektivität jeglicher Bewertung sollte uns also bewusst sein – was bedeutet, dass die eigene Meinung für einen selbst zwar von Wichtigkeit ist, ansonsten aber keineswegs geteilt werden muss. Bewertungen sind in aller Regel unnötig, sie machen uns das Leben nicht leichter, sondern schwerer. Das gilt vor allem für die Bewertung anderer Menschen. Wenn einem einer nicht gefällt (was bereits schon das Ergebnis einer Bewertung ist), kann man sich auch einfach aus dessen Dunstkreis entfernen.

Gedanken sind frei und damit auch frei fürs Unglück. Aber unsere Gedanken haben keine Allmacht. Entsprechende Vorstellungen sind bei näherem Betrachten haltlos. Nur deshalb, weil ich positiv denke, muss außerhalb von mir noch lange nichts geschehen. Wer soll sich um meine Gedanken oder Wünsche kümmern? Das Universum? Aha. Warum nicht gleich Gott persönlich? Selbst in mir muss sich nicht zwangsläufig etwas verändern, nur weil ich positiv denke. Das liegt an dieser besonderen »Konstruktion« des Menschen, der nicht nur ein Bewusstsein hat, sondern dessen größtes Potenzial im Unbewussten schlummert und auch lauert. Und das Unbewusste ist und bleibt unbewusst, was auch bedeutet: Wir wissen nicht, auf welche unserer großartigen Vorschläge im Sinne positiven Denkens es reagieren wird und wie – und auf welche gar nicht.

Nur weil wir irgendetwas denken, geschieht also noch lange nichts. Wer das nicht glaubt, wird hiermit aufgefordert, intensiv daran zu denken, kommendes Wochenende sechs Richtige mit Zusatzzahl im Lotto zu haben. Wer das gedacht hat, möge sich auch noch einen gültigen Lottoschein holen, sonst klappt es eher nicht. Dann nur noch die Felder ausfüllen und schon winkt das Geld am Horizont. Die Gedanken haben ja die Macht dazu.

Vergleiche sind die Basis für Neid und Missgunst

Ein ähnliches Beispiel lasen Sie als »Relativitätstheorie« auf S. 34. In diesem Kontext jetzt noch ein zweites Beispiel, weil es wichtig ist: Eine Einfamilienhaussiedlung am Waldrand – 50 gleiche Häuser mit sehr ähnlichen Grundstücken. Sie wohnen in einem der Häuser und sind stolz darauf. Nun bekommen Sie ein tolles Angebot, jemand will unbedingt Ihr Haus kaufen und bietet Ihnen einen bestimmten Betrag dafür, sagen wir einfach einmal eine halbe Million Euro. Da Sie ohnehin in eine etwas individuellere Gegend ziehen wollen, nehmen Sie das Angebot an. Wie geht es Ihnen, wenn Sie erfahren, was Ihr Nachbar, der kurze Zeit nach Ihnen sein Haus verkaufte, dafür bekommen hat? Ist es Ihnen egal? Oder freuen Sie sich, weil er weniger bekommen hat? Oder freuen Sie sich sogar, weil er etwas mehr bekommen hat? Glücklich werden Sie mit keiner Einstellung außer der ersten. Was die anderen tun oder bekommen, hat mit Ihnen nichts zu tun. Deshalb sollte es Ihnen auch gleichgültig sein. Wer einen gefühlten Gewinn dadurch erzielt, dass er sich oder seine Erträge mit anderen vergleicht, macht sich unglücklich. Neid entwickelt sich aus Vergleich und Bewertung – beides hält uns vom guten Leben ab.

Es gibt einen Unterschied zwischen Neid und Missgunst: Wer anderen etwas neidet, hätte dasselbe *auch* gerne. Damit bleibt man weitgehend bei sich selbst: Neid ist »erlaubt«, wenngleich üblicherweise wenig sinnvoll. Es soll lustvollere Motivationen geben als ihn. Aber Missgunst, also nicht nur etwas selbst besitzen zu wollen, sondern es *zugleich* dem anderen zu missgönnen, wirkt meistens sogar zerstörerisch.

Wer dennoch seinen Neid etwas näher betrachten mag, kann sich überlegen, nach welchen Inhalten er meistens giert: Ist es der berufliche Erfolg der anderen, oder deren Glück in der Partnerschaft, oder die Gesundheit, die Freude mit Kindern? Oder doch nur der Protzschlitten vor der nachbarlichen Garage, die faltenfreie Haut oder die tolle Urlaubsreise? Der hippe Freund? Der Kontostand? Die geilen Schuhe? Wer diese Auflistung liest, denkt sich vielleicht – wie blöd können Menschen sein. Neid ist eines der unnützen Gefühle, außer man benutzt ihn dazu, die Neidziele aktiv selbst zu erreichen, sofern man sich wirklich auf das Niveau seines eigenen Neides herabbegeben möchte.

Die »Spitze«

Wie soll es funktionieren, anderen liebevoll zu begegnen, wenn man es nicht einmal bei sich selbst schafft? Der Mensch, der einem am nächsten ist, ist man selbst. Das hat nichts mit Egozentrik oder Egoismus zu tun, es ist einfach die Realität. Deshalb sollte man bei sich selbst anfangen, wenn man lieben möchte.

Selbstverurteilung und Selbsthass sind wahre Unglücksbringer. Selbstfreundlichkeit und Selbstliebe begleiten einen hingegen auf dem Weg zum guten Leben. Genauso wie man Situationen und andere Menschen möglichst wenig bewerten sollte, sollte man sich selbst nicht bewerten. Das liegt auch daran, dass die Mehrzahl der Bewertungen Abwertungen sind.

Wenn unser Kind erkrankt ist, sorgen wir selbstverständlich für die notwendige medizinische Hilfe. Aber vorrangig kümmern wir uns liebevoll um dieses Kind. Wir zeigen also unser Mitgefühl. Dieses Mitgefühl hat nicht die Funktion, die Erkrankung direkt zu behandeln, sondern es bedeutet, einfach da zu sein. Uns selbst gegenüber haben wir dieselbe Pflicht und dasselbe Recht. Wir dürfen, ja wir müssen für uns selbst da sein (16).

Der nun folgende Satz passt so gar nicht zu einem Musiker, der eher durch sein wenig kontaktfreudiges Wesen und seine Schrulligkeiten bekannt war, Ludwig van Beethoven. Der sagte: »Die Liebe, und einzig die Liebe, ist in der Lage, dir ein glücklicheres Leben zu geben.«

Fangen wir also doch erst einmal mit dem Naheliegenden an, der Liebe zu sich selbst. Immerhin ist man selbst der einzige Mensch im ganzen Leben, der einem 24 Stunden am Tag, sieben Tage die Woche, 365 Tage im Jahr zur Verfügung steht. Lieben Sie sich selbst? Oft erhält man auf diese Frage ein verschämtes »Manchmal« oder »Hmmm« als Antwort. Öfter noch hört man ein klares »Nein« oder »Nicht wirklich«. Das Problem mit der Selbstliebe (damit meine ich nicht den krankhaften Narzissten, der liebt sich nämlich gar nicht, sondern sein Spiegelbild und damit eine Fassade) haben wir zu einem guten Teil der Bibel zu verdanken, die doch von uns fordert, sich nicht nur auf die eine Wange schlagen zu lassen, sondern bestenfalls auch gleich noch die andere hinzuhalten.

Die Bibel erschafft in dieser Sache ein Ideal. Mir geht es aber um das in der Wirklichkeit Machbare, um das Menschliche, das immer auch das Mitmenschliche beinhaltet. Sich selbst zu lieben bedeutet doch nicht, die anderen zu hassen. Es bedeutet nichts anderes, als sich wertzuschätzen, freundlich und liebevoll mit sich umzugehen, sich selbst Fehler einzugestehen und zu verzeihen und nicht mehr aus sich herauszupressen, als der Moment erfordert.

Nur auf diese Weise hat man eine wirkliche Chance, bei sich selbst und nicht bei irgendeiner Show oder Maske von sich selbst anzukommen:

Ü Seite 169: Wertschätzung. Inhalt der Übung: Sich endlich wahrnehmen

Um das Leben zu verstehen, muss man es nicht bewerten, sondern es beobachten, also wahrnehmen. Im Wort steckt, worum es geht: Die Wahrheit in sich aufnehmen. Denn die Wahrheit ist immer außerhalb des Menschen. In uns ist die Wirklichkeit und die ist immer subjektiv. Wer wahrhaftig wahrnimmt, versucht so gut es geht, seine eigene Bewertung auszugrenzen.

Wertfreie Beobachtungen ermöglichen uns, die richtigen Schlüsse zu ziehen. Jede Bewertung beinhaltet das Risiko, sich in der eigenen Vergangenheit zu verstricken. Bewerten bedeutet ja, etwas in Bezug zum bereits Erfahrenen zu setzen. Damit ist eine Bewertung zeitlich nach hinten gerichtet.

One more thing – für ein gutes Leben

Vermutlich ist es das größte Glück, bei sich selbst angekommen zu sein. Damit braucht man mögliche Kröten in Form von Vergleichen und Bewertungen nicht mehr zu schlucken, noch nicht einmal mehr in den Mund zu nehmen. Sodann findet man ganz tief drin ein herrliches Wesen, das dort schon seit Langem darauf wartet, entdeckt zu werden. Der hat einen Königsweg zum eigenen Glück und guten Leben gefunden, der sagen kann, frei und ehrlich und in jedem Moment:

Das bin ich. Und genau so bin ich.

Perfektionismus und Kontrolle

Vor einiger Zeit habe ich im Internet ein Video gesehen mit einer feinen, älteren Dame in weißer Spitzenbluse. Sie saß an einem vornehm gedeckten Tisch in gerader, sicherer Haltung. Vor ihr ein Teller mit Suppe, die sie löffelte. Die Frau wirkte überaus distinguiert, in gewisser Weise auch manieriert, und der Zuschauer des Videos fragte sich, weshalb er ihr zuschauen solle. Da geschah es, eine dicke Stubenfliege flog in die Suppe und zappelte dort hilflos umher. Der Gesichtsausdruck der Dame änderte sich rasch. Mit der Zurückhaltung war es vorbei. Die Fliege kämpfte, Madame war überhaupt nicht »amused«. Wie konnte es ein solch niederes Wesen wagen, ihr das Abendessen zu verderben? Das ging gar nicht. Beherzt nahm sie ihren Löffel, schöpfte die Fliege auf den Löffel und aß sie.

Das Leben steckt eben voller Überraschungen. Übrigens aß die Dame die Suppe restlos auf. So wie sie reagieren aber die wenigsten, nicht nur bei Fliegen. Normalerweise reicht schon ein Haar in der Suppe, also vermutlich etwa ein Millionstel der Gesamtmenge, welches uns den Appetit verdirbt. Der eine Tropfen bitteres Öl im Pudding stört uns mehr als die 200 Gramm Zucker.

Diese Fixierung auf das, was falsch ist, ist falsch. Natürlich können Sie jetzt mit den vielen Bakterien auf dem Haar argumentieren, aber wenn Sie Ihrem Schatz auch nur einen kleinen, zarten Kuss auf ihr oder sein edles Haupt geben, haben Sie mehr Bakterien zu sich genommen.

Perfekt sein wollen

Die heutige Gesellschaft zeichnet sich dadurch aus, mit aller Macht nach dem Unerreichbaren, dem Perfekten, dem Ideal zu streben. Höher, besser, weiter – das scheint nie ein Ende zu haben. Das Problem dabei: Auf diese Weise wird die Verwirklichung des Machbaren oder Möglichen erschwert.

Jeder Mensch macht Fehler, fortlaufend. Trotzdem gibt es viele, die verhindern wollen, selbst Fehler zu machen. Meistens »leiden« solche Menschen an Peitschen-Schweinehunden wie:

- Ich muss die/der Beste sein.
- Wo ich bin, ist vorn.
- Mir kann keiner das Wasser reichen.

Der Vorteil dieser Lebensmuster ist, zumindest eine gewisse Zeit lang weit überdurchschnittliche Leistungen erbringen zu können. Der Nachteil? Mit einer derartigen inneren Überzeugung ist es unmöglich, glücklich zu werden. Gerade die Niederlagen sind es, welche uns Chancen für ein gutes Leben eröffnen können. Es ist nun einmal so, am Scheitern und an Krisen erkennen wir, was falsch in unserem Leben läuft. Das hat meistens nichts mit Leistung zu tun, allenfalls mit zu viel Leistungsanforderung an sich selbst und andere.

Weshalb meinen so viele Menschen, sie müssten perfekt sein oder perfekte Leistungen abliefern? Es gibt zwei häufige Gründe. Der eine ist, dass viele Menschen eine Kernüberzeugung haben, die in etwa lautet:

Nur wenn ich perfekt bin (oder: viel leiste), werde ich geliebt (oder anerkannt).

Damit degradieren sie sich jedoch zu einer Art Ware, die bewertet und unbedingt hoch genug eingestuft werden sollte. Sie versuchen, durch Leistung Liebe zu gewinnen. Klappt nie.

Der andere Grund hängt damit zusammen, was Perfektionismus tatsächlich bedeutet. Wer das Perfekte anstrebt, versucht etwas zu erreichen, was es nicht gibt. Perfektionisten wollen also das Unmögliche, weil sie (unbewusst) wissen, dies nie erreichen zu können. Etwas *nicht* erreichen zu können, bedeutet, niemals fertig zu werden. Perfektionisten wollen kein Ende sehen. So steckt hinter dem scheinbaren Bestreben nach »dem Besten« letztlich die Angst vor dem Tod.

> Je perfektionistischer ein Mensch erscheint, umso mehr Angst hat er vermutlich vor dem Tod.

An anderer Stelle (11) habe ich dargelegt, welch überdurchschnittliche Kraft notwendig ist, wenn man nach dem Optimum strebt. Glücklich macht das nicht, allenfalls der kurze Moment, dem Optimum tatsächlich nahe gekommen zu sein. Aber ist das den ganzen Aufwand wert? Wohl nicht. Viel besser und gesünder und einem guten Leben zuträglicher ist es, wirklich gute Leistungen anzustreben und wirklich gute Produkte (die langlebig sind) zu erschaffen. Sobald es darüber hinausgeht, wird das scheinbar »tolle« Jetset-Leben alles andere als glücklich. Stellen Sie sich einmal vor, Sie haben die vorletzten Kröten zusammengekratzt, sich die Luxusjacht für 20 Millionen gekauft, sie nochmal für 25 Millionen aufpimpen lassen und dann fährt diese Jacht des Oligarchen an Ihnen vorbei, die 100 Millionen gekostet hat.

Wie kann man mit Perfektionismus umgehen? Es empfiehlt sich der Einsatz der Großhirnrinde. Zuerst überlegen, welche Tätigkeit dazu dient, das Ergebnis nur noch minimal zu verbessern. Dann auf diese Tätigkeit verzichten. Dabei muss der Schweinehund überwunden werden, der nicht fertig werden will. Man kann ihm etwa ein Zuckerle anbieten in Form von: »Es ist noch genug anderes zu tun, was du verbessern kannst.« Und wenn es so weit ist, ihn ablenken mit: »Beim nächsten Mal kommst du sicher zum Zug.« Notlügen sind erlaubt. Es ist sinnvoll, sich vorher festzulegen, zu welchem Zeitpunkt oder nach welchem Einsatz oder bei welchem Ergebnis das endgültige Aus der Verbesserungsbestrebungen kommt. Aber dann muss man sich auch an die Vereinbarung mit sich selbst halten!

In der Tat sind praktisch alle Dinge, die uns umgeben, nicht perfekt. Auch viele Reaktionen von Mitmenschen mögen uns nicht passen. Ohnehin kann kein Lebensstil perfekt sein. Wer glaubt, erst dann glücklich sein zu können, wenn alle äußeren Faktoren stimmen, wird nie glücklich sein. Es ist wesentlich, die vielen Unvollkommenheiten unseres Lebens zu akzeptieren und damit nicht negativ zu bewerten.

Immer perfekt sein zu wollen führt ins Verderben. Zum einen, weil es eine illusorische Vorstellung ist, zum anderen, weil es unnötigen Stress verursacht. In aller Regel erwartet man nur von sich selbst »perfekte« Leistungen, bei den anderen sind wir auch mit ausreichenden oder guten zufrieden. Oder gibt es jemanden, von dem Sie erwarten oder verlangen, er möge perfekt sein? Außer von Ihrem Partner natürlich, aber das ist etwas anderes …

Kontrolle

Damit man dem Ziel des Perfekten nahe kommt, muss auf Teufel komm raus kontrolliert werden: Ja nur rechtzeitig Abweichungen vom idealen Weg erkennen, um gegensteuern zu können. Welch einfache, infantile Sicht auf das komplexeste Wesen auf unserer Erde! Und welch kindliche Sicht auf die komplexen Abläufe, die diese Erde bestimmen, von A wie Abfall bis Z wie Zufall.

Es ist vollkommen unmöglich, auch nur wenige wesentliche Inhalte unseres Lebens zu kontrollieren. Wer der Überzeugung ist, dies leisten zu können, sollte »einfach mal«, genau in diesem Moment, seinen Blutzuckerspiegel um 100 Prozent ansteigen und den Blutdruck um 90 Prozent sinken lassen. Ein Glück, dass das nicht funktioniert, dann wäre derjenige nämlich vermutlich tot. Allein die Tatsache, unseren Körper praktisch komplett *nicht* kontrollieren zu können (das Einzige, was wir kontrollieren können, sind unsere willkürlichen Muskeln), belegt, dass Lebensbestimmendes unkontrollierbar ist. Wenn es uns schon bei uns selbst nicht gelingt, einschneidend zu steuern, wie soll uns dies jemals bei anderen Menschen oder bei Ereignissen gelingen, mit denen wir überhaupt nichts zu tun haben? Diese Idee zu vergessen, entlastet enorm.

Der verinnerlichte Rotstift

Wir alle waren in der Schule. Seitdem wissen wir, was ein roter Stift ist. Mit einem Rotstift werden uns alle Fehler angestrichen und in Kurz- oder Langform tendenziell unfreundliche Kommentare an den Rand geschrieben. Genauso wie man Glück aktiv anstreben kann, oder versuchen kann, Unglück (»Fehler«) zu vermeiden, verhält es sich eben auch mit dem Rotstift. Mit diesem werden wir auf unsere Fehler hingewiesen, die wir vermeiden sollen. Und das macht tendenziell nur wenig Spaß. Wie anders wäre unsere Schule und unsere Erziehung, wie sehr würde unser Leben dadurch gewinnen, wenn alles Richtige, das wir tun, grün angestrichen werden würde (je nach Geschmack gerne auch rosa, gelb oder taupe). Statt Rot leuchtete uns eine individuelle, überwältigende Farbfülle entgegen. Vermutlich ist es aber der Instanz dahinter, dem Staat, gar nicht so recht, den Kindern und Jugendlichen zu zeigen, was sie alles können und richtig machen. Das würde deren Selbstwert steigern und eher kritische Bürger heranziehen.

Trotzdem, wir selbst haben ja die Möglichkeit, es in unserem Bereich anders zu machen. Das können Sie sofort:

Ü Seite 170: Passend ist nicht perfekt. Inhalt der Übung: Stärken nutzen

Nun sind Sie vielleicht auch zu folgender Übung bereit:

Ü Seite 172: Meine Annäherung ans Glück. Inhalt der Übung: Worum es wirklich geht

One more thing – für ein gutes Leben

Wir sollten von außen an uns herangetragene Ziele grundsätzlich würdigen. Und sie dennoch verwerfen, wenn es nicht zugleich unsere eigenen sind. Wir sollten uns niemals Ziele von anderen, wie intensiv sie uns auch empfohlen werden, zu eigen machen. Beantworten wir uns also diese Fragen immer ehrlich:

Was will *ich* wirklich?

Und:

Wie kann ich meine Ziele unter Beachtung der Interessen und Grenzen der anderen durchsetzen?

Techniken für ein gutes Leben

Menschen haben gewisse vorgegebene Empfindungsweisen. Beispielsweise wird ein gesunder Mensch keine Freude empfinden, wenn ihm etwas wehtut. Wir sind auch so gebaut, dass wir *Unterschiede* zwischen »Glück« und »kein Glück« genießen können. Wenn wir also gerade eine Phase ohne Glücksgefühle hinter uns haben, dann aber Glück empfinden, nehmen wir es positiv wahr. Wenn wir in einem Dauerzustand des Glücks lebten, würden wir es kaum empfinden. Das entspricht in etwa dem, wie wenig wir uns, solange wir schmerzfrei sind, des fehlenden Schmerzes bewusst sind.

Glück kann nur wiederkehrend auftreten, also kommen und auch wieder gehen. Meistens kommt es recht plötzlich und hat viel mit der Befriedigung von einem bislang nicht erfüllten Mangel zu tun. Das eint es mit der Zufriedenheit. Ein hohes Maß an Glück bedeutet, immer wieder und mit recht hoher Zuverlässigkeit Glück empfinden zu können. Es bedeutet aber nicht, ununterbrochen glücklich zu sein. Das geht nämlich nicht. Versuchen Sie es deshalb mit einer freundlich formulierten Einladung:

Ü Seite 174: Brief an mein Glück. Inhalt der Übung: Eine wichtige Einladung aussprechen

Schmerzfreie Entscheidungen

Tun oder lassen?

Viele werden den Satz kennen, man bedaure nur das, was man *nicht* getan oder versucht habe. Ich glaube das so nicht. Es ist berechtigt, auch das weniger Gute zu bedauern, das man *getan* hat. Um sich anschließend zu überlegen, warum und wozu das so ablief, und zu einem innerlichen Abschluss zu gelangen, indem man es sich selbst verzeiht – und, wenn andere beteiligt waren, auch diese um Entschuldigung bittet. Trotzdem hat der eben erwähnte Satz natürlich seine Berechtigung: Wenn man etwas nicht versucht hat, wird man nie wissen, wie es gewesen wäre, es zu tun. Vielleicht wäre es ja enttäuschend gewesen, und man macht sich über lange Zeit falsche Vorstellungen. Oder es hätte dem Leben eine etwas andere Richtung gegeben. Trotzdem gilt, bedauern ist schön und gut, es verstehen und dann zu einem friedlichen Abschluss bringen, ist besser. Denn Bedauern bedeutet eben auch, an etwas festzukleben – und dieser Klebstoff macht einem das Leben sicher nicht leichter. Zu einem guten Leben gehört die Wahrhaftigkeit, die sich als Bedauern ausdrücken kann. Es empfiehlt sich danach aber, sich seiner Last zu entledigen. Denn:

Gute Entscheidungen für die Zukunft fällt man umso eher, je weniger an einem klebt.

Übrigens: Was man bedauert, nicht getan zu haben, kann man auch versuchen, nachzuholen. Das geht nicht immer, aber öfter, als man denkt.

Sich für Glück entscheiden

Entscheidungen müssen getroffen werden, um ein gutes Leben zu erlangen. Vor einiger Zeit wurde ich von einem Freund zu seiner Familie nach Hamburg eingeladen. Sie hatten dort ein neues Haus gesucht, gefunden und bezogen. Beim Abendessen sagte er dann, es sei purer Zufall gewesen, dieses Haus gefunden zu haben. Ich fragte ihn, wie es denn konkret abgelaufen sei. Er sagte, natürlich, sie hätten schon danach gesucht. Dann hätten sie im Internet die Anzeige von ihrem jetzigen Haus gesehen und sich an den Makler gewandt. Der muss wohl schon andere Käufer gehabt haben, die aber dann kurzfristig abgesagt hatten. Erst dann hatte sich der Makler gemeldet und im Grunde unverschämte Fragen nach dem Einkommen und der familiären Situation gestellt. Schließlich hätten sie das Haus angeschaut, es sei völlig heruntergekommen gewesen. Aber er habe sofort erkannt, welches Potenzial darin steckte. Sie hätten nur eine Nacht darüber geschlafen und dann dem Makler zugesagt. Ich fragte ihn, warum dieses schöne Haus denn überhaupt verkauft worden wäre. Die Verkäufer, ein altes Ehepaar, hätten sich schon Jahre zuvor zerstritten. Dem Mann sei die Situation immer unerträglicher geworden. Seine Frau hätte ihn nicht auszahlen können, deshalb mussten sie das Haus verkaufen. Da fragte ich meinen Freund, ob ihm klar sei, wie viele aktive, sowohl von ihm selbst ausgehende als auch von anderen getroffene Entscheidungen und Vorgänge vorgefallen waren, damit es zu diesem Hauskauf kommen konnte. Er meinte, purer Zufall sei das wohl nicht gewesen, sondern harte Verhandlungsarbeit. Aber eigentlich sei das auch gleich, nun seien sie zufrieden und glücklich.

Und so ist das eben mit dem Glück, es ist oftmals das herrliche Ergebnis von vielen Zufällen, Entscheidungen und Arbeit.

Glücklich und zufrieden zu sein bedeutet immer auch, entschieden zu leben, wozu eindeutig gehört, Entscheidungen zu treffen. Ansonsten lebt man in einem Schwebezustand, selbst wenn einem der nicht bewusst sein muss. Ein solcher Zustand fühlt sich so an, als bewegte man sich auf einem Schwebebalken. Er ist unsicher und ruft leicht Angst hervor. Auch wenn die Politik des letzten Jahrzehnts von einem steten Abwarten geprägt war und dies zunächst so wirkte, als könnte deshalb alles beim Alten bleiben. Das ist eine Illusion, deren Ende mit einem heftigen Aufprall kommen muss. Aber jeder Einzelne von uns kann sinnvoller handeln als die Politiker. Wir müssen uns nämlich nichts vormachen und sind auch nicht geil darauf, wiedergewählt zu werden. Mit unserem Ja zum Leben haben wir uns längst für uns selbst entschieden.

Selbst bestimmen

Glück gedeiht nur dann, wenn wir unser Handeln als selbstbestimmt empfinden (vgl. auch Abb. 5). Sobald wir uns fremdbestimmt fühlen, ist das Gefühl von Ohnmacht nahe und damit auch das Unglück. Der Mensch ist nicht dafür geschaffen, um über sich bestimmen zu lassen. Das ist eines der größten Probleme jeder Sucht, jeder Abhängigkeit, von welcher Droge auch immer. Zum Zeitpunkt der Abhängigkeit ist der Betroffene letztlich ohnmächtig, die Droge bestimmt sein Verhalten.

Aber zurück zu Ihrer eigenen Kraft, Ihrem Entscheidungsraum:

Ü Seite 175: Mein Entscheidungsraum. Inhalt der Übung: Was ich entscheiden möchte

Im Roman *Unentschlossen* von Benjamin Kunkel heißt es: »Das Seltsame an der Entscheidungsfreiheit ist vielleicht, dass niemand etwas mit ihr anzufangen weiß, bevor er sie anderen überlässt.« Wenn wir ehrlich sind, geht es uns tatsächlich häufig so. Erst das Gefühl, fremdbestimmt zu sein, führt dazu, auf der eigenen Entscheidungsfreiheit zu pochen. Besser wäre es, sich von vornherein seine Macht zu nehmen und sie nicht aus der Hand zu geben. Es ist der Unterschied zwischen einem aktiven und einem passiven Leben. Meistens fühlt es sich erheblich angenehmer an, aktiv zu sein. Wenn man dann aber eine Entscheidung getroffen hat, sollten die Alternativen möglichst rasch beerdigt werden. Ansonsten besteht das Risiko einer immerwährenden Baustelle, es bohrt und bohrt und das kann richtig wehtun. Ach, sollte ich nicht doch? Sollte ich es mir nicht doch noch mal überlegen? Was wäre, wenn ich anders entschieden hätte?

Nur nichts verlieren

Eine Entscheidung für etwas Neues bedeutet fast immer auch, sich von etwas Altem trennen zu müssen. Es gibt einen Test, um sich das zu verdeutlichen:

Stellen Sie sich vor, Ihnen wird ein Spiel um Geld angeboten. Entweder Sie bekommen einfach so, ohne weiteres Risiko, 600 Euro oder Sie spielen mit einer 50:50-Chance um 1 000 Euro. Sie haben eine 50-Prozent-Chance, dass Sie 1 000 Euro gewinnen, und ein 50-Prozent-Risiko, dass Sie mit gar nichts nach Hause gehen. Was wählen Sie? Gehen Sie auf das 50:50-Wagnis ein oder wählen Sie die sicheren 600 Euro? Halten Sie einen Moment inne und überlegen Sie, wie Sie vorgehen würden.

Nun vergessen Sie das alles, denn Ihnen werden von einem anderen Spielleiter zwei neue Möglichkeiten angeboten: Entweder Sie *verlieren* von 1 000 Euro 400 Euro *sicher* oder Sie wählen die 50:50-Chance, die gesamten 1 000 Euro zu bekommen oder eben nichts. Was wählen Sie nun?

Natürlich werden Ihnen bei beiden Varianten die gleichen Alternativen angeboten. Nur wird Ihnen die Alternative einmal als »600 Euro Gewinn« und einmal als »400 Euro Verlust« verkauft. Wenn den Probanden der Gewinn angeboten wird, wählt die Minderheit die unsichere Fifty-Fifty-Alternative. Die Mehrheit kann in dem Moment also noch rechnen und entscheidet sich für den sicheren Gewinn. Wenn die sichere und statistisch bessere Alternative jedoch als Verlust dargestellt wird, entscheidet sich die Mehrheit für das Risiko.

Schlussfolgerung: Die Angst, etwas zu verlieren, ist stärker als die Gier nach Gewinn (nach 10). Oder: Wenn das Risiko besteht, etwas zu verlieren, gehen wir lieber ins Risiko. Dann werden die intellektuellen Kapazitäten geschont. Die meisten von uns wollen also auf keinen Fall etwas verlieren. Genau das kann zu einem Problem bei notwendigen Entscheidungen werden. Wer z. B. eine tolle, aber zu stressige berufliche Position hat, will diesen Status auf keinen Fall verlieren, obwohl die Alternative, ein ruhiges, gesichertes Leben, »objektiv« besser erscheinen mag. Das ist vermutlich meistens der Grund, weshalb Menschen an ihrer Position hängen. Die für die Person und Persönlichkeit viel sinnvollere Alternative der Selbstbestimmung wird damit freiwillig aufgegeben. So wird »dem Verlauf«, also in der Realität den anderen, die am Stuhl sägen, unnötig Macht gegeben.

Das erschwert ein gutes Leben. Woran liegt das? Unser Gefühlssystem ist aus verständlichen Gründen darauf geeicht, Negatives rascher zu erkennen als Positives. Wir empfinden also einen Verlust erheblich stärker als einen gleichwertigen Gewinn. Der Grund ist einfach: Sein Leben kann man nur einmal verlieren.

Zack, zack

Sich rasch zu entscheiden hat viele Vorteile. Einer davon ist, mehr Zeit für anderes zu haben und das Leben genießen zu können. In aller Regel ist man mit raschen Entscheidungen (das meint keine voreiligen Entscheidungen) glücklicher als mit solchen, bei denen man wieder und wieder zwischen den Optionen hin und her schwankt. Dazu gibt es einen psychologischen Test. Studenten wurden unterschiedliche Poster vorgelegt. Sie sollten sich für ein Motiv entscheiden. Die eine Gruppe sollte möglichst lange nachdenken, alle möglichen Argumente abwägen. Die andere Gruppe sollte sich spontan entscheiden. Das ausgewählte Poster dürfte mit nach Hause genommen und aufgehängt werden. Was denken Sie, wer ließ sein Poster länger an der Wand hängen? Die, die sich spontan entschieden haben! Sie waren erheblich glücklicher und zufriedener mit ihrer Entscheidung. Woran liegt das? Wer ewig abwägt, hat sich intensiv mit dem Thema beschäftigt und kennt deshalb auch die Nachteile der eigenen Wahl. Und er kennt die Vorteile der Sache, gegen die er sich entschieden hat. Er weiß also, was er verpasst hat. Da wir uns in aller Regel an fast alles gewöhnen können, können wir tatsächlich mit den meisten unserer Entscheidungen auf Dauer recht gut leben. Außerdem geht es bei vielen Entscheidungen (insbesondere bei Kaufentscheidungen) vorrangig gar nicht um das Produkt, welches gekauft wird, sondern um das, was wir damit verbinden. Die technischen Details einer Sache interessieren auf Dauer erheblich weniger als unsere Gefühle, die wir mit der Sache selbst verbinden. Zudem sind wir in der Lage, fast alle Entscheidungen auch zu korrigieren. Wenn wir uns also spontan für etwas Richtiges entscheiden, dann passt es ohnehin. Falls die Entscheidung falsch war, können wir sie ändern. Es gibt also bei genauer Betrachtung keinen einzigen Grund, weshalb wir Entscheidungen aufschieben sollten, außer wir *wollen* uns überhaupt nicht entscheiden.

Eigentlich ist es egal

Alle Entscheidungen enthalten eine Prognose. Wenn wir uns entscheiden, dann weil wir meinen, vorhersagen zu können, dass genau diese Entscheidung richtig ist. Insofern trägt jede Entscheidung einen beträchtlichen Fantasieanteil in sich. Wenn wir das exakt analysierten, was Wissenschaftler bereits getan haben, würden wir – vielleicht entsetzt – feststellen, wie oft wir bei unseren Entscheidungen danebenliegen. Das macht deshalb wenig aus, weil wir zugleich fast immer überschätzen, welche Auswirkungen unsere aktuelle Entscheidung in der Zukunft haben wird. In aller Regel überschätzen wir sowohl das Gute wie das Schlechte. Das liegt an einer grundsätzlichen Tatsache: Sehr wenig hat langfristig gesehen intensive Auswirkungen auf uns. Wir selbst sind so stabil (sozusagen der Fels in der Brandung unseres Lebens), dass Änderungen in unserem Leben uns selbst gar nicht so sehr tangieren.

> Die Stabilität liegt in uns.

Darin verborgen liegt eine frohe Botschaft. Wenn wir uns nicht entscheiden können, wieder und wieder grübeln, ist unser möglicher Gewinn meistens viel kleiner, als wir denken. Deshalb dürfen wir uns entscheiden, denn meistens sind die Risiken überschaubar. Damit verbunden ist eine ganz einfache Lösung, wenn wir uns absolut nicht entscheiden können: Das Werfen einer Münze. Ob man das nun Gottvertrauen nennt oder Selbstsicherheit ist gleich.

Es gibt den Satz, eine schlechte Entscheidung sei besser als gar keine. Das stimmt deshalb *nicht*, weil es eine Nicht-Entscheidung überhaupt nicht gibt. Gar keine Entscheidung ist nämlich auch eine Entscheidung. Beispielsweise ist es die Entscheidung, andere über unser Leben bestimmen zu lassen oder darauf zu hoffen, dass sich schon nichts ändern werde. Diese Hoffnung ist in aller Regel nicht berechtigt. Wenn wir uns nicht entscheiden, kostet es vorrangig unsere Energie, da Unklarheit oder Unsicherheit an unseren Kräften zehren. Und wenn wir Pech haben, wird dann von anderen für uns entschieden. Was unser wieder unter das Joch der Fremdbestimmtheit wirft.

Intuition

Viel häufiger entscheiden wir uns nicht, obwohl wir es könnten, als dass wir uns zu früh entscheiden, wenn also noch nicht genügend Informationen für eine Festlegung vorhanden sind (9). Sobald wir ein Grundthema verstanden haben, kann uns unsere Intuition bei einer Entscheidung helfen. Bewusstes Wissen, das für eine konkrete Entscheidung unnötig ist, wirkt dagegen wie Ballast, als Ablenkung oder als Störfaktor, und erschwert die Entscheidung. Intuition hilft uns am ehesten, wenn es um uns selbst geht, und wenn es um Gefahren- und Beziehungssituationen geht. Sie versagt bei allen mathematischen Fragestellungen wie der Steuer, Glücksspielen oder den Kosten für komplexe Dinge wie einen Hausbau. Die Vorstellung »das wird schon gutgehen« führt in finanziellen Fragen häufig in die Insolvenz. Geld hat nichts mit Intuitionen oder Vermutungen zu tun und noch weniger mit Hoffnungen.

Intuition ist uns möglich, wenn wir bereits ausreichend Erfahrungen im Leben sammeln konnten. Sie wird also immer besser, je älter wir werden. Dieses Bauchgefühl, das man lernen muss, überhaupt wahrzunehmen, sollte in Verbindung gebracht werden mit der bewussten Erfahrung und kopfgesteuerten Ideen. Diese drei – intuitives Gefühl, erlebte, bewusste Erfahrung und intellektuelle Argumente – führen gemeinsam zu den besten Entscheidungen. Letztlich ist Intuition nichts anderes als eine durch die individuelle Lebensprägung entstehende Vermutung. Weil wir wissen, wie etwas schon einmal war oder ablief, können wir fundierte Vermutungen anstellen. Diese sollten unbedingt beachtet werden, aber ihnen muss nicht unbedingt gefolgt werden. Intuitionen können uns recht klar mitteilen, ob es uns gut oder weniger gut mit einer konkreten Entscheidung gehen wird. In wirklich neuen Situationen muss unsere Intuition jedoch versagen – an deren Stelle tritt dann meistens ein anderes Gefühl, die Angst (9). Wenn wir jedoch eine wirkliche Intuition haben, ist es meistens richtig, dieser auch zu folgen. So subjektiv sie ist, so weise ist sie sogleich. Denn die Intuition will uns immer von Gefahren wegführen und uns dorthin bringen, wo wir uns geborgen und wohl fühlen: hin zu einem guten Leben.

Falsche Entscheidungen?

Einem Vogel beim Fliegen zuzuschauen, kann einen fesseln, vielleicht auch begeistern. Wie er mit seinen Schwingen durch die Lüfte gleitet, das hat schon was. Wie macht er das bloß? Automatisch. Der denkt sich nichts, der entscheidet unbewusst. Nun sind die Entscheidungen, die Menschen zu treffen haben, in aller Regel andere, als die eigenen Schwingen zu bewegen. Trotzdem kann einem ein solcher Vergleich helfen, Entscheidungen selbstverständlicher zu treffen und die Folgen dieser Entscheidungen dann auch zu tragen.

Machen wir uns klar, niemals alle Folgen einer Tat und damit auch niemals alle Folgen einer Entscheidung komplett überblicken zu können. Das ist von wirklich zentraler Bedeutung für den Weg zur Zufriedenheit. Es bedeutet in keiner Weise, nicht mehr das Für und Wider einer Entscheidung abzuwägen. Es bedeutet auch nicht, mit völligem Gleichmut zu reagieren, wenn sich eine Entscheidung als falsch herausstellt. Aber es bedeutet, sich immer wieder rasch zu entscheiden und zu erleben, wie man sich immer wieder richtig entscheidet. Genauso gehört dazu, zu erleben, wie wir die Kraft haben, unpassende Entscheidungen zu korrigieren.

Entschieden nichts tun

Die Geschichte eines befreundeten Kollegen: »Ich hatte in jüngeren Jahren einmal vor, die Privatpilotenlizenz zu erwerben. Irgendwann, ich war bereits als niedergelassener Hausarzt tätig, kam ich mit einem Patienten ins Gespräch, der ein eigenes Flugzeug besaß. Er lud mich ein, mitzufliegen. Es war ein wunderbarer, sonniger Sonntag und ich fuhr auf der Autobahn bis zum Flughafen. Der Mann wartete schon, inspizierte das Flugzeug und wir nahmen beide Platz. Der Krach war unbeschreiblich, als die Motoren angelassen wurden. Der Start war überraschend kurz und steil. Eine herrliche Sicht auf die Erde, weil wir unterhalb der Wolken flogen; ein wundervolles Erlebnis. Als wir wieder gelandet waren, war mir dennoch klar, niemals mehr eine Privatpilotenlizenz erwerben zu wollen. Ich verstand während des Fluges, was mich am Fliegen besonders begeistert, nämlich über den Wolken immer der Sonne nah sein zu können. Genau das ermöglicht die Lizenz, die man üblicherweise als Privatmensch zum Fliegen erwerben kann, nicht. Ich war überhaupt nicht unglücklich, viel eher erleichtert. Hatte ich doch viel Zeit und auch Geld gespart. Ich saß nach der Landung im Flugzeug und dachte mir, ich muss nicht alles tun oder können.«

> Etwas aktiv nicht zu tun, kann auch zu einem guten Leben beitragen.

Besser mit Alternativen

An welcher Kasse stehen Sie meistens an? An der, wo für einen Artikel des Kunden, der vor Ihnen steht, erst eine Preisnachfrage nötig ist? Oder an der, wo der Kunde vor Ihnen vergessen hat, sein Gemüse abzuwiegen? Oder doch an der, wo das EC-Karten-Terminal nicht funktioniert? Oder fehlt einfach nur Wechselgeld? Viele Menschen haben jedenfalls das Gefühl, zielsicher solche Kassen anzusteuern. Was soll's, in einem solchen Moment sollten wir immer an die Alternativen denken. Es ist allemal besser, als im Regen zu stehen, auch besser, als im Krankenhaus zu liegen. Es ist eine wundervolle Zeit, in der wir nichts tun können und nichts tun müssen. In einer solch banalen Situation wie an einer Kasse können wir lernen, Situationen anders zu bewerten und dadurch weniger Unglück in unser Leben zu lassen. Außerdem gibt es in diesem Moment keine sinnvolle Alternative, außer eine andere Kasse wird geöffnet. Nur wollen Sie wirklich in den Nahkampf mit Ihren Mitanstehern treten, die versuchen, als Erste dort zu sein?

Eine echte Entscheidung ist nur dann notwendig, wenn es mindestens zwei Alternativen gibt. Bei wirklicher Alternativlosigkeit habe ich nur noch die Entscheidung zu treffen, das eine zu tun oder es zu lassen. Wer sich *für* etwas entscheidet, entscheidet sich zeitgleich *gegen* etwas. Darin liegt die Grundschuld des Menschen begründet. Das ist es, was man als »Verstrickung des Menschen« bezeichnen kann. Unsere Welt ist eine von Polarität (gegensätzlichen Polen wie kalt oder heiß) und von Dualität (wie Frau und Mann). Eine solche Welt erzwingt Entscheidungen, und somit auch den Verzicht auf etwas. Nun werden Sie vielleicht sagen, wenn Sie für einen bestimmten wohltätigen Zweck Geld stiften, dann entscheiden Sie sich für etwas Gutes. Das stimmt, jedoch enthalten Sie mit Ihrer Spende all denjenigen, denen Sie deshalb nichts spenden können, etwas vor. In dieser Weise werden Sie mit jeder Spende allen anderen gegenüber schuldig, die nichts von Ihnen bekommen haben. Sollten wir deshalb auf Spenden oder gute Taten verzichten? Nein, wir sollten nur noch bewusster damit umgehen.

One more thing – für ein gutes Leben

Nehmen Sie es locker, sich ernst zu nehmen. Seien Sie ernsthaft dabei, locker zu bleiben. Bedenken Sie bei Entscheidungen, welche Alternativen zur Verfügung stehen. TINA gehört auf den Tisch im Wartezimmer. TINA ist eine Abkürzung für »There is no alternative«. Aber es gibt immer Alternativen im Leben, selbst bei der Auswahl der Zeitschrift.

Übrigens stammt das Kürzel TINA von der Politik der englischen Premierministerin Thatcher. Nur zu gerne übernahm es die deutsche Kanzlerin Merkel. Immer wenn sie keine Lust auf Alternativen hat, wird ihre Entscheidung als »alternativlos« bezeichnet. Weshalb sollten wir selbst niemals nach TINA vorgehen? Das erklärt sich von alleine. Oder wollen Sie werden wie politische Führungskräfte?

Das Schöne im Alltag

Unser Leben besteht aus Augenblicken. Aber blicken kann man nur, wenn man auch hinschaut. Dann wird Freude in uns aufkeimen, weil wir achtsam waren. Es gibt sehr vieles, dessen Anblick einen erfreuen kann. Nicht nur Pamela Anderson oder George Clooney. Nicht nur die Schachtel voller Pralinen oder das knusprige Tofusteak. Aber die eben auch. Achtsamkeit der Nahrung, den Lebens-Mitteln gegenüber ist wichtig. Unsere tägliche Freude ist uns möglich. Der Tau am Morgen, das Herbstlaub im Schein der tief stehenden Sonne, die Amsel, die auf dem Dach sitzt und singt. Außer natürlich, wir wollen gerade ein Nickerchen machen.

Andererseits ist es auch nicht gut, wie ein Fotograf durch das Leben zu stapfen, auf der steten Jagd nach »tollen Motiven«. Sobald eine solche Form von Zielstrebigkeit dazukommt, schwindet die Freude am Eigentlichen. Dann freut man sich an seinem Erfolg und nicht mehr an der Herrlichkeit dessen, was uns alle umgibt.

Was wird uns dagegen nicht alles vorgespielt? Die Befriedigung aller eigenen materiellen Bedürfnisse wird uns in Sendungen mit Prominenten als überaus verlockende Art der Lebensführung vorgeführt. Auch Sendungen, in denen es um Luxus und irgendwelche Oligarchen geht, die sich täglich ein Champagnerbad leisten, weisen in diese Richtung. Dabei weiß jeder, wirklich jeder, wie langweilig andauernde Protzbedürfnisbefriedigung wird und auch, dass auf exzessiven Genuss immer Reue folgt. Sei es als Angst vor einer Geschlechtskrankheit oder als Übelkeit nach zu üppigem Essen, als Kater nach zu viel Alkohol oder als Berge missachteter Kleidungsstücke, die man im Extremfall noch nicht einmal angezogen hatte, aber entsorgen muss, weil ansonsten der Kleiderschrank aus allen Nähten platzt.

Dennoch: Es muss wirklich nicht um ein spartanisches Leben gehen, in welchem wir uns Klosterbrüdern und -schwestern gleich auf das Mindestmaß beschränken. Wie so oft kommt es auch hier auf das richtige Maß zwischen üppig und beherrscht an. Zudem definiert jeder Luxus etwas anders. Für den einen fängt Luxus erst beim zehnten Auto an, der andere empfindet eine Rostlaube bereits als solchen. Außerdem ist die Wahrnehmung von Luxus situationsabhängig. Wer richtig Hunger hat und wenig Aussicht auf ein üppiges Mahl, für den ist bereits etwas trockenes Brot Luxus. Jeder darf und sollte deshalb für sich definieren, was Luxus bedeutet. Wer dies getan hat, darf sich ruhig fragen, welchen Luxus sie oder er *wirklich* braucht. Da mag einem ein wenig das »Dschungelcamp« weiterhelfen. Das ist eine dieser Fernsehserien, die kein Mensch anschaut und die dennoch hohe Einschaltquoten haben. Die armen, verwaisten Fernseher! Da Sie diese Sendung bestimmt nicht sehen, hier eine Beschreibung in wenigen Sätzen: elf oder zwölf Menschen, die als Prominente bezeichnet werden, deren öffentliche Bedeutung jedoch beschränkt ist, werden in einer Form von öffentlichem Gruppentraining unter den voyeuristischen Augen von über 50 Fernsehkameras in eine Art Camp eingesperrt. Dort müssen sie echte, lebensnahe Herausforderungen bestehen, wie in Kakerlaken zu baden oder Känguruhoden zu essen. Diese Menschen bekommen vorgeschrieben, was sie ins Camp mitnehmen dürfen. Darüber hinaus darf jeder einen Luxusartikel einpacken. Einige Beispiele: Lippenpflegestift, feuchtes Toilettenpapier, Kopfkissen, Kuscheldecke. So, und nun ist auch geklärt, was Luxus wirklich ist. Wenn man das für sich geklärt hat – auch ohne ins Camp gehen zu müssen –, dann sollte man sich fragen, wozu einem Luxus tatsächlich dient.

- Was also wollen Sie mit Ihrem Luxus erreichen?
- Und erreichen Sie das auch tatsächlich?
- Oder nur kurzfristig?
- Oder gar nicht?

- Könnten Sie das auch anders hinkriegen? Mit weniger zeitlichem Einsatz, weniger Kraft oder Geld?

Denn das Glück liegt so nah. Oft sucht man etwas in der Ferne, was man sehr viel näher entdecken könnte. Deswegen haben kluge Menschen Augen für das, was eigentlich allen offenkundig sein könnte. Ein berühmtes Beispiel dafür ist die Entdeckung von Penicillin. Ein Forscher namens Fleming fand nach seinem Urlaub einige Petrischalen von Schimmelpilzen überwuchert vor. Mit Sicherheit war er damit nicht der Erste, derartige Missgeschicke kommen schon mal vor. Nur haben die anderen sich vermutlich ausschließlich geärgert und die Schalen weggeworfen. Fleming hingegen verstand, was er sah. Ihm fiel als Erstem auf, dass in der Umgebung der Schimmelpilze keine Bakterien mehr wuchsen und er forschte nach. Irgendetwas in den Pilzen hemmte offenbar das Wachstum der Bakterien. Das erste Antibiotikum wurde isoliert, Penicillin. Es bewahrte Millionen Menschen vor dem sicheren Tod.

Wachsamkeit kann also recht viel bringen, insbesondere wenn sie sich auf einen selbst bezieht und das, was einen unmittelbar umgibt. Dadurch können wir uns selbst und unseren wirklichen Wünschen bewusster werden.

> Was für uns passt, können wir durch Achtsamkeit uns selbst gegenüber immer besser verstehen.

Als einfachen Einstieg in eine solche Übung kann man sich den Raum, in dem man sich gerade befindet, vornehmen – ihn bewusst wahrnehmen und exakt beschreiben. Aber nicht bewerten in Form von Sätzen wie: »Die Gardinen sind eigentlich scheußlich. Wie konnte ich die nur jemals aufhängen?« Sondern beschreiben: »Die Gardinen haben einen leicht grünlichen Farbton, vorrangig jedoch fallen mir Schlammtöne auf. Sie bestehen aus einem grob gewirkten Stoff, vermutlich Polyester.«

Diese Übung klingt vielleicht banal, es ist jedoch sinnvoll herauszufinden, was man bislang vielleicht übersehen hat. Mit Sicherheit gibt es irgendetwas, das einem bisher in diesem Raum noch niemals wirklich aufgefallen ist. Das können die Spinnweben an der Decke sein, die krumme Fußleiste, der kleine Brandfleck im Teppich oder der tiefe Kratzer im Parkett.

Eine solche Achtsamkeit der eigenen Umwelt gegenüber ist wichtig, auch weil wir sie in der Folge auf uns selbst richten können. Dafür hatte der alte Grieche Platon einen wundervollen Vergleich: »Die Natur ist ein Brief Gottes an die Menschheit.« Und tatsächlich finden ja viele Menschen ihre individuellen Wege des Glücks in der Natur besonders gut. Meistens ist das Natürliche ausgesprochen gesund. Ein täglicher Gang in der Natur erfrischt Seele, Körper und Geist. Damit meine ich nicht dieses Hetzen, das unter modernen Namen wie »Jogging« oder »Nordic Walking« firmiert. Es kommt darauf an, die Natur und ihre Kräfte, ihre Schönheit wahr-zu-nehmen. Die Wahrheit in sich aufzunehmen und das Wundervolle darin zu erleben.

Welchen Bezug haben Sie zur Natur? Ist er Ihnen ein wenig abhandengekommen? Dann lassen Sie genau jetzt (vorausgesetzt es ist nicht mitten in der Nacht oder draußen tobt ein Orkan) das Buch liegen, ziehen sich an und gehen bewusst, tief ein- und ausatmend, eine Zeit lang durch die Natur. Womit wir wieder beim Thema von oben wären: Das ist wahrer Luxus, das Gegebene zu genießen, statt Künstlichem nachzugeifern. Und für die Sparsamen unter den Lesern: Das kostet rein gar nichts. Die Zeit, die wir in der Natur verbringen, ist nicht vertan, im Gegenteil – wir schenken sie uns selbst.

Anerkennung wahrnehmen

Seit Langem berate ich Ärzte, die in einer persönlichen Krise feststecken. Viele von ihnen beklagen sich über fehlende Anerkennung. Letztlich beklagen sie damit, sie und ihre Leistungen würden nicht genügend wahrgenommen und gewürdigt werden. Sie würden so viel leisten (und ich darf aus eigener Erfahrung sagen: der Arztberuf ist tatsächlich nicht gerade einer der leichtesten), aber irgendwie würde alles, was sie tun, als selbstverständlich abgewertet werden. »Sie sind ja nun mal der Arzt«, würden die Patienten meinen, »und außerdem bekommen sie doch genug Geld.«

In solchen Fällen fordere ich meine Klienten auf, eine Zeit lang genauer hinzuhören. In Wirklichkeit werden wir alle nämlich durchaus oft gelobt. Natürlich nicht, indem sich ein Patient oder ein Kunde, ein Klient oder ein Schüler (wer es auch immer ist, mit dem wir zu tun haben) hinstellt und uns oberlehrerhaft lobt. Lob im Alltag wird über ein kurzes Lächeln übermittelt. Oder über die Aussage: »Das hat mir geholfen.« Oder einfach, indem sich jemand erneut vertrauensvoll an einen wendet.

Wir sind manchmal so in unserer Welt gefangen, dass wir uns nicht klarmachen, wie wir und unsere Leistungen tatsächlich gewürdigt und wertgeschätzt werden.

Wer alleine im Kämmerchen hockt, dem entgeht viel, beispielsweise die Komplimente und Lobpreisungen unserer Mitmenschen. Es ist allein schon unter diesem Gesichtspunkt wichtig, sich auf andere zuzubewegen. Achten Sie genauer darauf, was Ihnen Positives geschenkt wird. Was eben auch bedeutet: es vereinnahmen, es in sich selbst hineinlassen. Wer daran Freude hat, kann auch über eine gewisse Zeit aufschreiben, was ihr oder ihm Gutes geschenkt wird.

Ein zusätzlicher Glücksbringer

Das Buch, das Sie gerade lesen, wird Sie allein durchs Lesen nicht glücklich machen. Dafür stecken zu viele Informationen und Aufforderungen darin, wie etwa die gleich folgende Übung. Meistens sind es Bücher mit einer fortlaufenden Geschichte, die unser Herz treffen und erwärmen. Als ich ein Jugendlicher war, gab es ein Buch, das ich geliebt habe. Durch Zufall entdeckte ich es Jahrzehnte später in einem Antiquariat (es wird schon lange nicht mehr gedruckt) und konnte es nochmals lesen, nun mit den Augen des Erwachsenen. Das machte mich zwar nicht mehr in derselben Weise glücklich, aber ich verstand, weshalb es mich damals so bewegt hatte. Um solche Bücher soll es jetzt aber gerade nicht gehen! Sondern um Werke, die Sie als *Erwachsene, als Erwachsener* beglückt haben oder beglücken. Aber bevor es weitergeht, steht die bereits erwähnte Übung an:

Ü Seite 176: Die wahren Glücksbücher. Inhalt der Übung: Hinter Kulissen schauen

Wie bei dem meisten im Leben sind auch hier die Geschmäcker verschieden. Viele andere werden beim Lesen des Buches, welches bei mir Glück verursacht hat, etwas anderes empfinden, vielleicht Ablehnung oder Traurigkeit. Mein persönliches Beispiel ist das Buch *Der Alchimist* von Paulo Coelho. Die besondere Wendung, die der Held des Buches gegen Ende seiner Reise erlebt, erlebte ich selbst im Flugzeug sitzend, auf dem Rückflug von einem Vortrag. Das Ganze ergriff mich so sehr, dass ich heftig weinen musste. Die Stewardess schaute mich mehrfach zweifelnd an, verkniff sich jedoch nachzufragen. Was auch immer sie gedacht haben mag, vermutlich hat sie nicht das tiefe Glück in mir erkennen können. Viele Jahre später saß ich bei meinem Verleger auf der Frankfurter Buchmesse und er sagte, wie wenig er mit den Büchern genau dieses Autors anfangen könne. So individuell ist eben Glück.

One more thing – für ein gutes Leben

Früher war es einfacher. Man ging zu irgendeinem Dorffotografen, notfalls sogar in einen Passbildautomaten, lächelte mäßig freundlich und schon war das Passbild fertig. Heute müssen alle Menschen genormt schauen, Lächeln ist strikt verboten. Schließlich muss das Foto ja eingescannt und von Computern diverser Geheimdienste kontrolliert werden. Schauen Sie sich einmal die heutigen Passfotos an; obwohl es individuelle Gesichter sind, wirken sie überaus starr und uniform. Lächeln Sie weiter – trotz der staatlichen Reglementierungen. Dann sind Sie das Schöne im Alltag.

Beziehungen pflegen

Gruppen

Gruppen werden meistens gebildet, um Probleme zu lösen oder zu vermeiden. Ein Beispiel sind Gruppenreisen. Wären Sie individuell unterwegs, müssten Sie alleine für die Kosten des Reiseführers aufkommen und sich selbst um die

Organisation der verschiedenen Reiseziele kümmern. Ein anderes Beispiel sind Trainings wie berufliche Workshops oder Seminare. Zum einen funktionieren sie oft nur, wenn mehrere zusammen sind – Thema Gruppendynamik –, zum anderen sind die Trainer oft so teuer, dass man sie als einziger Teilnehmer gar nicht bezahlen könnte. Das Prinzip solcher Gruppen ist aber wenig erbaulich. Sobald das Problem gelöst ist, existiert die Gruppe nicht mehr. Dann wird (von Ausnahmen abgesehen) auch der Kontakt aufgegeben. Ein anderes Beispiel kennen alle, die Kinder haben. Sobald die Kinder die Schule verlassen haben, fällt die Gruppe der erziehenden Eltern auseinander.

Was lernen wir daraus fürs Glück? Wir sollten Gruppen nutzen, so lange sie existieren. Grundsätzlich sind nicht-zweckgebundene Gemeinschaften oder Bindungen jedoch sicherer.

Liebe

Verliebt zu sein ist ein vorübergehender Zustand geistiger Umnachtung. Dieser Zustand dauert wenige Minuten bis maximal zwei Jahre an, dann ist Schluss mit lustig. Eine heute relativ häufige Konsequenz daraus ist, alle zwei Jahre den Partner zu wechseln. So bleibt das Leben prickelnd. Das Problem einer solchen Lösung kommt auf, wenn die Alterung einsetzt und es etwas schwieriger wird, noch körperlich attraktiv genug zu erscheinen. Außerdem sind ab einem bestimmten Alter viele potenzielle Partner bereits gestorben, tatsächlich auf Dauer vergeben oder impotent.

Die zweite Lösung ist, das Gefühl verliebt zu sein zu genießen, das Glück darin zu erleben und irgendwann dann wieder die Großhirnrinde einzuschalten.

Aber manche können gar nicht genug davon kriegen, sich neu zu verlieben. Wie herrlich ist die allererste Zeit, rosarot die einzige Farbe, die dazu passt. Gewiss, beim anderen scheint es sich um einen eher fremden Menschen zu handeln, jedoch spielt das in diesem Moment wirklich eine Rolle? Nein. Erbarmungslos bricht die zweite Zeit an, in der wir den anderen klarer sehen. Die analytischen Bewertungen setzen ein. Diese zweite Phase, in der einen Dinge auf einmal stören, die anfangs völlig unbedeutend waren, kann nur wenige Tage oder Wochen dauern. Sie kann aber auch ein Leben lang anhalten. Ob man das dann als glückliche Ehe bezeichnen kann? Irgendwann, manchmal nach dem Tod, meistens vorher, beginnt die dritte Zeit. Sie kann mit einem einfachen Satz beschrieben werden: »Na ja, es gibt auch andere.« Auch diese Zeit kann sehr lange dauern, manchmal jedoch nur wenige Stunden, wenn der Nächste zufällig vor einem sitzt. Schließlich die vierte Zeit. Das ist die Zeit des wahrhaftigen Glücks. Es ist die Erkenntnis, nichts außerhalb von mir kann und wird mich auf Dauer glücklich machen, auch kein Partner. Und endlich gibt es echte Alternativen. Man kann zusammenbleiben, was einige Vorteile bietet, oder auseinandergehen, was andere Vorteile hat. Alles in allem hat Partnerschaft jedoch vielerlei Vorteile, die es zu erleben lohnt.

Zu lieben ist so viel mehr, als nach Glück zu streben, dennoch fühlen wir uns oftmals glücklich, wenn wir lieben. Die beiden Gefühle haben nichts miteinander zu tun und zugleich sehr viel. Liebe bleibt auch bestehen, wenn wir oder unser Partner unglücklich sind. Beide Gefühle mögen es nicht, festgehalten zu werden. Nur wenn man sie freiwillig gehen lässt, kommen und bleiben sie auch freiwillig.

Liebe ist erheblich stärker als Unglück. Oftmals führt die Liebe schneller aus einem unglücklichen Zustand heraus. Bindungen heilen, indem Bindungen zu Geborgenheit werden. Bindungen schützen uns also.

> Bindungen helfen einem guten Leben fundamental auf die Sprünge.

Liebe nutzt eine noch tiefere Ebene als Glück und auch als Zufriedenheit, weshalb es ein sinnvolles Lebensziel sein kann, zu lieben. Das soll dem Glück nicht seinen Rang streitig machen, aber dennoch sollten wir einmal darüber nachdenken.

Ich setze mich immer wieder mit Kernüberzeugungen meiner Klienten auseinander, und eine ist überaus häufig anzutreffen: »Ich möchte geliebt werden, so wie ich bin.« Die meisten wollen also nicht einfach nur geliebt werden. Es kommt ihnen darauf an, authentisch geliebt zu werden und keine Show für andere aufführen zu müssen. Authentizität ist uns allen überaus wichtig, und Menschen, denen wir ihre Authentizität abnehmen, sind beliebt, oftmals auch geliebt. Deshalb ist Authentizität einer der wichtigsten Wege zu einem guten Leben, denn:

> Geliebt zu werden macht meistens glücklich.

Glück in Beziehungen hat man eher, wenn man *anderen* gefällt. Das geschieht oft nicht, wenn man anderen gefallen *will*. Wer etwas macht, nur um anderen zu gefallen, gefällt diesen meistens gerade nicht. Es ist ein Beispiel für das Wenn-dann-Prinzip (s. S. 60).

> Wer etwas tut und sich selbst dabei gefällt, hat größere Chancen, auch bei anderen anzukommen.

One more thing – für ein gutes Leben

Gab es schon einmal eine Zeit oder Zeiten, in denen Sie glücklich waren? Sagen Sie nun nicht spontan: »Nein, so etwas gab es in meinem Leben noch nie.« Denn das ist ziemlich unwahrscheinlich. Machen Sie es sich also nicht zu leicht, nehmen Sie sich Zeit und erinnern Sie sich zumindest an einige der Momente, in denen Sie sich glücklich gefühlt haben.

Nun gibt es einen profunden Erfahrungswert: Wenn Menschen einmal etwas gelernt haben, können sie es sofort oder mit ganz wenig Übung bald schon wieder. Das kennen wir vom Fahrradfahren. Wer es als Kind gelernt hat, kann es als Erwachsener nach kürzester Zeit wieder, selbst wenn er Jahrzehnte nicht mehr Fahrrad gefahren ist. Das Argument, seit einem bestimmten Zeitpunkt könnte man nicht mehr glücklich sein (z. B. weil ein lieber Mensch starb oder es zu einer Trennung kam), steht auf tönernen Füßen. Die eigene Fähigkeit zum Glück darf und kann nicht von anderen Menschen oder Geschehnissen abhängig gemacht werden. Das wäre dann letztlich so, als würde dem traurigen Ereignis die Macht über das gesamte Leben gegeben werden. Die Macht besteht aber nur, solange diese freiwillig hergeschenkt wird. Zudem versucht man dadurch, die Verantwortung für sein eigenes Leben an das vergangene Ereignis abzugeben – denn das (und nicht man selbst) ist ja »schuld« an der aktuellen misslichen Lage.

Nur wenn man tatsächlich bei sich selbst angekommen ist, und nicht an der Oberfläche, nicht an der Oberflächlichkeit scheitert – dann wird man glücklich.

Das richtige Tun und das Richtige tun

Beruflicher Erfolg führt nicht zwingend dazu, zufriedener zu sein. Wer zulässt, sein Leben von seinem Beruf dominieren zu lassen, wird dies vermutlich irgendwann bedauern. Unter zwei Gesichtspunkten wirkt unser Beruf jedoch positiv: Wenn wir im Vergleich zu anderen besser bezahlt werden (das fällt unter den Bereich der Missgunst) und wenn wir unseren Beruf im Abgleich mit unseren Wünschen und Vorstellungen als passend bewerten. Und schon sind wir beim Thema der Wahrhaftigkeit:

Ü Seite 177: Eigentlich. Inhalt der Übung: Der Wahrhaftigkeit näher kommen

Einfach tun

Glücksgefühl tritt meistens dann auf, wenn etwas besser läuft, als wir vermutet hatten. Eine, allerdings nicht die beste, Lösung wäre also, ständig schlechte Erwartungen zu hegen. Das kann keine angenehme Lösung sein. Denn das würde das gute Leben in den Bereich des Negativen verbannen und da gehört es natürlich nicht hin. Es geht grundsätzlich um das für uns individuell Gute, um das, was passt.

Wie können wir sinnvoll dafür sorgen, immer wieder einmal positiv überrascht zu werden? Indem wir uns auf Neues und Unbekanntes einlassen. Dabei ist freilich das Risiko gegeben, auch enttäuscht zu werden. Dennoch, die Chance auf Glück ist da und steigt mit jedem Versuch. Risiko (kein lebensbedrohliches) erhöht also die Chancen auf Glück. Wer immer das Gleiche tut, braucht sich über eine gewisse Langeweile im Leben nicht zu wundern. Da lohnt sich doch ein kleiner Blick über den Tellerrand der eigenen Beschränkungen:

Ü Seite 178: Und nicht um ... Inhalt der Übung: Abbau eigener Beschränkungen

Wahrer Erfolg ist relativ – und mitmenschlich

Stellen wir uns einmal vor, wir hätten einen schlichten Hexenschuss. Wir können uns praktisch nicht bewegen und liegen tagelang flach. Dann schaffen wir es, wenn auch unter Schmerzen, wieder aufzustehen. Welch ein Erfolg! Ein einziger Schritt.

Dieser kurze Exkurs über eine eingeklemmte Bandscheibe soll eines verdeutlichen: Erfolg ist immer relativ. Er kann praktisch nur im Vergleich mit dem Möglichen oder dem Sinnvollen erkannt und eingestuft werden. Nun gibt es Menschen, die sich immer am Höchsten oder Perfekten orientieren (s. Kap. *Perfekt sein wollen*). Sie streben quasi nach etwas, das man den *absoluten Erfolg* nennen kann. Sicher resultieren daraus dann und wann Höchstleistungen der Menschheit, aber zufriedenstellend ist eine solche Einstellung eher nicht. Es können nicht ununterbrochen Olympische Spiele sein. Denken Sie nur an die immensen Kosten für die Bestechungsgelder der Funktionäre!

Es bedeutet Stress, wenn nur ein einziges Ziel, das bestmögliche, erstrebenswert erscheint. Wenn die Umstände dies nicht ermöglichen oder auch die eigenen Fähigkeiten dazu nicht ausreichen, wird eine solche Einstellung in Unzufriedenheit umschlagen. Es ist also viel sinnvoller, eine andere Einstellung zum Erfolg zu finden, und dazu gehört, mit *relativen Erfolgen* zufrieden zu sein. Relative Erfolge bedeuten: ein wenig besser oder anders zu sein als vorher. Sie bedeuten auch: einige Stufen vor dem gedanklich Bestmöglichen bewusst und gezielt zu stoppen und dies als glücklich machenden Erfolg wertzuschätzen.

Erfolg ist bei Weitem etwas anderes, als berühmt zu sein oder am meisten zu verdienen. Wer es schafft, mitmenschlich zu sein, ein anständiges Leben zu führen, von anderen Menschen geschätzt und geliebt zu werden und sich um diese Menschen auch zu kümmern, der ist erfolgreich. Erfolg sollten wir also nicht an beruflicher oder materieller Ausbeute bemessen, sondern an dem, was einen Menschen zutiefst auszeichnet.

Je ehrlicher wir unsere Ziele definieren, was bedeutet, sich erstrebenswerte und zugleich auch erreichbare Ziele zu setzen, umso eher werden wir mit dem relativen Erfolg, der damit möglich ist, auch zufrieden sein.

Wer es nicht schafft, mit relativem Erfolg zufrieden zu sein, wird auf Dauer unzufrieden bleiben. Es ist einfach den wenigsten möglich, immer wieder aufs

Neue Höchstleistungen zu erzielen. Und das muss auch nicht sein, es geht nicht darum, die Spitze zu erlangen, an der ist es nämlich ziemlich einsam. Sondern es geht darum, das für sich Passende zu finden.

Wer ganz oben ist, kann nur noch absteigen. Wahrscheinlich kein wirklich anstrebenswertes Ziel. Deshalb kleben auch die meisten, die oben sind, dermaßen an ihrem Stuhl. Wer viel Energie darauf verwendet hat, nach oben zu kommen, will auch unbedingt »da oben« bleiben. Die notwendige Demut, wieder vom Olymp herabzusteigen, fehlt den meisten – Ausnahmen bestätigen die Regel (23). Wären solche Menschen demütig, dann wären sie gar nicht so hoch gestiegen.

Es ist fast unmöglich, zufrieden zu werden, wenn wir unsere eigenen Erfolge mit denen anderer Menschen vergleichen. Dies ist heute sehr viel leichter möglich als früher, weil wir aufgrund der Ausbreitung von Videos und Artikeln via Internet praktisch zeitgleich an den Erfolgen anderer teilhaben können und ständig darüber informiert werden. Dadurch besteht das Risiko, sich in völlig falschen Maßstäben zu verrennen und die tatsächlich erreichbaren Ziele aus den Augen zu verlieren.

Das Richtige tun

Würde ich meinen Beruf auch dann noch ausüben, wenn ich kein Geld dafür bekäme (nach 26)? Nun, die Frage geht wohl etwas am Ziel vorbei, weil der Beruf nicht unbedingt als Glücksquelle dienen muss. Es gibt genügend andere Möglichkeiten im Leben, um glücklich zu sein und auch glücklich zu leben. Der Beruf sollte viel eher zufriedenstellen, also erfüllend sein und für materielle Sicherheit sorgen. Es ist wunderbar, wenn es im Beruf auch immer mal wieder glückliche Momente oder sogar länger andauernde Glücksgefühle gibt, aber die primäre Aufgabe des Berufs ist das nicht. Ihn auch dann auszuüben, wenn er nicht bezahlt wäre, ist ohnehin für die meisten von uns nur von theoretischem Wert, da sie dann schlicht gar kein Geld hätten, nicht einmal für Wasser und Brot.

Deshalb ist eine andere Frage passender: *Wenn ich genug Geld zum Leben hätte, würde ich dann auch ohne Bezahlung meinen Beruf ausüben?* Auf diese Frage sollte man mit Ja antworten können, ansonsten ist es ein Hinweis für einen inneren Widerstand dem eigenen Beruf gegenüber. Dies jedoch ist eine stete Quelle der Unzufriedenheit, ein bedeutender Gegenspieler eines guten Lebens.

Viele Berufstätige setzen nur auf das eine Pferd, ihren beruflichen Erfolg. Dadurch kann der Beruf zu einer Art Show werden, die einem vorgaukeln soll, glücklich zu sein. Das kann ein Beruf gar nicht leisten. Die Anforderungen, die manche heutzutage an ihren Beruf stellen, sind maßlos.

Wahre Ziele

Wahrer Erfolg misst sich nach innen. Denn Erfolg ist auch der innere Prozess, in dem man erkennt, wer man ist. Erfolg ist insofern mehr als das Erreichen einzelner Ziele. Erfolg bedeutet auch, eine tief greifende, innere Entwicklung seiner eigenen Persönlichkeit erreicht zu haben. Dann fühlen wir uns zufrieden und eins mit uns. Deshalb braucht man auf Anerkennung von außen noch lange nicht zu verzichten. Wenn diese Anerkennung allerdings die hauptsächliche Triebfeder unseres Schaffens ist, wird es kritisch. Was wir tun, sollten wir nicht für die Bewunderung durch andere tun.

Was Erfolg ist, definiert jeder ein wenig anders. Meistens empfinden wir nur das als Erfolg, was aus dem Üblichen ein wenig herausragt. Erst wenn wir z. B. krank sind, werden Dinge wie sich allein versorgen zu können oder einen Ausflug unternehmen zu können als Erfolg verbucht.

Wer Kinder hat und diese liebevoll begleitet, freut sich auf einmal wieder an Erfolgen wie den ersten Schnürsenkeln, die selbstständig geknüpft werden. Ja, das ist eine Leistung, die gar nicht so leicht und alltäglich ist. Natürlich geht es nicht darum, nun seinen gesamten Tag damit zu vollbringen, sich für ausgeräumte Geschirrspülmaschinen zu loben. Dennoch täte uns ab und zu ein wenig Bewusstsein und auch Demut gut: Schon im normalen Alltag haben wir Erfolge und leisten meistens viel mehr, als wir uns selbst ein- und zugestehen.

Was würden Sie als Erfolg für sich selbst anerkennen? Auf was wären Sie stolz? Vielleicht setzen Sie einmal eine klitzekleine Stufe unter dem an, was Sie sonst so als Erfolg verbuchen.

Wir sollten in aller Regel Ziele vermeiden, deren Zeithorizont in etwa zwei Jahre übersteigt. Politikern wird so etwas zwar zu Recht als kurzsichtiges Handeln oder Opportunismus vorgeworfen. Das eigene Leben können wir jedoch oft nur auf Sicht anpacken. Viel zu viel Unberechenbares kann auftreten.

Sobald wir letztlich unerreichbare Ziele haben, entwickeln wir ein Gefühl der Unzulänglichkeit, ja der Minderwertigkeit. Daraus folgt eine schlichte Regel: Beschäftigen wir uns nicht mehr damit. Die Gefahr ist einfach zu groß.

Wenn wir ein Ziel erreichen, kann sich ein Glücksgefühl einstellen. Es ist aber auch möglich, Leere zu empfinden. Dies geschieht umso eher, je wichtiger uns das Ziel war, weil mit dessen Erreichen auf einmal etwas Wesentliches im Leben fehlt. Die meisten versuchen das zu umgehen, indem sie sich sofort ein neues Ziel stecken. Auf Dauer kann dies zur Erschöpfung beitragen. Beachten Sie sich, indem Sie die richtigen Ziele anstreben:

Ü Seite 178: Was das Richtige ist. Inhalt der Übung: Die eigenen Kostbarkeiten entdecken

Wir dürfen uns erlauben, glücklich zu sein, wenn wir ein bestimmtes Ziel erreicht haben. Meistens ist unsere Freude umso größer, je schwerer es war, zum Ziel zu gelangen. Das liegt auch an der Erleichterung, die daraus folgt, dass das hohe Risiko des Scheiterns schadlos an uns vorübergezogen ist. Außerdem kann einmal mehr das Unerwartete (der Zielerreichung) uns glücklich werden lassen. Wenn es von vornherein klar war, dass wir ein Ziel erreichen werden, empfinden wir es eher nicht mehr als bedeutsamen Erfolg.

Und weil es so schön war, hier gleich noch eine Möglichkeit, eine bessere Übersicht für sich zu erzielen:

> Ü Seite 179: Vom Ende her gedacht. Inhalt der Übung: Konzentration auf das, was zählt

Fluss

Vor geraumer Zeit erschien ein Buch, das zum Klassiker wurde, *Flow* von Mihaly Csikszentmihalyi. Darin wird ein Zustand beschrieben, den wir alle kennen. Und wenn wir ihn vergessen haben sollten, können wir ihn bei jedem Kleinkind im Sandkasten beobachten, wenn es ganz ins Sandkuchenbacken versunken ist und die Welt um sich völlig vergisst. Ein Problem dabei ist, dass die wenigsten Erwachsenen noch im Sandkasten spielen. Unser Glücksgefühl, und auch das Gefühl, ein gutes Leben zu haben, hängt stark damit zusammen, ob dieser »Flow« tatsächlich immer wieder entsteht. In einen echten Fluss kommen wir dann, wenn wir nicht verbissen an einer Aufgabe kleben, sondern ganz in ihr aufgehen und vollkommen in der Gegenwart sind. Das fühlt sich richtig gut an. Die Zeit spielt keine Rolle mehr, Sorgen ebenso wenig. In diesem Moment geht es nur noch um den Moment und darum, sein Ding zu machen. Bei mir stellt sich ein solcher Flow übrigens oftmals bei der Gartenarbeit ein, bei der Arbeit in und an der Natur.

Überlegen Sie nun, bei welcher Tätigkeit es Ihnen ähnlich geht. Und dann: Tun Sie es! Nutzen Sie die Chancen des Flow, weil Sie sich dabei und auch danach erfüllt fühlen werden.

Da sich dieses Gefühl gerne dann einstellt, wenn wir etwas tun rein um des Tuns willen, führt eine klassische Zielarbeit eher nicht zum Glücksgefühl. Damit meine ich den typischen Ratgeberhinweis, sich einmal hinzusetzen, die Ziele der nächsten Jahre anhand vorgegebener Schemata zu definieren und diesen dann fleißig zu folgen. Das hat oft etwas allzu Künstliches – doch Flow braucht uns selbst und nichts Gemachtes.

One more thing – für ein gutes Leben

Zu einem guten Leben gehört auch, sich eher kurzfristige und kleine Ziele zu setzen. Und zu feiern, wenn wir sie erreicht haben. Sie also nicht mehr als banal oder selbstverständlich abzutun, sondern als Ausdruck eigener Tatkraft und eigenen Könnens anzuerkennen.

Prioritäten setzen und einhalten

Wir streben nach angenehmen Gefühlen, das ist legitim. Es gibt grundsätzlich nur drei Gruppen solcher Gefühle: die Liebe, die Freude und das Glück. Diese Leitgefühle eines guten Lebens sind unsere »Zielgefühle« (6). Etwa die Hälfte des uns möglichen Glücksniveaus sind biologisch festgelegt (9), etwa zehn Prozent hängen von den äußeren Umständen ab und immerhin 40 Prozent werden durch unser eigenes Verhalten gesteuert. Was wir tun und lassen, hat also einen richtungsweisenden Einfluss auf unser Glücksgefühl. Es ist deshalb müßig, Glück vorrangig außerhalb von uns selbst zu suchen, wie dies z. B. mit dem Streben nach Geld versucht wird. Viel effektiver ist es, seine eigenen Einstellungen und sein eigenes Verhalten zu ändern. Entsprechend ist auch dieses Buch aufgebaut. Die gute Botschaft: Die eigene, glückliche Zukunft können wir in unserem Rahmen selbst beeinflussen. Der erheblich wirksamere Hebel, glücklicher zu werden, liegt nicht im Streben nach Materiellem, sondern in der Arbeit an sich selbst und seiner Lebensweise. Es geht um ein Leben mit Hingabe und Erfüllung, aber ohne Erschöpfung. Es geht um ein Leben, das zu einem passt.

Prioritäten

Neulich wurde ein neuer Kaffeeautomat beworben, der fast 20 Kaffeespezialitäten von sich aus zubereiten kann. Da ich einen neuen Automaten suchte, verlockte mich das Angebot sehr. Etwas in mir sagte mir jedoch, noch einmal eine Recherche durchzuführen, um mich erst dann zu entscheiden. Dabei entdeckte ich einen einfachen Automaten, der es schlicht ermöglicht, eine oder zwei Tassen Kaffee zuzubereiten. Außerdem können die Wassermenge und Kaffeestärke individuell eingestellt werden. Abgesehen davon, dass ich fünf einfache Automaten für den Preis des Spezialitäten-Monstrums hätte kaufen können, erfreue ich mich jeden Tag an dem Apparat. Warum? Ich muss mich nicht entscheiden, welche Kaffeespezialität ich heute will. Die einzige Wahl lautet: eine oder zwei Tassen. Es hat eben auch Vorteile, sich zu beschränken. Entscheidungen sind wichtig – dies wurde an anderer Stelle ausführlich beschrieben. Es ist aber ebenso wichtig, unnötige Entscheidungen zu vermeiden, um mehr Kapazitäten für die wichtigen freizuhalten. Das soll auch der Hauptgrund sein, warum Mark Zuckerberg, der Gründer von Facebook, immer die gleichen T-Shirts trägt. Er muss nicht darüber nachdenken, was er heute anziehen soll.

Wichtig ist die Einsicht darin, was wir wirklich brauchen, und noch wichtiger ist unser Verständnis darüber, was wir eben *nicht* wirklich brauchen – und auch, was nicht zu uns passt. In dieser Beschränkung, die alles andere als ein karges Leben bedeutet, liegt eine wesentliche Kraft für ein gutes Leben. *Ich brauche all das nicht (mehr).* Welch befreiende Wirkung!

Die eigenen Bedürfnisse wahrnehmen und sie erfüllen

Der Antrieb für das meiste, was wir tun, ist Nutzen und Lustgewinn zu vereinen. Etwas, das nur nutzt – wie den Boden zu wischen –, wird oft mit einer Form inneren Widerstands vollbracht. Etwas, das nur Lust bringt, birgt das Risiko in sich, zu einer Form von Sucht auszuarten oder aber mit Schuldgefühlen einherzugehen.

Natürlich gibt es Menschen, die es schaffen, all ihrer Bedürfnisse Herr (oder Frau) zu werden und sozusagen in einem bedürfnisfreien Raum zu leben. Aber kann das das Ziel für uns alle sein? Ein Leben ohne Bedürfnisse bedeutet eben auch ein Leben ohne Befriedigung der Bedürfnisse, was uns Spaß und Glück verschafft. Ein Gleichmaß auf zu niedrigem Niveau dürfte den meisten nicht gefallen und sollten wir besser irgendwelchen Gurus überlassen.

Wir alle haben Bedürfnisse wie das nach Liebe, Sicherheit oder Freiheit. Wenn solche Bedürfnisse nicht erfüllt werden, werden wir fast unaufhaltsam immer unzufriedener. Da aber ein gutes Leben vorrangig ein zufriedenes Leben ist, wird es auch eines sein, in dem unsere Grundbedürfnisse befriedigt werden.

Das mag subjektiv nicht immer so empfunden werden. Wer z. B. in einem unfreien Land aufwächst, kann durchaus sein Leben als »gut« beschreiben. Aber spätestens dann, wenn er doch in ein freies Land kommt, wird er bei kritischer Betrachtung zugeben müssen, erst jetzt ein gutes Leben führen zu können. Wie ist es bei Ihnen, was brauchen Sie wirklich?

Ü Seite 180: Das gute Leben. Inhalt der Übung: Was ich wirklich brauche

One more thing – für ein gutes Leben

Wann werden die größten Hits bei einem Livekonzert gespielt? Fast nie zu Beginn, selten mittendrin, fast immer zum Schluss. Das ist ein alter Verkäufertrick, das Beste muss zum Schluss kommen. Dann gehen die Fans glücklich nach Hause.

Es gibt Menschen, die essen vom Teller zuerst das, was ihnen am besten schmeckt. Es gibt genauso Menschen, die sich das Beste bis zum Schluss aufheben. Das ist individuell verschieden und soll hier nicht bewertet werden. Vermutlich haben aber die, die auf das Beste warten können, ein wenig mehr Glück im Leben. Deshalb ein Tipp fürs Leben: Geben Sie nicht alles gleich aus, was Sie besitzen. Legen Sie sich bewusst ein kleines, finanzielles Polster an – damit schläft es sich einfach besser.

Die Kraft der Einmaligkeit

Sich von gesellschaftlichen Konventionen und Zwängen zu befreien, leistet einen wichtigen Beitrag zu einem guten Leben. Das ist nur logisch, denn jeder Zwang unterdrückt das, was in uns tatsächlich wirkt. Je angepasster wir sind, umso weniger nah an uns selbst leben wir.

Je stärker wir uns in normierte Vorstellungen pressen lassen, je mehr wir tun, weil »man« das eben so tut, umso größer ist die Gefahr, unzufrieden zu werden. Gewiss, ständig gegen den Strom zu schwimmen kostet viel Kraft, und die daraus erwachsenden Widerstände der anderen tragen auch nicht gerade zur Zufriedenheit bei. Aber dennoch geht es um den eigenen Weg, nur der kann zu einem guten Leben führen.

> Ein gutes Leben ist kein normiertes, sondern ein individuelles.

Das ist einer der Gründe, warum Authentizität (Echtheit) eine solch befreiende Wirkung hat. Authentizität ist deutlich komplexer, als man vermuten mag. An anderer Stelle (8) habe ich die wichtigsten Eigenschaften, etwa Aufrichtigkeit oder Selbstdisziplin, beschrieben, die im Zusammenspiel für die Echtheit des Menschen sorgen. Das Gute ist: Wer von sich aus authentisch wirkt, braucht sich um all das nicht zu kümmern – es läuft praktisch automatisch.

Wer echt lebt, lebt immer nah an sich selbst, verstellt sich also möglichst wenig. Er verzichtet auf Opportunismus und tut das, was ansteht. Ehrliche Geradlinigkeit trägt viel zur Authentizität bei.

Es ist sinnvoll, sich zu überlegen, wann man sich verstellt. Dabei geht es um weit mehr als darum, Vorteile durch irgendein Verhalten zu erringen. Viele verstellen sich sogar, ohne irgendeinen Vorteil davon zu haben. Vielleicht mögen Sie einen Moment innehalten und sich überlegen, ob und wann das auf Sie zutrifft: In welchen Situationen handeln Sie anders, als Sie gerne würden? Das kann manchmal auch positiv sein. Denn wer gerne eine ganze Flasche Wein austrinken würde, stattdessen aber mit einem kleinen Glas vorliebnimmt, beherrscht sich zugunsten seines Führerscheins und seiner Gesundheit.

Kohärenzsinn

Es gibt Menschen, die kann fast nichts erschüttern. Andere hingegen laufen wie ein Seismograf durch ihr Leben, mit der steten Vermutung, irgendetwas Schlimmes könne gleich geschehen und dann wären sie aufgeschmissen. Das Sicherheitsgefühl hinsichtlich des Lebensablaufs allgemein und sich selbst gegenüber nennt man Kohärenzsinn (11). Dieser ist umso stärker ausgeprägt, je mehr man versteht, was um einen herum geschieht, je mehr man die Herausforderungen seines Lebens als machbar versteht und je weniger man am Sinn des eigenen Lebens zweifelt.

Dieser Kohärenzsinn verschafft den Menschen einen Vorsprung. Ein Leben, das wir als machbar, sinnvoll und nachvollziehbar empfinden, werden wir zugleich auch eher als gut bewerten. Eine automatisch funktionierende Übung, diesen Sinn zu stärken, kenne ich nicht. Trotzdem ist es wichtig, sich über diese Eigenschaft etwas bewusster zu werden; und sei es, um langsamere Fortschritte zu einem zufriedenen und glücklichen Leben besser akzeptieren zu können:

Ü Seite 182: Kohärenzsinn. Inhalt der Übung: Robust oder zart? Ein Stück Selbsterkenntnis

Das persönliche Glück und die Selbstbestimmung

Wer sich einmal überlegt, über was sie oder er im Leben tatsächlich Macht hat, wird feststellen, wie wenig Menschen tatsächlich beeinflussen können. Ich will hier gar nicht von Wetterkatastrophen oder einstürzenden Neubauten anfangen. Aber es gibt nun einmal vieles, das sich unseres Einflusses entzieht, teilweise oder gar komplett. Wir können unsere eigenen Ziele, unsere Lebensweise, unser Verhalten und unsere Einstellungen in gewisser Weise bestimmen. In Abb. 5 ist dieser Bereich als »Selbstbestimmung« bezeichnet. Es ist der Bereich, der uns zugleich interessiert und auf den wir effektiv Einfluss haben. Aber bereits bei unserer Gesundheit kommen wir ins Grübeln. Kein Zweifel, gesunde Ernährung und Sport haben darauf einen Einfluss. Aber wer kennt nicht auch Menschen, die sportlich schlank unterdurchschnittlich alt wurden.

Bereits jede, auch banale, Infektionskrankheit beweist die Grenzen unseres Einflusses. Und das ist unabhängig davon, wie wir uns verhalten oder was wir zu uns nehmen.

So gibt es eine Mehrzahl von Dingen, die wir in der Tat überhaupt *nicht* beeinflussen können, wenngleich wir uns gerne etwas anderes einreden. Hierzu gehören unser Schicksal und die meisten Krankheiten. In Abb. 5 ist das der Bereich »Fremdbestimmung«.

Zur Entlastung tragen die Bereiche »Missachtung« und »Gleichgültigkeit« bei. Hier finden wir alles, was uns nicht interessiert, weshalb es uns egal ist, ob wir darüber Macht verfügen (Gleichgültigkeit) oder nicht (Missachtung).

Ohne Zweifel sind wir bei Weitem nicht für alles verantwortlich, was uns geschieht. Wir sind schließlich keine Götter, sondern Menschen. Trotzdem haben manche die Neigung, die Verantwortung immer bei anderen zu suchen, selbst wenn sie sich an die eigene Nase fassen sollten. Ein solches Verhalten ist nur scheinbar von Vorteil, man entledigt sich einer gewissen Belastung. In der Tat gibt man Macht ab. Aber damit gibt man zugleich auch die Chance ab, Glück empfinden zu können. Sobald der andere schuld ist, hat er die Macht. Aber wer die Macht hat, hat auch das Gefühl, etwas bewegen zu können und für den Ablauf selbstverantwortlich oder zumindest mitverantwortlich zu sein.

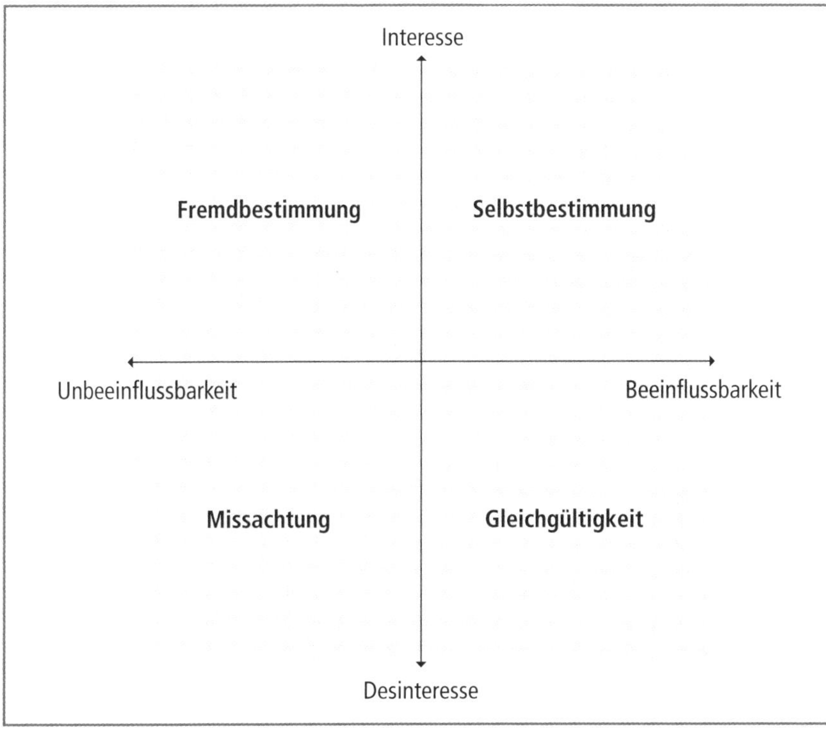

Abb. 5 Wann Selbstbestimmung empfunden wird

Das Gefühl, etwas selbst bestimmt zu haben, ist wesentlich für ein gutes Leben. Fremdbestimmung stört uns bereits als Kleinkinder. Denn nichts anderes ist die Trotzphase, in der es erstmals darum geht, die Macht über den Lebenslauf so weit wie möglich in die eigene Hand zu nehmen.

> Zufrieden sind wir oft dann, wenn wir es selbst waren, die Hindernisse beseitigt haben.

Wichtiges abzugeben, ist allenfalls auf den ersten Blick leicht oder angenehm. In der Tat geben wir damit eine Säule des guten Lebens aus der Hand, die Selbstbestimmung. Wer für etwas Verantwortung übernimmt, wird mit dem dadurch ermöglichten Glücksgefühl belohnt. Wer Verantwortung abgibt und Schuld zuweist, nimmt sich damit die Chance auf wahrhaftige Zufriedenheit.

Stärken

Wir sind uns selbst und damit auch unseren eigenen Stärken gegenüber oftmals recht blind. Dennoch können wir einiges über unsere tatsächlichen Stärken herausfinden. Nehmen Sie sich etwas Zeit und erinnern Sie sich, welches Projekt Ihnen am meisten Spaß gemacht hat.
- Worin sind Sie voll aufgegangen?
- Auf was waren Sie, nachdem es gut abgeschlossen war, besonders stolz?
- Was hat Sie erfüllt?
- Was würden Sie gerne noch einmal tun?

Aber Stopp! Beachten Sie hierbei nicht nur irgendwelche beruflichen Tätigkeiten, sondern auch etwas, was Sie z. B. in Ihrer Freizeit getan haben oder in der Zeit, bevor Sie berufstätig wurden. Oder auch an etwas im Rahmen einer Hilfsaktion oder eines familiären Ereignisses. Es sollte schon mehr gewesen sein, als einmal den Rasen gemäht zu haben, eben etwas, was über eine übliche, wenige Stunden oder Minuten dauernde Tätigkeit hinausgeht. Ein sehr persönliches Beispiel: Wenn ich die vielen Jahre an der Universitätsklinik Revue passieren lasse, dann gab es zwei Dinge, die mir dabei besondere Befriedigung verschafften. Das eine waren die Vorträge vor Fach- und Laienpublikum, das andere die Publikationen über mein Fach und über Forschungsergebnisse. Ich war besonders stolz darauf, als ich einer der Koautoren des größten dermatologischen Lehrbuchs wurde und ein Kapitel in diesem Buch meine Handschrift trug. Nun, seit mehr als einem Jahrzehnt, bin ich hauptberuflich als Autor tätig. Ein langer Weg, auch ein langer Umweg, aber für mich ein herrliches, glücklich machendes Ziel.

Stolz und das gute Leben

Stolz hat für manche eine nicht ganz einwandfreie Note. Für sie klingt darin Arroganz oder Hochmut an, zumindest fehlende Bescheidenheit. Hochmut hat mit einer universellen positiven Einschätzung der eigenen Person und eigenen Leistungen zu tun. Hochmut soll uns vor unerwünschter Selbsterkenntnis schützen (6). Arroganz hingegen baut eine Mauer auf und ist ein Schutzmechanismus vor befürchteten Angriffen. Beide haben jedoch nichts mit berechtigtem Stolz zu tun.

Warum sollten wir uns bescheiden geben, wenn wir etwas erreicht haben? Was wir tun, ist doch keine reine Selbstbefriedigung, sondern wird anderen helfen und sie weiterbringen. Aber selbst bei Leistungen, die »nur« uns dienen, dürfen wir stolz sein. Denn damit drücken wir auch eine Wertschätzung uns selbst gegenüber aus. Wir dürfen stolz sein auf das, was und wie wir sind, und auf das, was wir leisten oder geleistet haben. Wie sollten wir zufrieden werden, wenn wir auf nichts stolz sind?

Es wird Zeit, dass Sie sich überlegen, auf was Sie wirklich stolz sind in Ihrem Leben. Vergegenwärtigen Sie sich möglichst viele Inhalte oder Leistungen, auf die Sie stolz sind. Wenn Sie nun sagen: »Gibt es nicht«, dann wird es erst recht höchste Zeit für diese kleine Übung.

One more thing – für ein gutes Leben

Innehalten, wahrnehmen, Stolz entwickeln, zufrieden sein.

Sex

Etwa ein Drittel aller Daten, die durch das Internet fließen, haben pornografische Inhalte. Der Grund ist einfach: Jeder Mensch hat sexgeile Triebe. Früher gab es den Spruch: »Make love, not war.« Der müsste eigentlich geändert werden und lauten: »Make love, not unhappiness.« Der gute Mike Jagger wusste schon, worum es wirklich geht, als er schreiend beklagte, »no satisfaction« zu bekommen. Denn Sex scheint der größte Glücksbringer zu sein, gefolgt von gemeinschaftlichem Ausgehen nach der Arbeit, gemütlichem Abendessen, der Entspannung, dem Sport und dem Beten (18).

Freud erkannte (13), dass wenn es uns gelingt, die Energie unserer Triebe auf ein erhöhtes Niveau zu heben (sozusagen künstlerische Fantasie statt wild ausgelebter Sexualität), dann ist es uns möglich, überaus effektiv mit unseren Trieben umzugehen. Diese Umleitung der Triebenergie (»Sublimierung« genannt) führte im Laufe der Menschheitsgeschichte zu beeindruckenden künstlerischen und auch wissenschaftlichen Werken. Nur ist das halt nicht jedem gegeben. Diese Art, mit seiner Gier nach Lust umzugehen, bleibt also etwas für Spezialisten. Für uns andere spielt körperliche Liebe eine wichtigere Rolle – wer wollte bezweifeln, dass uns ein sexueller Höhepunkt für kurze Zeit der Welt entrückt und uns ein wohliges, vollkommenes Glücksgefühl verschafft.

Epikur (15) wies jedoch darauf hin, dass die *Gemütsruhe* das Ziel eines glückseligen Lebens sei. Wie können wir uns das vorstellen? Erst Lusterfüllung, dann Gemütsruhe. Das Leben als Abbild dessen, was beim Sex geschieht? Tatsächlich, ein wenig schon.

Apropos Sex: Laut den neuesten Forschungen genügt es, einmal pro Woche Sex zu haben, außer Sie leben in keiner festen Beziehung. Dann ist es eher häufiger nötig (21). Wer seltener Sex hat, wird unzufriedener, aber eine *Steigerung* der horizontalen Tätigkeit wirkt sich *nicht* auf unser Glücksgefühl aus. Selbst bei Sex gilt: besser in Maßen als unmäßig.

One more thing – für ein gutes Leben

Im Roman *11 Minuten* von Paulo Coelho beschreibt eine der Hauptfiguren ihren Zweifel am Sinn einer Partnerschaft. 11 Minuten körperliche Sexualität pro Tag, um mehr ginge es eigentlich nicht. Der Roman endet natürlich doch wie eine typische Liebesgeschichte, aber die Überlegungen dieser Figur sind berechtigt.

Was tun viele Menschen nicht alles, damit sie ein bisschen Sexualität abbekommen oder ausleben können.

Ein halbwegs glücklicher Umgang mit Geld

Rechtzeitig loswerden

Eigenes Geld sollte man rechtzeitig vor dem Tod verteilen. Etwas zu schenken, macht glücklich. Außerdem gibt es keine Reichenlisten auf dem Friedhof.

Konsum ist langweilig

Es gibt manche Dinge, die in immer gleicher Weise versucht werden, um glücklich zu werden. Der vermutlich häufigste Versuch besteht darin, sich etwas zu gönnen. Das kann ein übergroßer Eisbecher genauso sein wie ein Luxusauto oder eine besondere Klamotte. Solche »gekaufte« Glücksmaterie hat aller Erfahrung nach auf Dauer keinerlei Wirkung. Im Gegenteil, diese Einkäufe müssen in immer kürzeren Zeitabständen oder in immer markanterer Ausprägung wiederholt werden, um noch zu wirken. Auf keinen Fall zu Glück führt: Konsum.

Des Kaisers neue Kleider

In dem Märchen *Des Kaisers neue Kleider* von Hans Christian Andersen, in dem beschrieben wird, wie dem Kaiser ein Nichts verkauft wird, tun die Betrüger so, als würden sie Kleider nähen. Sie sagen dem Kaiser, nur Menschen, die ihres Amtes würdig seien und nicht dumm, könnten diese Kleider auch sehen. Da der Kaiser nichts von ihnen bekommt, sieht er logischerweise auch nichts. Aber er will weder als dumm noch als unwürdig gelten, weshalb er bis zum bitteren Ende das Spiel mitspielt. Selbst als das »einfache« Volk die Farce durchschaut, hält er »tapfer« durch. So ähnlich werden heute Millionen von Menschen alle neun bis zwölf Monate neue Smartphones und alle paar Jahre neue Fernseher angedreht. Irgendwie schon messbar besser, aber in Wirklichkeit sind es doch praktisch unsichtbare Vorzüge, für die hier viel Geld ausgegeben wird. Verzichten wir also auf unsichtbare Kleider! Macht weniger Stress und damit ein besseres Leben.

Realistisch werden

Wir sind nicht wirklich gut darin, Prognosen für unsere zukünftigen Glücksgefühle abzugeben. Viele neigen dazu, die positiven Auswirkungen von Anschaffungen zu überbewerten. Sie meinen, bevor sie etwas besitzen, damit deutlich und langfristig glücklicher zu werden. Das ist aber praktisch nie der Fall. Diese Fehleinschätzung kann man etwas dämpfen, indem man sich aktiv vorstellt, wie es wäre, wenn die Anschaffung (oder auch ein Erlebnis wie ein Urlaub) schon länger vorbei wäre.

Die anderen haben recht

Natürlich sind wir alle hoch individuell. Ich versuche, dieser Einstellung in diesem Buch auch gerecht zu werden. Dennoch zeigen Studien, dass es sinnvoll sein kann, bei Kaufentscheidungen der Masse zu folgen. Das gilt sogar bei Beziehungen. Wer einer Empfehlung folgt, wird eher glücklich sein, als der, der sich auf Fotos und den eigenen »Geschmack« verlässt.

Richtig kaufen

Natürlich soll man sich genau überlegen, was man anschafft. Viele neigen dazu, den Preis als Hauptkriterium festzulegen. Aber die Qualität ist viel wesentlicher. Dazu gibt es einen uralten Merkspruch: »Wer billig kauft, kauft zweimal.« Dabei kommt es nicht auf den Luxuswert der Anschaffung an, sondern auf deren objektive Qualität.

Vorfreude ist die schönste Freude

Vorfreude macht oft glücklicher als Freude. Dabei kostet sie nichts. Unter Glücksgesichtspunkten ist es allemal besser, abzuwarten und zu sparen. Fatal sind Kreditaufnahmen für Konsumartikel – und zwar vollkommen egal, für welche. Viele Menschen glauben, sie wären viel glücklicher, wenn etwas sofort geschähe, sie möchten nicht noch Monate lang darauf warten. Aber genau das Gegenteil ist der Fall. Was folgt, ist Ernüchterung. Und die Einzigen, die sich daran freuen, sind die Händler und Banken.

Lieber viel Kleinvieh als einmal wirklich Großes

Es ist wirksamer, sich häufiger ein kleines Glück zu schaffen, als seltener ein großes. Auch die Menge spielt nur eine untergeordnete Rolle.

Erlebnisse sammeln – Glück gewinnen

Das ist vermutlich die wichtigste Botschaft, um mit Geld doch ein wenig glücklicher zu werden. Reisen, Kino- und Konzertbesuche machen glücklicher als Gegenstände, die man im Laden kaufen kann. Ein Negativbeispiel kennen manche Hausbauer und -besitzer: Sie meinen, es müsse die Luxusarmatur für die Badewanne sein, und schon sind 2000 Euro ausgegeben, dabei hätte es auch die 300-Euro-Variante getan. Nach wenigen Tagen, spätestens Wochen, wird sie nicht mehr wahrgenommen, macht zumindest keine besondere Freude mehr. Aber das Geld ist weg. Erinnerungen an schöne Erlebnisse im Bad halten viel länger als der Kauf von Armaturen.

Wer anderen hilft, hilft sich selbst am meisten

Wer Geld für sich ausgibt, merkt kaum einen positiven Effekt. Wer hingegen Geschenke für andere kauft oder Geld spendet, wird glücklicher damit. Sie belohnen sich selbst, was durch neurobiologische Untersuchungen bestätigt wird.

Versicherungen machen nicht glücklich (außer Makler und Versicherungsfirmen)

Versicherungen geben keine Sicherheit, denn sie können nichts anbieten, was nicht existiert. Ein markantes Beispiel sind Lebensversicherungen – die versichern kein Leben, sondern den Todesfall. Ihre korrekte Benennung wäre also Todesfallabsicherungsversicherung. Wir haben Angst vor schlimmen Ereignissen und übersehen dabei, wie stark wir meistens sind, wenn dieser Fall tatsächlich eintritt. Diese Angst aber ist es, die von Versicherungen ausgenutzt wird. Nur wenige Versicherungen sind wirklich notwendig (Haftpflicht-, Berufsunfähigkeits- und Krankenversicherung gehören dazu). Wie oft kaufen Autokäufer eine Zusatzgarantie, obwohl sie lange vor dem Eintreten des Versicherungsbeginns den Wagen schon wieder verkaufen werden. Da gibt es weitaus bessere Wege, sein Geld auszugeben.

One more thing – für ein gutes Leben

Collect moments, not things.

Muße und Maß

Muße

Aristoteles sagte: »Wir opfern unsere Muße, um Muße zu haben, und führen Krieg, um in Frieden zu leben.« Beim Streben nach einem guten Leben ist es oftmals ähnlich, wir opfern es freiwillig, um es später wiederzuerlangen.

Stellen wir uns einmal vor, als Zuhörer einen Vortrag gehört zu haben. Der Vortragende ist fertig und üblicherweise fragt er nun, ob noch Anmerkungen oder Fragen vonseiten des Publikums bestehen. Ein ungeübter Redner wartet nur wenige Sekunden, sagt dann irgendeine Floskel und die Veranstaltung ist vorbei. Ein besonders geübter Redner, der keine Lust hat, die Fragen zu beantworten, agiert genauso. Wenn man jedoch tatsächlich an der Meinung des Publikums oder an einem Austausch mit ihm interessiert ist, muss man auf der Bühne stehend längere Zeit warten, bis der Erste es »wagt«, eine Frage zu stellen. Meistens ist dann der Damm gebrochen und es folgen genügend weitere Fragen. Schlussfolgerung: Auch sich selbst etwas klarzumachen, braucht meistens Zeit. Sich selbst das zuzugestehen, braucht ebenso Zeit. Etwas öffentlich zu machen, braucht meistens auch Zeit. Schenken Sie sich die Zeit, die Sie für Ihre eigene

Klarheit benötigen. Sich aus der Situation herausnehmen, sich durchringen, nicht in einen blinden Aktionismus zu verfallen.

Zum wahren Glück braucht man Muße (20). Das ist Zeit, die man sich selbst schenkt und weitgehend absichtslos verbringt. Diese Zeit darf nicht zur Arbeit oder für eine aktive Erholungstätigkeit (wie Sport) dienen. Aber es ist mehr als bloße Freizeit, denn man nutzt sie für sich selbst, um über sich und die Welt nachzudenken. Das ist also doch die Absicht von Muße. Das kann allein geschehen, aber auch wenn man sich mit Freunden trifft, oder etwas in Ruhe betrachtet und genießt. Glück kann man kaum ohne ausreichend Zeit erleben.

Gelassenheit

Es gibt Menschen, die kennen das Spiel »Mensch ärgere dich nicht« nur aus einer Perspektive. Sie ärgern alle anderen, nur nicht sich selbst. Die meisten dürften zur anderen Gruppe gehören, die sich selbst ärgern. Ärger ist ein ärgerliches Gefühl, Gelassenheit empfinden wir als erheblich angenehmer. Wenn Sie sich einmal wieder ärgern, hören Sie auf Kant. Der sagte, die Würde des Menschen liege auch in seiner Freiheit, auf das vermeintliche Glück der Befriedigung seiner Bedürfnisse verzichten zu können, um moralisch einwandfrei handeln zu können. Ich denke, das kann jeder unterschreiben. Es gibt wohl kaum einen Menschen, der nicht irgendwann einmal in seinem Leben einen solchen Hass auf einen anderen Menschen entwickelt, dass er diesem Schlimmes zufügen möchte – und sich dann doch beherrscht.

Jedes Leben hat Höhen und Tiefen. Die Vorstellung, ab einem bestimmten Moment immer glücklich sein zu können, ist naiv. Dabei gibt es einen Trick, mit dem man unangenehmen Inhalten einigermaßen effektiv begegnen kann. Man sollte kleine Probleme nicht mehr überbewerten oder aufbauschen. Wesentlich ist, sie immer wieder im größeren Zusammenhang des Lebens zu betrachten und sich zu fragen, ob sie wirklich einen so negativen Einfluss nehmen können. Beispielsweise kann man dies ergründen, indem man sich fragt, was man in fünf Jahren wohl zu diesem Problem sagen wird – oder sogar erst im Angesicht des eigenen Todes. Das konnten Sie bereits mit der Übung auf S. 162 tun.

Das Maß oder die wahre Fülle

Vieles im Leben hat mit Maßhalten zu tun. Genauso wie Glück vollkommen individuell ist, sind natürlich auch die Maßstäbe individuell. Was dem einen sein Lamborghini, ist dem anderen sein Fiat. Beides Italiener. Dennoch gibt es ein menschliches, oberes Maß. Immer dann, wenn etwas eine Rechtfertigung braucht, ist das menschliche Maß überschritten, oder zumindest in Gefahr.

Fast alles, was gerechtfertigt werden muss, ist es nicht.

So hat ein gutes Leben auch mit Genügsamkeit oder Selbstgenügsamkeit zu tun.

> Glück tritt gerne dann auf, wenn wir nichts mehr brauchen oder nach nichts mehr verlangen.

Kultur-Schock

Seit Langem ist bekannt, dass Menschen, die in sehr einfachen, ursprünglichen Verhältnissen leben, weniger Bedürfnisse haben und zugleich eher glücklich sind. Es scheint, als würde das meiste, was uns umgibt, letztlich nicht zu unserem Glück, sondern zu unserem Unglück beitragen. Das beschrieb auch Sigmund Freud in seinem Buch *Das Unbehagen in der Kultur* (13). Offenbar ist einer der Preise für unsere hochstehende Kultur (Kultur der Finanzen, der Politik, des Staatswesens, der beruflichen Tätigkeit usw.), unglücklicher zu werden. Also zurück zu den Wurzeln? Alles aufgeben? In einfachsten Verhältnissen in einer Hütte hausen? Das ist wohl kaum die Lösung, die die meisten als attraktiv einschätzen würden.

Hoffnung oder Zuversicht?

Männer haben es schon schwer, jedenfalls zieht die Mehrheit von ihnen keine positive Bilanz ihres Lebens. 47 Prozent der Männer zweifeln öfter (25). Etwa jeder zehnte bedauert, aus seinem Leben nichts anderes gemacht zu haben. Na ja, so viel besser geht es den Frauen hierzulande auch nicht. Immerhin zweifeln 41 Prozent von ihnen öfter. Insofern ist das alles also kein Grund, als Mann an eine Geschlechtsumwandlung zu denken. Das sind die sechs Prozentpunkte nicht wert.

Alles in allem lohnt ein wenig Zuversicht: Oftmals ist von Hoffnung die Rede, die bleibt, selbst im Angesicht des Todes oder furchtbarer Umstände. Ich denke, letztlich ist es keine Hoffnung, sondern Zuversicht, welche in solchen Momenten einem Menschen Glück bescheren kann. Dieses einfache Gefühl, das sich ausdrückt durch einen Satz: Es wird schon weitergehen.

Wer ohne Zuversicht ist, hat seine positive Orientierung in Richtung Zukunft aufgegeben und wird nicht glücklich sein. Erst das Gefühl, es wird gut ausgehen, spendet Trost und schafft damit eine Basis für ein tiefes Glücksgefühl. Zuversicht, nicht Hoffnung (die ist viel zu flüchtig und basiert meistens auf Hoffnungslosigkeit), die im Menschen selbst als wahrhaftig empfunden wird, ist ein wirkungsvoller Partner des Glücks. Dazu gehört der Satz:

> Was geschieht, geschieht schon recht.

Das gilt selbst für den Tod. Er ist etwas anderes als Zufall, auch kein Unglück, keine Panne. Der Tod ist einfach das Ende (auch wenn das fast alle Religionen und viele Menschen gerne anders hätten) – nicht mehr und nicht weniger. Dem Tod sollte keine Bewertung zuteilwerden. Er ist das Letzte, was jeder Mensch erlebt und deshalb berechtigterweise unbeliebt. Es gibt aber einen wesentlichen Grund, warum alles Lebende sterben muss: Weil wir auf der Erde weilen, und deren Bedingungen sind so, dass *alles*, was länger besteht, dem Abbau preisgegeben ist. Wer die ägyptischen Pyramiden oder griechischen Tempel anschaut – und ohne Zweifel ist Marmor deutlich stabiler als Fleisch –, erkennt, wie selbst daran der Zahn der Zeit nagt. Eindrucksvoll beschrieben wird dies in dem Film *Der Tod steht ihr gut* mit Meryl Streep und Goldie Hawn. In diesem Film schlucken die beiden ein Unsterblichkeits-Elixier, und was sie mit ihren immer brüchiger werdenden Körpern erleben, ist ausgesprochen sehenswert.

One more thing – für ein gutes Leben

Die Frage nach dem Sinn des Todes kann man auch mit der bekannten Floskel »no risk, no fun« beantworten. Die Endgültigkeit des Lebens bringt erst die Würze hinein. Stellen Sie sich vor, Sie sitzen abends vor dem Fernseher, es läuft gerade ein spannender Film. Wie fühlen Sie sich, wenn der Film nach zwei Stunden endet? Und wie, wenn erst nach sechs Stunden Schluss ist? Und wie, wenn er endlos lang wäre? Sie würden einfach irgendwann einschlafen. Deshalb schläft man lieber am Ende seines Lebens ein. Bleiben Sie jedoch bitte noch ein wenig wach und machen Sie sich an die nächste Übung:

Ü Seite 182: Am laufenden Band. Inhalt der Übung: Das eigene Leben definieren

Einladen, was Glück bringt

Ein Hubschrauberflug macht glücklich

Manche meinen, wir lebten in einer vollkommen unsicheren Zeit. Das empfinde ich nicht so. Wer einmal von einer Hubschrauberperspektive aus die Menschheit betrachtet hat, erkennt, wie gut die langfristige Entwicklung ist (24). Ein Faktor, an dem wir dies ablesen können, ist die Verlängerung der durchschnittlichen Lebenserwartung der Menschen. Unsere Gesundheit bessert sich, in praktisch allen Ländern sinkt die Kindersterblichkeit. Auch steigen weltweit die Einkommen. Im Westen sind noch andere Fortschritte zu erkennen, z. B. der etwas andere Umgang mit Minderheiten.

Ein – wenn auch geringer – Anteil unseres Unglücks liegt darin begründet, dass die Medien diese langfristigen Entwicklungen nicht thematisieren und wir in den Nachrichtensendungen nur das Akute, und davon das Schlimmste, mitgeteilt bekommen. Klare Botschaft: Verzichten Sie ab sofort darauf, Nachrichtensendungen anzuschauen. Gute Laune macht keine von ihnen, wirklich persönlich wichtige Botschaften erfährt man sowieso auf andere Weise. Eine der wichtigsten ist, sich zu verdeutlichen, worum es einem im eigenen Leben geht:

Seite 184: Worum es wirklich geht. Inhalt der Übung: Zentrale Lebensthemen finden

Manche Menschen fliegen nicht mit dem Flugzeug oder Hubschrauber, sondern mit einem Raumschiff. Sie erhalten die fast einmalige Chance, vom All aus auf die Erde zu schauen. Sie alle nehmen wahr, wie dünn die Ozonschicht ist, die unser Leben auf der Erde bewahrt. Fast alle kehren mit einer anderen, mit einer demütigen Sicht auf unseren Heimatplaneten zurück, da sie verstehen, wie zerbrechlich und im Grunde unbedeutend ihr eigenes Leben ist. Damit geht aber keine Enttäuschung einher. Stattdessen verleiht ihnen diese Einsicht inneren Frieden, denn wenn man sich selbst als zartes, vergängliches Wesen versteht, kann man von großen, unnötig kraftzehrenden Ideen Abstand gewinnen.

Manche dieser Raumfahrer hatten zuvor ins All oder auf den Mond geblickt und dort, fernab unseres Planeten, ihr Ziel verortet. Doch danach erkannten sie, dass ihr eigentliches Ziel schon immer hier unten auf der Erde lag. Genauso verhält es sich auch mit uns und unserem Leben. Das Ziel kann nicht außerhalb von uns selbst sein.

Doch bevor wir uns noch in den Weiten des Weltraums verlieren, schauen wir uns doch an, wie es anderen so ergeht (Abb. 6).

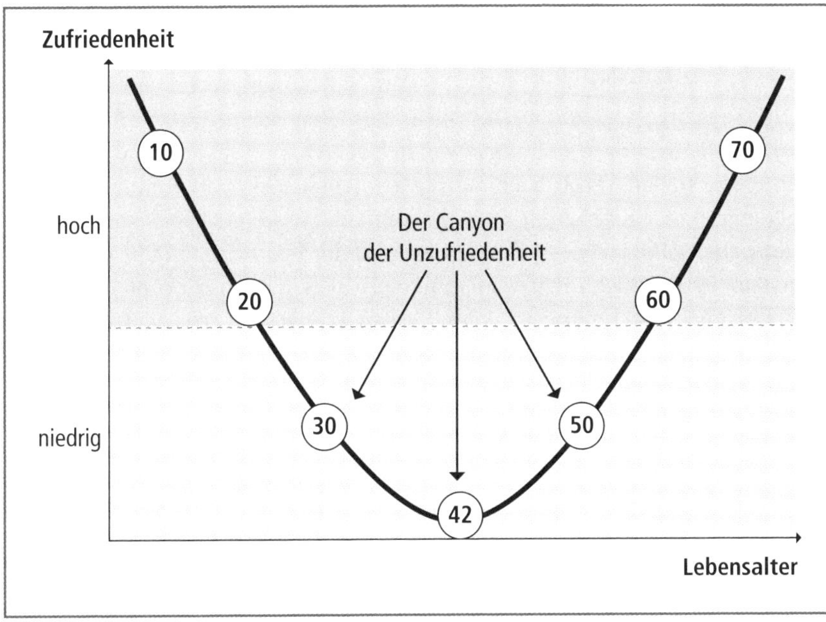

Abb. 6 Der Canyon der Unzufriedenheit

Diese Kurve zeigt an, wie glücklich oder weniger glücklich Menschen bezogen auf ihr Lebensalter sind. Das Glücksgefühl eines Säuglings ist ihm ins Gesicht geschrieben, außer er hat gerade Hunger oder will nicht schlafen oder die Windel ist nass oder … Ähnlich geht es einem älteren Menschen jenseits der 65. Der freut sich nämlich auch, wenn die Windel trocken ist. Die meisten Deutschen über 60 sagen, sie seien glücklich. Aber vielleicht haben sie auch die Frage nicht mehr so richtig verstanden, was eine Aufgabe für die Hörgeräteakustiker wäre.

So richtig unglücklich werden wir in der Regel ab dem Moment, wo wir erwachsen sind und damit Eigenverantwortung übernehmen müssen. Erst wenn die Entlastung des Alters absehbar ist, steigt der Glückspegel allgemein wieder stark an. Am wenigsten glücklich sind in der Regel Menschen zwischen 30 und 50 Jahren.

Sie sehen die gestrichelte Linie: Unterhalb dieser Linie ist die Vorstellung eines guten Lebens manchmal schwer möglich. Mit einer gewissen Wahrscheinlichkeit liegen Sie, liebe Leserin, lieber Leser, in diesem Bereich.

Das liegt vermutlich an den hohen Anforderungen, die dieser Lebensabschnitt mit sich bringt. Es sind Jahre, in denen die meisten meinen, besonders viel erledigen zu müssen. Wohnung oder Haus, Karriere, Kinder, Beziehung, die Welt bereisen, nichts, was nicht warten kann. Damit setzen sich die Menschen in dieser Altersgruppe extrem unter Druck. Wenn man älter wird, erkennt man in der Regel, auch ein gutes Leben zu führen, ohne Burundi gesehen zu haben.

Aber auch die Art der Berufsausübung spielt eine große Rolle, was die eigene Zufriedenheit angeht. Die Selbstständigen sind mit großem Abstand am zufriedensten (25). Wer selbstbestimmt lebt, kann auch mehr an seinem Glück tun. Es heißt zwar oft etwas salopp, »selbstständig« käme von »selbst« und »ständig«, aber es ist allemal besser, ständig etwas zu tun zu haben, als sich andauernd die Sinnfrage zu stellen. Das tun am häufigsten Arbeiter, sie sind nur zu 13 Prozent zufrieden mit ihrem Leben.

Wenn Sie viel glücklicher sind, als es nach der Kurve eigentlich sein dürfte, brauchen Sie das Buch nicht weiterzulesen, außer natürlich es interessiert Sie einfach wahnsinnig brennend. Wenn Sie sich in etwa auf der Kurve richtig repräsentiert finden, wissen Sie, warum Sie das Buch lesen. Wenn Sie sich hingegen deutlich unglücklicher fühlen, ist es umso notwendiger, sich weiter mit Ihrem Glück auseinanderzusetzen.

One more thing – für ein gutes Leben

Das gute Leben folgt also der Bahn eines U. Zu Beginn sind wir zufrieden und zum Schluss hin ebenfalls. Dazwischen kommt es aber zu mehr als einer Senke. Ja, man kann diese sogar als »Canyon der Unzufriedenheit« bezeichnen. Vermutlich leben manche der Leserinnen und der Leser dieses Buches irgendwo in dieser tiefen Schlucht. Das meine ich natürlich nur lebenszeitlich. Aber falls Sie sich noch vor dieser Schlucht oder schon nach ihr befinden, also jünger oder älter sind, grämen Sie sich nicht. Dann sind Sie entweder frühreif oder jung geblieben – jedenfalls, was das Thema Unzufriedenheit angeht.

Unvermeidlich Unveränderliches

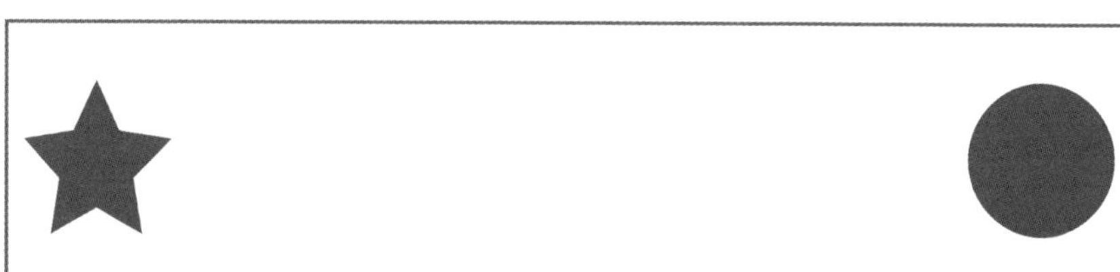

Verdecken Sie mit der Hand Ihr linkes Auge und schauen Sie nun mit Ihrem rechten Auge auf den Stern. Was geschieht dann mit dem Kreis?

Wenn Sie diese Übung im richtigen Abstand machen, verschwindet der Kreis komplett. Er wird praktisch unsichtbar. Das ist Ihr *blinder Fleck*. Den hat jeder von uns, die meisten haben sogar viele. Für die, die es nicht wissen: In einem bestimmten Abstand vom Blatt fällt der schwarze Kreis auf den Bereich unserer Netzhaut, an dem der Sehnerv das Auge verlässt. Dort können wir nichts sehen. Entsprechendes gilt für unsere Seele: Wir meinen, vieles davon zu verstehen, dabei sehen wir einfach nicht, was wir nicht sehen. Wir sind also blind gegenüber unserer eigenen Blindheit. Diese Blindheit betrifft mal wichtige Themen, mal weniger wichtige. Doch leider scheint es so, dass viele Menschen blind gegenüber ihrem eigenen Glück sind. Dabei ist die Lösung ganz einfach, man muss den Abstand verkleinern oder vergrößern, also näher herangehen oder weiter weg, oder in eine etwas andere Richtung schauen. Dieses andere Schauen kann man mit einem sehr schlichten Ausdruck näher beschreiben: die andere Einstellung – oder Haltung – zu etwas.

Einstellungen ändern geht nicht? Gibt's nicht!

»Ein Leben ohne Mops ist möglich, aber sinnlos.« Das sagte Vicco von Bülow einmal. Im Zusammenhang mit dem Thema dieses Buches kann man sagen: Ein Leben ohne Glück ist möglich, aber sinnlos.

In einem anderen Buch (9) habe ich die verschiedenen Möglichkeiten beschrieben, wie man reagieren kann, wenn einem ein Vogel auf den Kopf kackt. Beispielsweise kann man furchtbar sauer auf den Vogel sein, man kann den Haufen in Würde tragen, man kann schnellstmöglich irgendwohin rennen, um ihn wieder loszuwerden. Eine Möglichkeit ist jedoch auch, sich zu fragen, was noch schlimmer gewesen wäre. Beispielsweise hätte einen auch ein Meteorit auf den Kopf treffen können, das wäre eindeutig schmerzvoller. Oder der Haufen hätte ins Auge gehen können, oder auf den Seidenschal. Immerhin ist das eigene Haar ja waschbar. Als mir einmal ein Vogel in Paris auf den Kopf kackte, sah ich das hingegen als ein Zeichen höherer Mächte. War ich doch zu diesem Zeitpunkt im Auftrag eines sehr großen Kosmetikkonzerns in Paris. So hatte ich das notwendige Shampoo gleich bei der Hand. Eine Einstellung zu etwas kann immer auch geändert werden. Das Phänomen kennen wir von Politikern. Kaum ist die Wahl gewonnen, schon haben sie in nahezu allen wesentlichen Fragen eine andere Meinung als vor der Wahl.

Einstellungen folgen Bewertungen, sie sind Urteile. Schon Marc Aurel meinte, wenn ein Gegenstand der Außenwelt uns Leid verursache, sei es nicht der Gegenstand selbst, der uns beunruhige, sondern unser Urteil darüber. Die Lösung hatte er auch gleich parat: Unser Urteil zu beseitigen, steht in unserer eigenen Macht.

Einstellungen zu ändern kann dennoch sehr schwierig sein. Dabei gilt gerade bezüglich der Änderung unserer Haltung der typische Trainersatz: »Kann nicht heißt will nicht.« Dieser Satz wird fast immer gebraucht, um Verhaltensänderungen anzumahnen. Genau dafür ist er aber falsch. Denn grundsätzlich ist es uns jederzeit möglich, eine Einstellung zu einer Sache oder einem Inhalt zu korrigieren. Einstellungsänderungen liegen im Gegensatz zu körperlichen Leistungen komplett in der eigenen Macht. Das ist wichtig, weil uns falsche Einstellungen häufig vom guten Leben fernhalten.

Wir selbst haben es also zu einem Gutteil in der Hand, wie wir uns fühlen. Dies ist nicht im Sinne einer Allmacht gemeint, sondern entspricht der tatsächlich vorhandenen Stärke menschlicher Einflussnahme.

Umgang mit Unveränderlichem

Viele werden den Satz kennen, es sei nicht schlimm, hinzufallen, sondern nicht mehr aufzustehen. Tatsächlich beschreibt »am Boden zu bleiben« eine konkrete Unglückshaltung. Die Menschen, die zu eigenem Glück neigen, bemühen sich, immer wieder aufzustehen. Die Unglücklichen dagegen argumentieren damit, dass sie so viele schlechte Erfahrungen gemacht hätten, deshalb wollten sie Enttäuschungen vermeiden. Dabei ist genau das eine sehr wirksame Unglückshaltung. Wer Enttäuschungen vermeiden will, vermeidet fast immer auch die glücklichen Momente.

Der Weg der schädlichen Anpassung

Neulich musste ich eine lange Strecke fahren, um das Haus meiner Schwester an einen Makler zu übergeben. Es war gerade die Zeit der reifen Johannisbeeren. Meine Schwester bat mich telefonisch, die Beeren zu pflücken und Gelee daraus zu machen. Weder pflücke ich gern Beeren noch koche ich gern Marmelade. In mir war also ein Widerstand. Da meine Schwester in den USA lebt und mir klar war, niemals mehr Johannisbeeren für sie pflücken zu können, habe ich den Widerstand rasch aufgegeben und das Gelee gekocht, um ihr eine Freude zu bereiten. Als die Gläser dann gefüllt waren, durchströmte mich das Gefühl von Glück. Glück im Alltag tritt auf, wenn wir innere Schweinehunde überwunden und etwas geschafft haben. Das ist einer der Gründe, warum wir nicht nur Sachen machen sollten, die uns gefallen.

Dann wiederum kennen wir alle Mühsal, die durchaus über Jahre auftreten kann: Wir machen bei irgendetwas ohne jede Lust mit, vielleicht sind wir sogar stark dagegen. Oder wir machen bei etwas mit, bei dem wir noch nicht einmal wissen, warum wir dabei sind. Starke innere Widerstände äußern sich üblicherweise in Sätzen wie: »Ich will das nicht«, »Ich möchte damit nichts zu tun haben«, »Muss ich das jetzt auch noch über mich ergehen lassen« und so fort.

Meistens wählen wir, trotzdem wir unglücklich sind, einen kräftezehrenden Weg. Wir machen mit ohne Freude, lassen uns quasi mitschleifen und verlieren unsere Lebensenergie dabei. Oft meckern wir über alles, kündigen irgendetwas an, was wir nicht einhalten können, und quälen uns so durch den Tag. Ein jeder solcher Tag ist vergeudet!

In diesen Situationen müssen wir eine Kompetenz einsetzen, die wir alle bis zu einem gewissen Maß besitzen: unseren Willen. Der ist uns gegeben, um gegen eigene Widerstände handeln zu können. Kopf sagt: Nutze deinen Willen. Bauch sagt: Nein, ich mag nicht. Das geht eine Zeit lang gut. Aber der Wille ist wie ein Muskel, der sich mehr oder minder rasch in seiner Kraft erschöpft. Damit werden die Ergebnisse dessen, was wir tun, schlechter. Denn wer sich gegen sich selbst verhält, schädigt sich.

Wenn Sie diese Beschreibung lesen, die ich an anderer Stelle (11) als den »Weg der schädlichen Anpassung« beschrieben habe, kommt Ihnen vielleicht in den

Sinn, wann Sie sich ähnlich verhalten. Solche Verhaltensweisen verhindern geradezu ein gutes Leben und sollten entsprechend korrigiert werden.

Karl Jaspers hat einmal gesagt: »Wer sich mit dem Unvermeidlichen anfreundet, wird unvermeidlich glücklich.« (zitiert in 27) Dieser Satz zielt genau auf das ab, um das es nun gehen soll. Wie sieht das korrekte Umgehen mit dem Unveränderlichen aus? Unveränderliches gibt es täglich. Das mag der Wecker sein, der uns gefühlt viel zu früh daran erinnert, aufzustehen. Das mögen irgendwelche E-Mails sein, die wir beantworten müssen, obwohl sie uns überhaupt nicht interessieren. Das mögen das Wetter sein oder die Straßenverhältnisse. Jeder von uns kann vermutlich eine ellenlange Liste schreiben über Dinge, die er selbst nicht ändern kann. Denn praktisch alles außerhalb von unseren Einstellungen und unserem Verhalten ist unveränderlich. Wer das nicht glaubt, sollte sich unbedingt eigene Kinder anschaffen. Die werden ihm bereits im ersten Lebensjahr die Realität vor Augen führen.

Für das Lebensglück ist es von höchster Bedeutung zu verstehen, wie man am besten mit diesem Unveränderlichen umgeht. Wir können uns freuen, wenn uns das Unveränderliche von vornherein passt. Wer sich an sonnigem Wetter erfreut, hat kein Problem, wenn die Sonne auch scheint. Oft aber passt uns das gar nicht, was uns so entgegenkommt. Wir spüren einen inneren Widerstand. »I mog net«, würde der Süddeutsche sagen. Die erste Möglichkeit ist, die Situation zu verlassen. Wenn es bei uns regnet, scheint irgendwo anders sicher die Sonne. Ganz allgemein ist der »Weg des Verlassens« ein sinnvoller, wenn wir ihn gezielt selten nutzen. Manche werden nun denken, so einfach ist das aber nicht. Ich bin z. B. unglücklich in meiner Ehe, aber eine Trennung kann ich doch meinen Kindern nicht zumuten. Doch ganz gleich, um welches Thema es geht, wir haben immer die Möglichkeit, eine Situation zu verlassen, außer wir sitzen in einer JVA oder im Flugzeug. Damit haben wir die Macht, etwas uns unglücklich Machendes hinter uns zu lassen. Der entscheidende, innerliche Dreh besteht darin, sich einzugestehen, dass es überhaupt nicht um das Verlassen selbst geht, sondern um den Preis, den es kostet, wenn wir gehen. Der Preis im Beispiel einer unglücklichen Ehe kann sein, die Kinder nur noch selten zu sehen (und damit traurig zu werden, oder sich verlassen und einsam zu fühlen). Oder dem Partner einen Unterhalt zahlen zu müssen. Nochmals: Wer meint, eine Situation nicht verlassen zu können, sollte so ehrlich sein und sich selbst gegenüber zugeben, dass er oder sie den oder die Preise nicht zahlen will, die es kosten würde. Der Vorteil dieser aufgeklärten Sicht ist, sich um die Preise und nicht mehr um das Verlassen selbst kümmern zu können.

Königsweg

Der Königsweg ist der des (späten) einverstanden Seins – wenn er denn möglich ist –, so wie beim Johannisbeergelee. Sich aktiv einbringen in die Situation und erkennen, wie man, ohne sich zu verstellen, gut damit umgehen kann – und das funktioniert wie immer über Einstellungs- und Verhaltensänderungen. Akzeptieren, dass etwas ist, was ist und auch wie es ist. Sich nicht mehr durchmogeln, ein klares Einvernehmen anstreben. Keine Energie an einen sinnlosen Widerstand vergeuden, sondern aktiv an Lösungen arbeiten.

One more thing – für ein gutes Leben

Vielleicht gibt es etwas in Ihrem Leben, das Ihnen überhaupt nicht passt?

Etwas, an dem Sie festhalten, weil Sie meinen, es nicht loslassen zu dürfen?

Etwas, das Sie nicht wagen loszulassen?

Etwas, dessen Verlust einen gewissen Preis für Sie bedeutet?

Vielleicht ist es aber so, dass Sie sich das Recht absprechen, die Situation oder den Menschen verlassen zu dürfen.

Doch manchmal tut es gut zu träumen. Sie wollen damit nichts mehr zu tun haben. Denn Sie wissen und fühlen, festzuhalten kostet Sie Kraft. Stellen Sie sich nun vor, es kostete rein gar nichts, die Situation, den Inhalt oder auch den Menschen zu verlassen. Was würden Sie dann tun?

Bleiben Sie? Sogar im Traum? Dann wollen Sie vermutlich gar nicht gehen. Versuchen Sie herauszufinden, worum es Ihnen in Wirklichkeit geht.

Wenn Sie aber merken, gehen zu wollen: Entscheiden Sie sich.

Freiheit leben

Begeben wir uns einmal in eine besondere Fantasie. Wir schlafen ein und im Traum passiert etwas Sonderbares. Neben uns steht ein Zauberer. Dieser Zauberer sagt uns mit kraftvoller Stimme: »Ich mache dir ein Angebot, ein ganz besonderes Angebot. Du hast nun die einmalige Chance, für immer glücklich zu sein. Dafür musst du nur in ein schönes, großes Haus gehen und sobald du die Tür dieses Hauses hinter dir geschlossen haben wirst, wird dich vollkommenes Glück durchströmen.« Wir können es nicht glauben, was uns da angeboten wird und fragen deshalb kritisch nach, wo denn der Haken an der Sache sei. Der Zauberer kommt offensichtlich etwas ins Grübeln und meint dann, eigentlich gebe es keinen Haken. Wir fragen dennoch noch einmal nach, irgendetwas könne da doch nicht stimmen. Daraufhin äußert sich der Zauberer folgendermaßen: »Na ja, ob das ein Haken ist, weiß ich nicht genau. Es ist nur so, du darfst halt das Haus niemals mehr verlassen. Wenn du es doch tust, wirst du nicht mehr glücklich sein.«

Wie würden Sie sich bei einem solchen, vielleicht auf den ersten Blick verlockenden Angebot entscheiden? Ich vermute, die meisten würden das Angebot des Zauberers ausschlagen. Denn es sagt ja nichts anderes, als dass der Preis für unser fortdauerndes Glück die Unfreiheit sei.

Was können wir aus dieser kleinen Fantasie lernen? Freiheit ist den meisten von uns wichtiger als Glück. Es gibt also bestimmte Werte, die uns noch wichtiger sind als Glück, z. B. eben die Freiheit, aber auch die Liebe. Das sollten wir immer im Hinterkopf behalten, wenn wir nach Glück und Zufriedenheit streben.

Glück ist oftmals nicht das oberste Lebensziel.

Es ist ein Unterschied, ob wir einen hohen Geldbetrag durch unsere eigene Kraft und unseren eigenen Einsatz verdient oder in einer Lotterie gewonnen haben. Erfolge, die wir durch eigenständige Leistung erreichen, stellen uns in aller Regel tief zufrieden. Die meisten von uns (so sehr wir das auch verleugnen, wenn es uns einmal nicht so gut geht) wollen das Gefühl haben, sich auch durch Schwierigkeiten hindurch wieder auf die positive Seite des Lebens gekämpft zu haben. Das gehört zur Freiheit eben dazu.

Dazu braucht es keinen Zauberer, es verlangt schlicht nach unserer eigenen Tatkraft. Das ist auch einer der wesentlichen Gründe dafür, warum Mittel wie Drogen oder Alkohol oder Schlaftabletten uns nicht auf Dauer zufrieden oder glücklich machen können. Sie nehmen uns ja gerade die Eigenständigkeit und das Gefühl, etwas selbst erreicht zu haben.

Freiheit bedeutet vielerlei Verschiedenes. Man kann sich frei fühlen, wenn man alleine ist. Oder wenn man eine weite Landschaft vor sich sieht. Auch wenn man genügend Geld hat, sich so gut wie alles kaufen zu können. Manche fühlen sich frei, wenn sie selbstständig arbeiten können. Und so weiter und so fort. Es ist wichtig, einmal hinter die Kulissen der Freiheit zu schauen. Denn letztlich ist Freiheit doch immer eines: Die Freiheit der Entscheidung (10). Wenn ich allein bin und mich deshalb frei fühle, dann nur, weil ich das so entschieden habe und mich zugleich entscheide, keine neue Bindung einzugehen. Ansonsten fühlte ich mich traurig, da einsam. Wenn ich die weite Landschaft als Freiheit empfinde, dann deshalb, weil ich mich entscheide, dies so zu bewerten – und mich auch dazu entschließe, dorthin zu gehen. Beim Kauf von Dingen ist es ebenfalls die Freiheit, mich für etwas zu entscheiden. Wenn das Warenangebot zu stark eingeschränkt wird – wie etwa in Notzeiten –, empfinden wir das als unfrei.

An anderer Stelle wird beschrieben, wie sehr Entscheidungen von unserer Fähigkeit abhängen, Unterschiede wahrzunehmen. Und so verhält es sich auch mit unserer Freiheit. Wir können uns nur frei fühlen, wenn es zwei – oder mehr – Alternativen gibt. Alternativlosigkeit bedeutet Entscheidungsunfähigkeit und damit die vollkommene Unfreiheit. Wer irgendwo einsitzt, ist deshalb unfrei, weil er nicht selbst entscheiden kann, das Gebäude zu verlassen. Freiheit ist immer dann eine Illusion, wenn wir keine Alternative haben. So sind wir Menschen gestrickt: Wir brauchen mindestens eine Alternative und diese ist meistens irgendwie so etwas wie das Gegenteil. Sobald die Alternativen kaum voneinander zu unterscheiden sind, fällt uns eine Entscheidung schwer. Dann sagen wir, wir hätten die Wahl zwischen Pest und Cholera. Deshalb unterscheidet sich Unglück (bzw. Depression) so sehr vom Glück. Der Spannungsbogen zwischen den zwei

Zuständen ist letztlich für uns notwendig, weil er für Klarheit sorgt. Das macht zugleich die Situation für einen Menschen, der krank und depressiv ist, kaum aushaltbar. Er weiß ja um die verlockende, aber im Moment unerreichbar scheinende Alternative.

Wir müssen mehr als die Möglichkeit haben, Ja oder Nein zu einer Situation zu sagen, wir müssen eine ganz andere wählen können. Der Preis für die Freiheit ist die Notwendigkeit, sich dann tatsächlich auch entscheiden zu müssen. In einem solchen Fall müssen wir uns von vielen, ja praktisch von allen Alternativen trennen und nur noch die eine wählen. Der Preis für unsere Freiheit ist also letztlich sogar die daraus folgende Einschränkung der Freiheit. Immer frei zu sein, funktioniert demnach nicht – es wäre ein Zustand der Entscheidungslosigkeit. Ganz schön vertrackt, die Situation.

> Zu einem guten Leben gehört, sich permanent entscheiden zu müssen und es zu tun.

Wer aus Angst, die falsche Entscheidung zu treffen, lieber gar nichts entscheidet, wird niemals mit Glück und einem guten Leben belohnt werden.

> Ein wenig Mut brauchen wir, um ein gutes Leben haben zu können.

Beziehungs-Weisen

Vielleicht leben Sie in einer glücklichen Partnerschaft. Dann sollten Sie das Buch mal kurz zur Seite legen und Ihrem Partner einen liebevollen Brief schreiben. Nein, keine WhatsApp, noch nicht einmal eine heute schon wieder altmodische SMS, sondern einen richtigen Brief. Ja, das von früher, mit echtem Papier und so. Immerhin ist Ihr Partner ja doch auch ein wenig daran beteiligt, dass es ein gutes Leben für Sie geben kann.

Ichbezogenheit kann in sehr vielen unterschiedlichen Gewändern auftreten. Wer z. B. ins Kloster geht, um vorgeblich nur noch Gott zu dienen, dient offenkundig nicht mehr den Menschen. In der Wirklichkeit dient er sich selbst, weil er sich mit den Problemen des Alltags und des zwischenmenschlichen Bereichs nicht mehr auseinandersetzen muss. Das ist viel mehr Ichbezogenheit als jede Woche zum Juwelier seiner Wahl zu gehen und das Schmuckstück Nummer 123 zu kaufen, so unnötig und dumm dies auch sein mag. Wer zu sehr auf sich selbst bezogen bleibt, wird kaum glücklich werden, daher stammt der Satz: »Glück kommt selten allein.«

Kann man nur in Beziehungen glücklich sein? Gewiss nicht. Aber dennoch: Für die meisten von uns gehören sichere, tief gehende Beziehungen zu einem guten Leben dazu.

Jeder (oder fast jeder) kennt Menschen, die ihn erfreuen. Es gibt nun einmal Menschen, bei denen wir uns wohlfühlen – und andere, bei denen das Gegenteil der Fall ist. Es gibt auch immer Menschen, die in uns spontan Freude auslösen, selbst wenn wir sie nur sehen. Kurzum: Menschen, mit denen wir gerne Kontakt haben. Es ist sinnvoll, sich einmal zu überlegen, welche davon man schon länger nicht mehr gesehen hat. Wer tausende Kilometer von einem entfernt wohnt, ist nicht einfach so zu erreichen. Aber vermutlich gibt es genug im näheren Umkreis. Nichts spricht dagegen, diese Menschen so rasch es geht zu besuchen. Mit hoher Wahrscheinlichkeit freuen die sich genauso wie wir.

Nicht wenige haben die Einstellung, wenn sie nur geliebt werden und zugleich jemanden haben, den sie selbst lieben können, würden sie dadurch *immer* glücklich sein können. Dass die Lebenserfahrung an dieser Vorstellung rüttelt, wissen wir alle. Dennoch hat sie Bestand.

Wir werden immer verletzlicher, je mehr wir uns öffnen und einem anderen Menschen zuwenden. Vereinsamung hat also einen gewissen »Vorteil«: Man kann nicht mehr von anderen enttäuscht werden. Freud (13) erkannte darin sogar eine Form von Glück, nämlich die Ruhe.

Freunde (im Sinne von platonischen Partnern) sind nicht wichtig für unser Glück, sondern *essenziell*, also für das Überleben notwendig. Es ist fast unmöglich, auf der glücklichen Seite des Lebens zu stehen, wenn man versucht, alleine und ohne Bindungen zu bleiben. Manche mögen es schaffen, indem sie sich uneingeschränkt einem bestimmten Thema verschreiben, was aber gewissermaßen auch einer Bindung entspricht. Trotzdem: Modellautosammlungen sind dann auf Dauer doch recht schweigsam veranlagt.

Wie sieht denn unser Alltag aus? Arbeit verhindert, Freundschaften zu pflegen. Aber alle wirklich wichtigen persönlichen Beziehungen lassen sich durch das dabei verdiente Geld nicht kaufen. Da Freundschaften jedoch wesentlich sind, um Glück empfinden zu können, ist es besonders unsinnig, nur zu arbeiten.

Echte Freundschaften halten oft länger als Partnerschaften. Wirkliche Freunde sind selten und sollten besonders umsichtig behandelt werden. Wer einmal eine unglückliche Phase durchleben musste, weiß die falschen von den echten Freunden zu unterscheiden. Die einen machen sich rar, die anderen stehen einem zur Seite.

Drum prüfe, wer sich ewig trifft

Wer kein Glück spürt, ist meistens auch für andere kein Glück. Das sind dann diejenigen Menschen, in deren Nähe wir uns unwohlfühlen, Menschen, deren Anwesenheit uns Energie kostet, Menschen, zu denen wir in keine aufbauende, innere Balance finden: Ein schöner Abend, mitten in München in einem feinen Lokal. Ich treffe Sebastian, einen Kollegen von früher. Wir genießen das schmackhafte Essen, das schöne Ambiente, die ausgesuchten Weine, führen ein gutes Gespräch. Die Stunden vergehen wie im Flug. Nachts trennen sich unsere Wege und ich gehe zur S-Bahn-Station. Kaum bin ich im Untergeschoss, bemerke ich in mir eine starke Erschöpfung. Es ist, als wäre ein Stecker gezogen worden, alle Energie ist wie abgesaugt. Ein ähnliches Gefühl hatte ich einige Zeit zuvor, als ich mich mittags mit Sebastian zu einer Ausstellung verabredet hatte. Es sind die Treffen mit ihm, die mich mehr Kraft kosten, als die schönen Stunden Gewinn bringen.

Vielleicht kennen auch Sie solche Menschen. Das können Beziehungen sein, die man aufrechterhält, obwohl diese einem nichts mehr geben. Einige Grübler werden jetzt sagen, es ist das eigene innere Nein zu diesem Menschen oder dieser Situation, welche Kraft kostet. Selbst wenn das so wäre, welchen Grund gibt es dann, die Beziehung weiter zu unterhalten? Ehrlichkeit sich selbst gegenüber und in sozial verträglicher Form den anderen gegenüber spart Energie, die man in ein gutes Leben investieren sollte. Natürlich gibt es durchaus Beziehungen, die man auch nach einer Überprüfung nicht beenden kann. Eltern können ein Lied davon singen: Da gibt es den Pubertierenden, der die Vorzüge einer täglichen Dusche noch nicht entdeckt hat. Oder die Pubertierende, die im Nagellack deutlich höhere Befriedigung findet als in ihrem schulischen Engagement. Das sind Menschen, die unaufhebbar mit einem verbunden sind, was dann nach einigen Monaten oder Jahren der Wirrungen meistens auch dankbar zur Kenntnis genommen wird. Wer aber nun an seinen direkten Vorgesetzten denkt, dessen Führungsqualitäten gerade noch ausreichen, um ein Fahrzeug zu lenken, aber keine Menschen, der sollte sein gegenwärtiges Arbeitsverhältnis einer gewissenhaften Prüfung unterziehen. Zu einem guten Leben gehören nämlich auch rechtzeitige Verabschiedungen. Erschöpfung ist ein zu hoher Preis für krampfhaft aufrechterhaltene Beziehungen.

Der passende Partner

Der passende Partner ist der, der Sie so nimmt, wie Sie sind. Der mit Ihrer Art zu lieben, Ihrer Art zu leben und Ihren Marotten zurechtkommt – und nun sagen Sie nicht, Sie hätten gar keine. Das alles hat nämlich nichts mit Perfektion zu tun, Perfektion ist langweilig. Nein, vielmehr geht es um Einmaligkeit, um Individualität und Persönlichkeit, und die sind das Gegenteil von »perfekt«.

One more thing – für ein gutes Leben

Der allseits bekannte Satz, man solle seinen Nächsten lieben wie sich selbst, ist ein maßloser Anspruch. Wie soll das gehen? Wer das behauptet, missachtet den Menschen an sich. Letztlich ist das die Aufforderung, unsere Aggressionen komplett zu unterdrücken. Das nutzt niemandem, außer Institutionen, die sich als oberste moralische Instanzen inszenieren. Durch den Menschen nicht gemäße Regelungen und Vorschriften werden die Gläubigen in eine vermeintliche Schuld versetzt und dadurch geschwächt oder an die Institution und deren vermeintliche Güte gebunden.

Dankbarkeit

Vor langer Zeit habe ich einmal an einem Training teilgenommen und gemeinsam mit fast 20 anderen, mir unbekannten Menschen einige sehr spannende Tage verlebt. Kurz vor Schluss wurden wir alle aufgefordert, für jeden anderen Teilnehmer einige charakteristische Merkmale aufzuschreiben. Diese Bögen wurden eingesammelt und jeder erhielt die Kommentare, die über ihn abgegeben wurden. Für die meisten war es sehr ergreifend, weil sie sich selbst nicht so sahen, sondern erheblich schlechter einschätzten. Da war von Größe die Rede, von Charisma, Stärke, Witz oder Intelligenz. Viele bekamen solche positiven Beschreibungen von sich zum ersten Mal in ihrem Leben zu hören. Wir wirken also auf die anderen oft viel positiver, als wir denken.

Das ist deshalb von so großer Bedeutung, weil wir im Zusammenleben mit unseren Mitmenschen immer auch bedenken sollten, dass jedes Leben irgendwann enden wird und wir nicht wissen, wann das sein wird. Es gibt so viele Menschen, die wir schätzen, und einige, die wir lieben. Sagen oder schreiben wir Ihnen, dass sie etwas Wertvolles und Besonderes für uns sind. Wichtig ist, es *jetzt* zu tun und nicht zu warten. Ich habe z. B. meinem Geschichtslehrer sehr viel zu verdanken. Eines Tages habe ich mich hingesetzt, es war über 25 Jahre nach meinem Abitur, und habe ihm geschrieben, wie sehr ich ihn schätze und wie wichtig das, was er mir von der Welt gezeigt und beigebracht hat, für mich und mein Leben ist. Er schrieb unmittelbar zurück, was mich sehr gefreut hat. Kurze Zeit später bekam ich noch einen Brief von seiner Tochter. Sie dankte mir, weil es ihrem Vater schlecht ging und er aufgrund meines Briefes Hoffnung schöpfen und viele Zweifel über sein Schaffen beenden konnte. Das hat mich sehr bewegt, weil ich so lange Zeit nach der Schule nicht nur die Verbindung zu diesem Menschen spüren konnte, sondern ihm offenbar etwas Wichtiges zurückgeben konnte.

Mit Sicherheit gibt es Menschen, denen Sie zutiefst dankbar sind, und das sollten Sie diesen Menschen auch mitteilen. Machen Sie dadurch einen anderen Menschen glücklich und sie werden erleben, wie das Glück auf Sie zurückscheint.

Dankbarkeit und Mitmenschlichkeit

Manchmal kann man schon verzweifeln an der Welt. Daran, nicht geliebt zu werden, von niemandem wahrgenommen zu werden. Halt! Ist das wirklich so?

Wer sich gegen die Anfeindungen der Außenwelt schützen will und meint, das alleine meistern zu müssen, wendet sich vom Leben ab. Besser ist es, »mit allen am Glück aller« (13) zu arbeiten, das bedeutet, in Gemeinschaften zu leben und zu arbeiten. Wer helfen möchte, tut dies in aller Regel nicht aus Vernunftgründen, sondern aus Mitmenschlichkeit. Diese ist nach meiner Überzeugung häufig ein Ausdruck von Liebe. Welche Bindungen in Ihrem Leben sind ähnlich gestrickt?

Ü Seite 185: Dankbarkeit leben. Inhalt der Übung: Verbindungen erkennen

Dankbarkeit hängt aufs Engste mit Zufriedenheit zusammen. Dankbarkeit für das, was wir haben, und auch für das, was uns erspart blieb. Macht das nicht viel glücklicher, als sich ständig zu beschweren, was man nicht hat oder gerne hätte?

Jetzt oder nie!

Grundsätzlich können wir nur ein beschränktes Maß an Aufgaben in unserem Leben bewältigen. Kein Mensch ist für den Zustand der Erde allein verantwortlich. Wir können uns auch nicht darauf verlassen, alle unsere Ziele zu erreichen oder die geplanten Projekte zu Ende bringen zu können. In diesem Sinne gilt: Jedes Leben bleibt unvollendet. Ich behaupte sogar, nur wenn ein Leben unvollendet bleibt, war es reich. Stellen wir uns einmal vor, wir hätten all unsere Projekte erledigt, und das wäre schneller gegangen, als wir zuvor gedacht hatten. Nun sind wir erst Ende 60 und leben noch 20 Jahre. Was wollen wir dann bloß die ganze Zeit über tun? Im Lehnsessel sitzen und auf die Straße starren? Es ist also normal und richtig, dass wir irgendwann einmal Projekte unvollendet hinterlassen.

Eine vermutlich weise Einstellung ist, sich nicht zu sehr auf morgen zu verlassen, weil man nie weiß, ob man es erreichen wird. Zugleich sollte man aber das Morgen auch nicht völlig vernachlässigen. Einmal mehr geht es auch hier um das richtige Maß zwischen Lockerheit und Planung.

Wir sollten also das zu uns Passende aus unserem Leben machen *und* aus jedem Tag – ohne uns zugleich unter Optimierungsstress zu setzen. Denn das Leben selbst ist irgendwie kurz und wir haben auf jeden Fall nur eine beschränkte Zahl von Tagen zur Verfügung. Gewiss, heute ist nicht der einzige Tag, morgen folgt ein weiterer. Aber *jeder* Tag kann der letzte sein, obwohl dies nur ein *einziger* überhaupt jemals sein wird.

Das *Passende* aus jedem einzelnen Tag zu machen, ist individuell und die Kunst des guten Lebens. Das kann für den einen bedeuten, zwölf Stunden an einem schönen Strand zu sonnen. Und für den anderen, 16 Stunden an einem Projekt erfüllt zu arbeiten.

Auf die Frage, welches die glücklichste Zeit im seinem Leben bislang gewesen war, wird jeder eine etwas andere Antwort geben. Nichts ist so individuell wie das menschliche Leben. Spontan beantwortete einer meiner Klienten die entsprechende Frage so: »Ich würde sagen, am glücklichsten war ich mit 17 oder 18 Jahren. Damals hatte ich noch keine echte Verantwortung zu tragen, außer für meine schulischen Leistungen. Ich konnte zumindest ansatzweise selber denken und hatte tatsächlich das Gefühl, alles im Griff zu haben. Außerdem war ich jung und fühlte mich auch so.«

So weit, so nachvollziehbar. Doch wenn wir nun Argument für Argument durchgehen, stimmt keines mehr. In Wirklichkeit hatte der Mann nämlich, obgleich er ein sehr guter Schüler war, Angst vor jeder Prüfung. Seine Sexualität war ihm noch völlig unklar und machte ihm ebenfalls Sorge. Seine Eltern empfand er als sehr unverständig, er erzählte ihnen immer weniger von dem, was in ihm vorging. Außerdem hatte er keine Idee, was er beruflich tun wollte oder was er studieren sollte. Alles in allem war es also keineswegs eine schöne Zeit, sondern eine Zeit, die von großer Unsicherheit geprägt war.

Es ist immer wieder erstaunlich, was dabei herauskommt, wenn man spontan gegebene Antworten auf ihre Wahrhaftigkeit überprüft. Darauf aufbauend kommt hier Ihre nächste Chance:

Ü Seite 186: Meine glücklichste Zeit. Inhalt der Übung: Es geht um heute

Da keiner weiß, wie lang ihm zu leben vergönnt ist, ist es überaus sinnvoll, das Leben in der Zeit zu genießen, die als einzige sicher existiert: in der Gegenwart. Insofern, als dass wir das, was möglich und sinnvoll ist, auch beachten und annehmen. Es gibt Menschen, die verweigern sich jeglichen Genuss mit dem Argument, sie müssten vorher noch etwas anderes erreichen oder erledigen. Das schließt sie von vielen glücklichen Momenten aus. So führt es etwa zu einer großen inneren Zufriedenheit, wenn wir vor dem Einschlafen ehrlich und sicher vom Tag behaupten können, er habe gezählt, es war gut, ihn erlebt zu haben. Wer seinen Fokus auf seine Leistung beschränkt und meint, auf Dauer zufrieden sein zu können, indem er jeden Abend sagt, heute habe ich wirklich viel geleistet, wird etwas anderes erleben. Die absolute Fixierung auf Leistung macht genauso unglücklich wie die absolute Fixierung auf Genuss.

Mal feiern, mal traurig sein, mal planen, mal tun, mal ruhen – im steten Wechsel liegt die wesentliche Möglichkeit, ein gutes Leben zu führen. Dazu gehört, die eigene Vergangenheit genauso zu integrieren, wie in beschränktem Maße die Zukunft zu beachten. Wer versucht, *immer* nur im Augenblick zu leben, wird nicht wirklich satt werden. Der Mensch ist mehr als eine Eintagsfliege.

Die meisten von uns machen sich ununterbrochen Vorstellungen über die Zukunft, gerne auch über die ganz nahe Zukunft. Da überlegt man sich, wie das Meeting von morgen ablaufen wird, wie der Film, der heute im Kino angelaufen ist, wahrscheinlich sein wird, welches Essen man später in einem Lokal bestellen wird, wie lustig die Feier vom Wochenende werden wird. Nichts, über das man sich nicht Gedanken machen könnte. Eine der besten Feiern, die ich in meinem Leben mitgemacht habe, lief jedoch so ab: Damals war ich als Student in einem Institut für Klinische Pharmakologie tätig, um mein Studium zu finanzieren. Es war Freitagnachmittag und alle Mitarbeiter waren noch anwesend. Überraschend ertönte der Gong und der Koch machte eine Mitteilung an alle, in 20 Minuten werde spontan eine kleine Feier im Eingangsbereich stattfinden. Wer kommen möchte, sei herzlich eingeladen. Als wir hinuntergingen, waren bereits Bierbänke und Tische auf- und genügend Flaschen kaltgestellt. Die völlig unerwartete Feier schweißte das ganze Team zusammen. Die Stimmung war überbordend, jeder sagte danach, er habe sich überirdisch amüsiert.

Die Moral von der Geschichte: Es ist völlig sinnlos, sich Vorstellungen über das Glück der Zukunft zu machen. Erleben Sie die Gegenwart glücklich:

Ü Seite 186: Der heutige Tag. Inhalt der Übung: Bewusster leben

Der Telekom-Moment

Vor langer Zeit gab es eine erfolgreiche Sendung auf RTL, die am Samstagabend ausgestrahlt wurde. Sie hieß »Wie bitte?!« Irgendwann wurde diese Sendung eingestellt und es kamen Gerüchte auf, die Deutsche Telekom habe dabei ihre Beziehungen spielen lassen. Denn in der Sendung war es längst zum Ritual geworden, über diesen Telekommunikationsanbieter herzuziehen. Besonders beliebt waren Witze, die auf die Warteschleifen abzielten, welche Kunden aushalten mussten, um zu irgendeinem Sachbearbeiter vorzudringen. Wenn man überhaupt jemals bis dorthin vordrang. Das ist heute nicht sonderlich anders, da zeigt sich das Unternehmen beratungsresistent.

Nun scheint es so, als würden manche das Prinzip der Telekom auf ihr Leben übertragen. Sie befinden sich in einer permanenten Warteschleife, sie warten nämlich darauf, dass ihr Leben endlich beginnen möge. Welch Überraschung, wenn sie mit 40 oder 50 aufwachen und plötzlich merken, dass schon eine geraume Zeit ins Land gezogen ist und sie eigentlich längst hätten anfangen sollen zu leben. Diesen Aufwachmoment nennt man dann die »Krise der Lebensmitte«. Ein Hinweis in dieser Sache:

> Das Leben findet immer genau jetzt statt, niemals vorher und niemals nachher.

Es geht nicht deshalb um das Jetzt, weil es gerade Mode ist. Es geht darum, weil Vergangenheit und Zukunft nicht beeinflussbar sind. Die Gegenwart – verstanden als der heutige Tag – aber schon. Glück in der Vergangenheit nennen wir Sehnsucht oder auch Wehmut. Glück in der Zukunft nennen wir meistens Hoffnung, manchmal Zuversicht.

One more thing – für ein gutes Leben

Glück kann ausschließlich *jetzt* und bestenfalls *heute* empfunden werden. Wenn etwas zum guten Leben führen kann, dann das, was ins Heute führt.

Glücksmomente erleben

Momente des Glücks sind nicht künstlich herstellbar, jedoch kann man Gegebenheiten schaffen, welche es dem Glück ermöglichen, in unser Leben zu treten. Wir alle kennen diese Momente, die völlig überraschend auftreten und in denen das Leben ganz leicht wird, herrlich im Fluss und ohne jeden Zweifel.

Spätestens seit dem Anschlag der Thesen durch Martin Luther genügt es dem Menschen nicht mehr, dass die Lusterfüllung per se der Sinn des Lebens ist und zugleich etwas höher Stehendem dienen soll. Schon das Wort »Sinn« und unser Umgang mit ihm weist uns in die richtige Richtung: wir nehmen mit unseren »Sinnesorgane« wahr, üben uns in »Sinnlichkeit«. Unsere »Sinne« sind es, die uns ein menschliches Dasein ermöglichen. Auch für unsere Erinnerungen und Vorstellungen brauchen wir unsere Sinne. Sie hängen genauso wie unsere Fantasie von dem ab, was wir bisher im Leben erlebt haben. Und dieses Erleben wurde uns durch unsere Sinne ermöglicht.

Blumenkohlauflauf mit Anis-Soße

Jahrzehnte ist es her, da hatte ich die Freude, in einem Lokal namens *Aubergine* speisen zu dürfen. Es war das beste Essen, das mir jemals kredenzt wurde. Spätestens seitdem verehre ich den Koch des Jahrhunderts, Eckart Witzigmann, der dort kochte. Zeit also, eines seiner Rezepte endlich einmal selbst nachzukochen. Es handelt sich um einen Blumenkohlauflauf, dazu eine Béchamel-Soße gewürzt mit Anis (siehe 30). Anis, das Weihnachtsgewürz, in einer Soße mit gekochtem Schinken? Und das soll schmecken? Was soll ich sagen – und wie! Genial, die reinste Geschmacksexplosion. Die Kreativität Witzigmanns – und heute die seiner Schüler und Enkel – ist bewundernswert. Aber was soll das alles in einem Buch über Glück? Nun, wir alle verfügen über eine kreative Ader, und die ist stärker, als den meisten bewusst sein dürfte. Wenn wir diese Kreativität auch nutzen, gehen wir unserem guten Leben einen Riesenschritt entgegen. Selbst dann, wenn wir die Kreativität anderer »nur« nachmachen. Denn Kreativität basiert darauf, den Sinnen freien Lauf zu lassen.

Der richtige Blick und die richtigen Inhalte

An anderer Stelle habe ich darauf hingewiesen, wie wichtig es ist, den Augenblick wahrzunehmen, z. B. indem man sich an der Herrlichkeit der Natur erfreut. Der eigene Blick sollte jedoch ebenso nach innen gerichtet werden. Der Blick auf sich selbst und auf seine eigene Kreativität ist äußerst bedeutsam. Je weiter unser Blick in die Ferne gleitet, umso stärker entfernen wir uns von uns selbst. Ferne bedeutet sowohl die zeitliche Ferne als auch die inhaltliche. Zeitlich fern sind Vergangenheit und Zukunft. Inhaltlich fern sind Traumziele und Träumereien ganz allgemein. Sogar der Blick in ferne Regionen der Erde lenkt uns von uns selbst und damit von einem guten Leben ab.

Die Kreativität wird durch diese permanenten Blicke in die Ferne auf Dauer verkümmern. Ihre Erfüllung dagegen erschafft große Chancen, glücklich zu werden. Mit der Kreativität ist das so eine Sache. Es ist ein bisschen wie ein Fahrrad mit einem 27-Ganggetriebe. Man nutzt nur drei davon, die anderen 24 werden nie eingelegt. Dabei geht es eben auch um das kreative Ausprobieren. Versuchen Sie es einmal:

Ü Seite 187: Wie man es auch sehen könnte. Inhalt der Übung: Recht haben bedeutet Stress haben

Die Weisheit des Geckos

Ich bleibe beim Essen, gewissermaßen. Was nun folgt, ist definitiv nicht für Veganer und Vegetarier geschrieben. Ich bitte vorab bei dieser immer gewichtiger werdenden Gruppe um Verzeihung für das folgende Beispiel.

Als ich einmal im Süden Urlaub machte, beobachtete ich nachts einen Gecko. Der starrte minutenlang auf eine kleine Motte, die sich in seiner Nähe vollkommen still verhielt. Der Gecko schien sich zu überlegen, ob es sich wirklich um etwas Essbares handelt oder nicht. Schließlich schoss er auf die Motte zu und hielt sie in seinem Maul fest. Erst jetzt – zu spät – bewegte sich die Motte. Aber der Gecko konnte sie so nicht fressen. Er tat etwas, das ich als sehr schlau empfand: Er ließ das Tier Bruchteile einer Sekunde los, um sie dann richtig schnappen und mit einem kleinen Schmatzen verspeisen zu können.

Manchmal muss man loslassen, um in den Genuss von etwas zu kommen! Das Entscheidende ist, den Moment des Loslassens genauso wie den des Festhaltens zu erkennen. Wenn der Gecko nicht im rechten Moment zugebissen hätte, wäre ihm seine Mahlzeit entwischt. Das ist beim Glück nicht viel anders: Wenn es kommen will, darf man es ruhig aufnehmen. Aber letztlich muss man es wieder loslassen, damit es erneut kommen kann. Denn Glück ist oft ein kurzer Gast, es zieht gerne weiter. Umso wichtiger ist, es dankbar wahrzunehmen, ja überhaupt wahrzunehmen, wenn es da ist. Es geht dabei nicht darum, das Glücksgefühl nicht zu genießen oder sich wie ein fremder Beobachter dem eigenen Glück gegenüber zu stellen. Sondern darum, es noch einmal so richtig auf sich wirken zu lassen, wenn es langsam abflaut.

Genuss und Lust

Es gibt viele Möglichkeiten, die Welt zu betrachten. Eine davon ist, sich auf die dauernde Bedrohung des eigenen Lebens zu konzentrieren und deshalb »normales« Glück als Illusion zu bezeichnen. Aber steckt hinter einer solchen Haltung nicht das Streben nach dem Ideal? Wer meint, nur das große Glück im Sinne der Überwindung von Leid, Schuld, Kampf und Tod sei das »wahre« Glück, schickt die meisten seiner Leser in eine wahrhaftige Überforderungssituation (20). Auch das kleine, kurze Glück, das immer wieder auftritt, kann das Leben versüßen.

Wir alle wissen, dass wir endlich sind und irgendwann jeden noch so wertvollen Moment in unserem Leben wieder verlieren werden. Wenn wir deswegen einmal traurig sind oder vielleicht sogar eine längere Zeit, ist das in Ordnung. Der Schmerz über die eigene Vergänglichkeit zeigt, dass wir uns bewusst sind und nicht in träumerischen Fantasien leben. Falsch wäre es jedoch, sein Leben aufgrund dieser Tatsache mit gesenktem Kopf und vollkommen starr zu ertragen. Üben wir uns in der Kunst, nach Genuss zu streben (4). Was dabei Genuss im Einzelnen bedeutet, kann jeder für sich selbst entscheiden. Für manche ist es Sex, für andere Essen und Trinken, für wieder andere sind es Kunst, Reisen, Musik, Freunde oder Wohltätigkeit.

Die alten Griechen meinten, die Lust sei Ursprung und Ziel eines glückseligen Lebens. Heute würden wir sagen:

> Wer sich glücklich fühlen möchte, sollte Spaß am Leben haben.

Diese Lust ist uns grundsätzlich von Natur aus gegeben. Das zeigt die Beobachtung von Säuglingen und Kleinkindern eindrücklich. Wer einen ganz jungen Menschen bei der Nahrungsaufnahme beobachtet, weiß, was ich meine. Wer ein kleines Kind beobachtet, wie es gerade eine neue Aufgabe bewältigt, spürt dessen Glücksgefühl.

Mehr als 2000 Jahre lang, beginnend mit den alten Griechen, wurde die Lust als das höchste Gut verstanden, nicht – wie dies heute in vielen verankert ist – als Schwäche oder lästiges Übel.

Genuss findet nicht zwischen Tür und Angel statt: Genuss braucht Muße und Zeit. Was wir genießen, darauf haben wir auch Lust. Wer keine Lust auf Sex hat und ihn deshalb eher »über sich ergehen lässt«, wird ihn nicht genießen, sondern mehr oder minder angewidert sein. Wer keine Lust auf Alkohol hat, wird auch guten Wein am liebsten ausspucken. Wir können also festhalten: Wenn wir unsere Lust (gleich welcher Art) ausleben, genießen wir es. Und damit wir etwas genießen können (nach 11),

- sollten wir es uns erlauben. Genuss ist ebenso wie Glück etwas, das wir für uns selbst zulassen müssen.
- müssen wir anwesend sein, in der Gegenwart angekommen. Wer beim Essen an ein späteres Meeting oder das Training von morgen denkt, wird das Essen nicht wirklich genießen.
- müssen wir es üben. Wer sich nur alle paar Jahre etwas Genuss leistet, wird ihn eher nicht so auskosten wie ein Mensch, der regelmäßig genießt.

- sollten wir uns aber auch beschränken. Wer meint, die Genüsse des Lebens ununterbrochen ergreifen zu müssen, wird bald gelangweilt sein oder nach steter Steigerung gieren.
- muss es eine gewisse Qualität haben. Zwar sind die Ansprüche individuell verschieden, doch mit billigstem Einsatz ist in der Regel kein Genuss möglich. Auf das Beste kommt es dabei jedoch genauso wenig an.

Der kurze Moment

Grundsätzlich kann Genuss glücklich machen. Aber nur für den Moment. Ist das schlimm? Nein. Denn Glück existiert ja immer nur im Moment. Stellen Sie sich einmal vor, es gibt ein Problem mit irgendetwas, das Sie gekauft haben. Sie rufen den Händler an, geraten aber in eine Warteschleife, so ähnlich wie oben bei der Telekom. Mit dem Unterschied, dass hier Ihr liebstes Musikstück läuft. Beim ersten Hören freuen Sie sich, beim zweiten vielleicht auch noch, beim dritten sind Sie schon leicht genervt und spätestens beim fünften Mal sind Sie so richtig sauer.

Wie wundervoll kann es sein, liebevoll gestreichelt zu werden. Aber nach mehreren Stunden wird es dann doch langweilig. Bei meinem allerersten Konzerterlebnis spielte eine Gruppe namens ELO in der Münchner Olympiahalle. Ich habe niemals wieder so große Lautsprechertürme gesehen und gehört wie damals. Sie reichten bis zur Decke der Halle. Mit dem Effekt, dass ich zwei Tage später noch nicht wieder richtig hören konnte. Das Konzert war wirklich ein Genuss und es hat mich auch für viele Minuten glücklich gemacht. Aber wenn ich mehrere Tage lang nur dieses eine Konzert hätte hören müssen, wäre ich für immer taub gewesen. Und da wir schon in München sind: Eine Maß Bier auf der Wiesn kann köstlich schmecken. Ein bodenständiger Genuss. Drei oder vier Maß hingegen rächen sich spätestens am nächsten Tag. Selbstbeherrschung macht Genuss beherrschbar.

Glücksregel: Genuss erschöpft sich.

Scheingenuss: Maßlose Lust

Was haben Jimi Hendrix, Janis Joplin, Jim Morrison, Kurt Cobain und Amy Winehouse gemeinsam? Sie gehören einem traurigen Club an, dem Club 27. Sie alle starben im Alter von 27 Jahren. Sie haben exzessiv gelebt, sich nicht für sich selbst bewahrt. Doch genau das ist die wesentliche Beziehung im Leben, die zu sich selbst.

Alkohol, Medikamente und Drogen wirken wie »Sorgenbrecher« (nach Freud), mit denen wir uns dem Druck der Realität entziehen können und in eine eigene Welt abtauchen.

Suchtmittel versuchen, direkt am »Objekt« unseres Leids, am Körper anzusetzen. Da Leid eine Empfindung ist, kann diese eben durch dämpfende oder aufhellende Chemie teilweise außer Kraft gesetzt werden. Das ist die betrügerische

Variante von Glück, die unechte, die auf Dauer niemals funktionieren kann. So eingreifend Chemie auf körperliche Vorgänge auch wirkt, so oberflächlich und am Problem vorbei wirkt sie tatsächlich.

Was haben Chips und Pralinen gemeinsam? Die perfekte Fett-Zucker-Zusammensetzung. Man weiß inzwischen, dass ein bestimmter Prozentsatz an Fett in Kombination mit einem bestimmten Prozentsatz an Zucker uns gierig macht (und beim Essen kurzfristig glücklich). Gewiss, später folgen die unvermeidlichen Rettungsringe, und die wiederum machen einen dann eher unglücklich. Andere würden Ihnen empfehlen, auf Vollkornbrot umzusteigen und auf Nussnougatcreme zu verzichten. Ich sage jedoch: Wir brauchen darauf nicht zu verzichten, wenn wir das richtige Maß einhalten.

Glücksregel: Die Schwierigkeiten sind programmiert, wenn wir Genuss so sehr anstreben, dass wir die notwendige Vorsicht und das sinnvolle Maß vergessen.

Bewegung macht beweglich

Die Erfahrung zeigt, wie wesentlich körperliche Fitness für das allgemeine Wohlgefühl ist und damit auch für das alltägliche Glück. Nun gibt es aber Menschen, die sich schlicht ungern bewegen. Für die bleibt dieses kleine Glück leider ein vollkommenes Rätsel. Oder etwa doch nicht? Ein Vorschlag zur Güte: Es gibt fast niemanden, der *jede* sportliche Bewegung ablehnt. Finden Sie für sich heraus, was Ihnen am besten gefällt und fangen Sie ganz vorsichtig damit an. In der Regel ist dies dann eher eine freiwillige Sportausübung. Die wenigsten Arbeiter in der Schwerindustrie berichten von orgiastischen Attacken während ihrer Berufstätigkeit. Wer also immer mit seinem Körper arbeitet, erreicht dadurch viel seltener Glücksgefühle als die, die das freiwillig tun.

Gerade im Rahmen der Selbstoptimierung (s. Kap. *Perfektionismus und Kontrolle*) haben heute viele das richtige Maß verloren, Sportaholic nennt sich das. Sport auf Teufel komm raus. Der Teufel trägt dann die verschiedensten Namen: von Herzinfarkt über Kniegelenksarthrose bis hin zu Schädel-Hirn-Trauma. Der Körper will gefordert, aber nicht gefoltert werden.

Glücksregel: Zwingen Sie sich nicht zu Sport. Das macht unglücklich. Und auch hier gilt: Das gesunde Maß macht das Glück.

Natur

Viele empfinden ein besonderes Glücksgefühl dabei, wenn sie die Weite der Landschaft erleben und genießen können, das offene Meer wie die weißen Berge, den endlosen Sternenhimmel wie die tiefen Fjorde. Woran liegt das? Es ist die Freiheit, die wir beim Blick in die offene Natur empfinden. Außerdem erkennen wir bei solch einem Blick die Schönheit der Welt, können uns als ein Teil von ihr fühlen. Diese Größe kann einen also klein erscheinen lassen, ohne dass einen das stört, einfach weil man dadurch bei sich ist und gleichzeitig eine tiefe Verbundenheit empfindet.

Glücksregel: Natur ohne Menschen ist schön und erfreut unser Herz. Gut, das trifft vielleicht nicht unbedingt für einen Blobfisch aus der Gruppe der Dickkopf-Groppen zu, aber ab und an darf die Schöpfung ja auch einmal über die Stränge schlagen.

Schenken und beschenkt werden

Glück kann man geschenkt bekommen. Deshalb ist es eindeutig unsere Aufgabe, den anderen ebenfalls Glück zu schenken. In diesem Wechselspiel wird Glück prächtig gedeihen. Gerade die Erfahrung von Mitmenschlichkeit, von Zuneigung und Liebe, von Großzügigkeit und Freundlichkeit sorgen immer wieder für das Gefühl tiefer Verbundenheit. Das geht im Alltag unerwartet schnell. Neulich habe ich die Tür schon geöffnet, bevor die Postbotin klingeln konnte. Ich lächelte kurz und sie freute sich ehrlich, dass ihr jemand entgegenkam. Ein kurzer Moment des Glücks – und zwar für beide.

Glücksregel: Die Bindung zu anderen Menschen lässt uns glücklich werden.

Der Mona-Lisa-Effekt

Das vermutlich bekannteste Gemälde der Welt stammt von Leonardo da Vinci, die Mona Lisa. Man muss zugeben, wenn man es spontan zu Gesicht bekäme, ohne von seiner Berühmtheit zu wissen, könnte man den ganzen Rummel darum nicht unbedingt nachvollziehen. Viele, die Paris besuchen, wollen die Mona Lisa einmal selbst sehen. Wenn sie dann in den Louvre gehen und die langen Gänge voller Kunst abschreiten, steigt die Spannung. Je nach Andrang sieht man das recht kleine Bild zunächst gar nicht. Außerdem wird meistens durch eine Absperrung ein direkter Zugang verhindert; ohnehin hängt es hinter dickem Panzerglas. Manche sind enttäuscht, aber andere sind überrascht über die Aura, die das Bild ausstrahlt. Die Überraschung wandelt sich dann in eine Form von Glück. Das geschieht wohl deshalb, weil es eben die Anspannung und auch das Wissen um dieses Gemälde gab.

Glücksregel: Vorwissen kann uns manipulieren, auch zum Guten hin.

Einmaligkeit und Unvorhersehbarkeit

Es gibt auch so etwas wie ein Glück der Exzellenz oder des Einmaligen. Das sind meistens Gänsehautmomente, die fast nie wirklich geplant werden können. Es kann ein Panorama sein, das nach einem starken Nebel erstmals auftaucht und einen begeistert. Es kann ein besonderes Erlebnis im künstlerischen Bereich sein, von dem eine besondere Brillanz ausgeht. Es kann auch der Besuch in einem Lokal sein, in dem einem etwas unerwartet Gutes aufgetischt wird. Oder der Besuch einer Stadt oder einer Sehenswürdigkeit, die einen ergreift. Und genauso das Lächeln des eigenen Kindes, dessen Glück, das auf einen selbst übergeht. Es ist ein wenig, als würde man versuchen, sich selbst zu kitzeln – Glück ist einfach schlecht selbst erzeugbar.

Glücksregel: Glück, das einen tief berührt, kommt gerne unerwartet.

Mühe und Verzicht

Marcella, eine Nachbarin, hat mir einmal Folgendes erzählt: »Milch ist wahrlich nicht mein Lieblingsgetränk. Aber einmal in meinem Leben war ein Glas kalte Milch der Auslöser für einen wahren Glücksmoment. Es war 1976, ich war also noch recht jung, und meine Eltern und ich waren erstmals in den Bergen. Mein Vater kam auf die glorreiche Idee, einer Wanderkarte zu vertrauen, in der eine Bergtour hinab ins Tal als Anfängerroute beschrieben wurde. Sie sollte zwei Stunden dauern. Vermutlich war diese Wanderkarte ein gezielter Angriff der Bayern auf die Preußen. Meine Rache: drei Jahre später zog ich genau hierhin. Wir fuhren also auf den Berg hinauf, selbstverständlich ohne passendes Schuhwerk, ohne ausreichendes Essen, ganz ohne Trinken und damals sowieso ohne Handy. Wir machten uns auf den Weg. Jeder hatte einen Apfel dabei, der uns jedoch so störte, dass wir ihn nach 30 Minuten aßen. Die Tour dauerte insgesamt keine zwei Stunden, sondern acht. Erst nach sieben Stunden kamen wir zu einer schon im Tal liegenden Hütte, die bewirtschaftet war. Genau dieses eine Glas Milch dort machte mich glücklich.«

Glücksregel: Die Mühe macht's. Wenn man um etwas ringen oder sich sehr anstrengen muss und es dann erhält, ist man viel eher glücklich, wie wenn es einem mehr oder minder in den Schoß gelegt wird.

Es aushalten

Neulich hörte ich in der Münchner Philharmonie die *Auferstehungssinfonie* von Mahler. Es ist ein Werk, das sich einem nicht sofort erschließt, keine ganz leichte Kost. Der Schlussakkord war noch nicht verklungen, da schrie ein Erster: »Bravo!« Ich habe diesen Schreihals verflucht, weil er die gesamte, mühevoll über 90 Minuten aufgebaute Stimmung, diese besondere Spannung, die in der Pause und der Stille lag, auf einen Schlag zerstörte. Da fiel mir erneut etwas auf, was ich schon länger so empfunden habe. Der Applaus oder sonstige Beifallsbekundungen nach einem ergreifenden Musikereignis können sehr störend sein. Die Kraft der Stille, der Zauber, kann dadurch gebrochen werden. Das Tollste an einem guten Konzert kann genau diese Stille sein. Wie anders wäre die Stimmung in vielen Besuchern des Konzerts, wenn sie schweigend aus dem Konzert gingen und das, was die Musik und die Musiker in ihnen bewirkt haben, auch in sich wirken ließen.

Glücksregel: Die Stille auszuhalten, Erlebnisse in sich nachwirken zu lassen, verlängert den Genuss und damit das Glück.

Warum diese Ausführungen? Damit Sie Ihre eigenen Ideen entwickeln können für eine Form akuter Selbsthilfe:

> Ü Seite 188: Der eigene Notfallplan. Inhalt der Übung: Selbsthilfe in der Not

Kinder

Es gibt so manchen Manager und so manche Managerin, die wie aus der Pistole geschossen von der Bedeutung ihrer eigenen Familie, insbesondere ihrer Kinder, palavern. Wenn man dann hinter deren Kulissen schaut, spielen die Lieben daheim in Wirklichkeit nur eine untergeordnete Rolle, immer scheint der Beruf wichtiger zu sein. Der Kopf findet stets Argumente, weshalb der Beruf wichtiger ist als das Private. Das stimmt aber nie.

Aus einer tiefen persönlichen Beziehung können Sie viel mehr Energie und Glück gewinnen als aus dem Beruf. Wer sich von seinem Beruf in der gerade beschriebenen Weise abhängig macht, wird sein Glück darin nicht finden, und ist spätestens dann der Angeschmierte, sobald eine Entlassungswelle droht.

Die Bindung und die Liebe zu den eigenen Kindern ist eine sehr besondere Form der Liebe, die mit nichts vergleichbar ist. Kinder sind wahre Wegbereiter des Glücks. Dennoch: Für unser eigenes Glück sind unsere Kinder nicht verantwortlich, das müssen wir schon selbst erledigen.

Glücksregel: Bindungen auf der einen, Eigeninitiative auf der anderen Seite führen uns zum Glück.

Der richtige Ort

Fühlen Sie sich wohl, dort wo Sie im Moment sind? Ganz und gar wohl? Auch bei kritischer Selbstbetrachtung?

Es kommt immer wieder vor, dass man sich seine Umgebung nicht so gestaltet, wie es zu einem passt. Denken wir an manche Arbeitszimmer. Oftmals fehlt jedes Grün, kein Bild an der Wand, der Schreibtisch überladen mit unnötigem Zeug, ein Bildschirm, auf den nahezu ununterbrochen gestarrt wird. Wer sich ein solches Ambiente schafft und es nicht fertigbringt, einmal aus der Distanz zu betrachten, wie er da eigentlich haust, verliert Energie. Gute Räume müssen nicht teuer sein, nur passend, und sie müssen den darin lebenden oder arbeitenden Menschen würdigen. Wir haben die Verpflichtung uns selbst gegenüber, unsere Umgebung angenehm zu gestalten – mit dem Geschmack und den Möglichkeiten, die einem zur Verfügung stehen. Je besser die Selbstwahrnehmung wird, umso zielsicherer wird man das individuell Passende auswählen.

Glücksregel: Zu einem guten Leben gehören gute Räume.

One more thing – für ein gutes Leben

Chancen für ein gutes und glückliches Leben sind:
- Genuss leben
- Natur erleben
- Schenken und annehmen
- Einmaligkeit erkennen
- Unvorhersehbarkeit wahrnehmen
- Verzicht ausüben
- Mühe und Erfolg akzeptieren
- Kindern (und anderen) mitmenschliche Hilfe geben
- Orte finden und erleben

Dabei geht es viel eher um häufige, kleine Glücksmomente als um den einen oder die wenigen großen. Die Wahrscheinlichkeit kleiner Glücksmomente ist einfach viel höher, sodass es sinnvoll ist, sich auf diese zu konzentrieren.

Zum guten Leben gibt es Zufriedenheit

Erfolg, der darauf beruht, andere beeindrucken zu wollen, ist äußerlich. Genauso äußerlich bleibt Erfolg, wenn man damit versucht, seinen Selbstwert aufzubauen. Ganz anders wirkt Erfolg, den ich mit einer inneren Ausgeglichenheit und Zufriedenheit anstrebe und erreiche. Er mag nur in mir wirken und vielleicht bekommen alle anderen von ihm gar nichts mit, aber er wirkt eben da, wo er wirken soll. In mir.

Ein Leben, das gelingt, darf als gut bewertet werden. Es verschafft tiefe Zufriedenheit und immer wieder auch Glück. Uns kann eine Beziehung gelingen, auch die Erziehung unserer Kinder, die Bewältigung einer persönlichen Krise, die Anlage eines schönen Gartens.

Der Mensch gewöhnt sich an alles, an Gutes genauso wie an weniger Gutes. Wer dauernd Glück spürt, spürt es auf Dauer nicht mehr. Man lebt also im Glück und kann es gar nicht mehr wahrnehmen. Was bedeutet das? Nun, es geht gar nicht darum, »nur« glücklich zu sein, sondern es geht darum, den Weg zum guten Leben selbst zu gehen. Dieser Weg muss authentisch sein. Schwierigkeiten und Unsicherheiten auf diesem Weg mögen uns zwar betroffen machen, in der Rückschau werden wir aber umso zufriedener sein.

Trampelpfade sind meistens Abkürzungen. Die mögen einen zum Ziel bringen, aber nicht zum Glück. Ein Risiko bezüglich unseres Glücks besteht darin, nichts Neues zu probieren, sondern auf immer dem gleichen Weg die alten Hoffnungen nicht zu begraben. Viel sinnvoller ist es, neue Wege zu beschreiten. Dabei ist es wichtig, wie der Weg ausgestaltet ist. Wenn wir ihn nur gehen, um glücklich zu werden, wird das Streben nach Glück meistens dessen Eintreten verhindern. Wir können auch sagen: Streber bleiben auf Dauer unglücklich. Das können wir im Großen und Ganzen auch an unserer Gesellschaft ablesen, in der seit vielen Jahren viele Menschen verzweifelt dem Glück hinterherrennen, ohne davon mehr zu bekommen (4). Je zentraler und starrer wir uns auf das Glück fokussieren, umso schwieriger wird es, es zu erlangen. Das Geheimnis besteht darin, den Weg oder den Boden zu bereiten, zu verstehen, was einen zum persönlichen Glück führt. Wenn man das aufrichtig tut, dann wird sich das Glück fast von alleine einstellen. Wir sollten dem Glück also eine Art Angebot machen, das es freiwillig wählen oder auch einmal ausschlagen kann. Und dazu gehört, sobald wir wissen, was wir brauchen und wollen, uns möglichst wenig Gedanken über das eigene Glück zu machen.

Wer schon einmal versucht hat, mit Streuwerbung erfolgreich zu sein, musste sicher feststellen: blind versendete Reklame bewirkt bei mindestens 97 Prozent aller Empfänger rein gar nichts. Genauso wenig ist es sinnvoll, mit einer Art Streuwerbung nach seinem Glück zu suchen. Viel hilft nicht immer viel, sondern das, was ansteht, muss erkannt und durchgeführt werden.

Es gibt ein herrliches Gefühl: Verliebtsein! Natürlich hat es etwas Vorübergehendes und es ist auch ein wenig verrückt, aber toll ist es dennoch. Zumindest dann, wenn man einen zeitweisen Verlust der eigenen Zurechnungsfähigkeit akzeptieren und genießen kann. Was hat Verliebtheit mit Liebe zu tun? Auch wenn es ernüchternd ist: nahezu nichts. Das eine ist ein Rausch, der recht bald und nicht selten mit einer gewissen Form von Kater vorbeigeht. Liebe ist hingegen ein stabiles, fast alles tragendes und überdauerndes Gefühl. Aber dies ist ein Buch über Glück und Zufriedenheit und nicht über die Liebe. Deshalb soll sie mir an dieser Stelle auch nur als Vergleich dienen:

> Zufriedenheit verhält sich zum Glück wie Liebe zum Verliebtsein.

Zufriedenheit ist erheblich stabiler als Glück. Meistens wirkt sie auch tiefer in uns und wir können uns erheblich besser auf sie verlassen.

> Zufriedenheit ist das Gefühl der Gemütsruhe.

Widersprüche abbauen

Stellen Sie sich einmal folgenden Film vor: Alles ist komplett in Weiß. Weißer Boden, weiße Wände, weiße Treppen, weiße Türen und weiße Türgriffe. Der Film soll ein echtes Meisterwerk sein, und nun sitzen Sie mit Popcorn und Cola im Kino. Der Vorhang geht auf, und Sie sehen – nichts. Wenn alles gleich ist, keine Unterschiede bestehen, können wir auch nichts wahrnehmen. In der Einheit liegt die Undifferenziertheit begründet. Nur Polaritäten ermöglichen es uns, etwas zu sehen und etwas beurteilen zu können. Es muss also beides geben, Glück und Unglück, Zufriedenheit und Unzufriedenheit, damit wir die angenehmen Gefühle überhaupt wahrnehmen können.

Schon in uns selbst steckt Polarität. Es gibt keinen Menschen, der nur lieb ist – und fast keinen, der nur böse ist. Jeder kennt solche Widersprüche von sich selbst. Da gibt es treusorgende Ehemänner und Väter, die Fernreisen nutzen, um sich Escort-Damen zu »genehmigen«. Oder hart durchgreifende Managerinnen, die zu Hause eine große Kuscheltiersammlung pflegen. Schüler, die kaum das Klassenziel erreichen, dabei hochbegabt sind. Wichtig sind die Widersprüche in Ihnen selbst, die zugleich einem guten Leben im Wege stehen. Ein »Klassiker« wären sexuelle Fantasien, die nicht ausgelebt werden. Oder Wohnorte, die man »wegen der Familie« nicht anstrebt. Oder Berufe, die zwar wirtschaftlich sinnvoll erscheinen mögen, deren Sinnhaftigkeit man selbst jedoch zutiefst bezweifelt.

Solche Widersprüche müssen nicht immer aufgelöst werden. Sie können bestehen bleiben, sofern man es schafft, mit der daraus erwachsenden Anspannungssituation auch umzugehen. Dennoch ist das nicht unbedingt sinnvoll. Eine

Spannung mag kurze Zeit notwendig oder prickelnd sein. Auf Dauer kostet sie uns jedoch Energie. Es ist also erheblich effizienter, wenn wir Widersprüche auflösen, statt sie zu ertragen. Erst dann werden wir zufrieden sein.

> Ein gutes Leben vermeidet zu viele Widersprüche.

Meistens sind wir auch unzufrieden, wenn wir das Gefühl haben, zu kurz zu kommen. Wer zu kurz kommt, hat meistens relativ lange auf etwas gewartet, das dann nicht eintritt. Es ist also ein typisches Folgegefühl der Missachtung. Zeit, eine wirklich weise Person zu Wort kommen zu lassen:

Ü Seite 189: Die alte Weise. Inhalt der Übung: Weisheit aus der Tiefe finden

One more thing – für ein gutes Leben

Zufriedenheit ist oftmals die bessere Wahl als Glück, wenn wir uns ein gutes Leben wünschen. Glücklicherweise entsteht Zufriedenheit auf die gleiche Weise wie Glück – nur ein wenig leiser.

Die Einladung fürs eigene Glück vervollkommnen

Sie haben das Recht, glücklich zu sein

»Glücklich wird man dann, wenn man sich erlaubt, glücklich sein zu dürfen.« Dieser Satz wird manchem aufstoßen, denn wie kann es sein, sich ein solch positives Gefühl nicht zu gestatten? Glauben Sie mir, es ist viel häufiger, als Sie vielleicht ahnen. Das kann daran liegen, dass viele Menschen tatsächlich meinen, es nicht wert zu sein. Sie schämen sich und glauben, ihnen stünde Glück nicht zu. Manchmal wird das verbunden mit inneren Überzeugungen wie: »Wenn etwas leicht ist, ist es nichts wert«, »Nur wenn ich es schwer habe, werde ich geliebt«. Solche Sätze wirken in vielen von uns und wenn man sie von einer erwachsenen, distanzierten Position aus betrachtet, sind sie Blödsinn. Aber es gibt eben auch Blödsinn, der in uns lebt. Und Pessimisten sehen in einem Donut nur das Loch.

Damit ein Leben gelingt und wir es als gutes Leben empfinden, ist die Beantwortung einer Frage vonnöten: *Welches Leben passt zu mir?* Denn eines sollte dieses Buch unbedingt verdeutlichen:

> Wir passen ohnehin zum Leben, wichtig ist, dass unser Leben zu uns passt. Sich das passende Leben zu suchen und zu formen, das ist die wesentliche Freiheit des Menschen.

Wir alle machen uns vermutlich nicht jeden Tag klar, wie gut es uns eigentlich geht. Es wäre fatal zu sagen, dass wir das Elend auf der Welt brauchen, damit wir unser eigenes Glück wahrnehmen können. Aber dennoch ist ein Bewusstsein dafür wichtig. Sich jeden Tag fünf Minuten Zeit nehmen, sich rituell ganz ruhig in eine bequeme Position bringen, sich fühlen und sagen: »Ich kann glücklich sein,

- weil ich genug zu essen habe
- weil ich ein Dach über dem Kopf habe
- weil mir heute Folgendes gelungen ist
- weil es mir körperlich gut geht …«

Warum dürfen Sie persönlich glücklich sein?

Die Lebenserfahrung zeigt, man gewöhnt sich an vieles, aber an *alles* gewöhnt man sich eben nicht. Wer ständig unzufrieden ist, sollte sich ehrlich die Frage beantworten, an was genau er sich nicht gewöhnen mag. Welche Ansprüche werden nicht erfüllt?

Der umgekehrte Fall: Unsere Erwartungen und unsere Einschätzungen orientieren sich an den bestehenden Möglichkeiten, das ist ein wesentlicher Faktor für Konsum. Doch immer mehr materielle Dinge werden selbstverständlich für uns, wir gewöhnen uns an sie, gewöhnen uns an einen bequemen Wohlstand und müssen deshalb nach noch mehr streben. Wohlstand ist tendenziell notwendig, um glücklich zu sein, Reichtum und unnötige Anschaffungen sind es jedoch nicht.

Glück im Zeichen der Sinnfrage

Zweifellos ist das Gefühl, glücklich zu sein, verbunden mit der Sinnfrage. Wer in seinem Leben keinen Sinn sieht, hat drastisch verminderte Chancen, glücklich zu sein. Der Sinn unseres Daseins kann sich nur aus dem Sein speisen, nicht aus Zielen oder Zwecken außerhalb dieses Daseins (4).

Wer glücklich ist, hat den Zweck des Daseins erfüllt.

Vermutlich liegt der Sinn des Lebens einfach darin, ein erfülltes Leben zu leben. Deshalb ist es sinnvoll, sich zu überlegen, was für einen selbst ein erfülltes Leben überhaupt ist. Manche werden darauf antworten, möglichst viele Kinder aufwachsen zu sehen. Andere werden sagen, berühmt zu werden. Wieder andere werden sagen, sich spirituellen Welten zu öffnen. Und es gibt sicher viele, für die gehört zu einem erfüllten Leben, es als gut zu empfinden. Insofern kann das Streben nach Glück auch dem Leben selbst Sinn verleihen. Wir sollten dabei jedoch nicht vergessen, dass wer sein Leben ausschließlich nach sich selbst ausrichtet, auf Dauer kaum zufrieden sein wird. Zumindest wird er eine große Leere in sich spüren. Denn Altruismus ist Teil des guten, sinnvollen Lebens.

Wir alle sind einmalig. Kein Mensch gleicht dem anderen. Dazu gehört auch, dass jeder für sich die Macht hat, den Zweck seines Daseins selbst zu bestimmen. Wir haben einen großen Freiraum, was wir mit dem, was uns vorgegeben ist, tun oder was wir lassen. Wir brauchen uns also nicht an irgendeine höhere Instanz zu wenden, die uns dann Glück verschafft. Zu einem großen Teil ist uns dies selbst möglich. Es ist sogar so, dass die Tatsache, es selbst bestimmen zu können, wesentlich ist für das Glücksempfinden. Wenn wir es einfach so geschenkt bekämen, könnten wir uns in keinen wirklichen, persönlichen Bezug zu unserem Glück setzen. Es wäre uns zwar nicht gleich, wir würden den Zustand eine gewisse Zeit wahrscheinlich genießen, aber auf Dauer würden wir uns unserer Macht bestohlen fühlen.

Das größte Glück

Aber was ist nun das größte Glück?

Das größte Glück ist, bei sich selbst angekommen zu sein. Dann ist mein Leben gut.

Das bin ich. So wie ich bin. Wichtig ist, einen Lebensstil zu finden, den man als lohnend empfindet. Es ist wesentlich, ein Leben gemäß seinen eigenen Fähigkeiten zu leben (20). Man kann auch sagen: Glück ist, das wirklich Passende aus seinem Leben zu machen.

Sie sind einmalig, liebe Leserin und lieber Leser. Niemand sonst auf der Erde kann auf genau die gleiche Art und Weise glücklich werden wie Sie.

Zugang zum Glück

Gleich, was Sie von dem mitnehmen, was Ihnen hier nahegelegt wird, bedenken Sie: Mit sehr hoher Wahrscheinlichkeit ist Ihr Leben das einzige Leben, das Sie jemals besitzen werden – ganz sicher aber in der Ausprägung, wie Sie gerade leben. Es wäre eine unendliche Verschwendung, daraus etwas anderes als das Passende zu machen.

Vielleicht verfällt mancher jetzt in eine Art Torschlusspanik, die ihm einzureden versucht, das Leben ununterbrochen auszukosten. Alles rauszuholen, was nur möglich ist. Abgesehen davon, dass dies praktisch keinem möglich ist, weil das eigene Leben eben auch von Schicksalsschlägen und vom Einfluss anderer Menschen abhängig ist, wird ständiges Feiern fast allen Menschen recht schnell langweilig und dadurch erschöpfend.

Aber wenn Ihnen das Leben selbst viel bedeutet, ist es sinnvoll. Dann ist es gut, auch wenn es mal weniger glücklich abläuft. Und es ist wundervoll, wenn wir glücklich sind. Das Leben ist wertvoll und deshalb leben wir gerne. Wir haben verstanden, welche Inhalte das größte Potenzial besitzen, uns glücklich zu machen: Liebe, Authentizität, Mitmenschlichkeit, Selbstverwirklichung und Kultur.

> Das Leben selbst und seine Möglichkeiten sind der einzig vorhandene Zugang zum eigenen Glück.

Trotzdem ist das Leben natürlich immer wieder auch ein Kampf. Wenn wir uns aber diesem Kampf nicht stellen, haben wir keine Chance, glücklich zu werden. Mit der Flucht aus dem Leben, oder einfach nur, indem wir auf unserem Sofa hocken bleiben, wird unser Glück an uns vorüberziehen oder gar nicht erst kommen. Wir müssen schon aktiv werden und das Risiko eingehen, verletzt oder abgewiesen zu werden, um die Chancen für unser Glück zu erhöhen.

Den Rahmen für ein gutes Leben habe ich hoffentlich mit diesem Buch aufzeigen können. Wie Sie den Rahmen füllen, das liegt an Ihnen selbst. Es gibt viele Menschen, die es nicht schaffen, auch nur einen Tag allein zu sein. Es gibt Menschen, die lieben die Einsamkeit und fühlen sich dabei ganz bei sich und zufrieden. Manche hassen Menschenansammlungen, manchen kann es nicht voll genug sein. Manche lieben Musik, andere können mit ihr nichts anfangen.

Und die, die Musik lieben, mögen vielleicht Hip-Hop oder klassische Musik oder Schlager oder …

Das Spektrum dessen, was uns Menschen möglich ist, ist unendlich groß. Es ist wundervoll, wenn jeder lebenssatt aus diesem Spektrum schöpft, um zu seinem Glück zu finden. Und wenn wir doch mal nicht glücklich sind, können wir uns immer noch klarmachen: Glück ist wichtig, aber es gibt noch so viel mehr, das mindestens ebenso bedeutsam ist.

Ü Seite 190: Klärung zum Schluss. Inhalt der Übung: Eine Glücksrevue veranstalten

Wenn Sie schon mal bei der Sache sind, eine wirklich allerletzte Übung:

Ü Seite 191: Fragen zur Abrundung. Inhalt der Übung: Wenn doch noch etwas offen sein sollte

Wenn Sie Ihre Wege zum Glück finden möchten, sollten Sie sich auf das Ihnen Gegebene stützen und konzentrieren. Bedenken Sie auch stets, jedes Glücksstreben ist ein Kann und kein Soll oder Muss.

> In der Freiwilligkeit Ihres Entschlusses liegt die Kraft Ihres Weges.

Das allergrößte Glück

Kennen Sie den Nacktmull? Wer dieses Tier, das ein wenig an ein jämmerliches männliches Genital auf vier Beinen erinnert, nicht kennt, möge es bitte im Internet anschauen. Oder vielleicht ist Ihnen ein Warzenschwein lieber? Oder ein Stinktier? Was das alles soll? Das alles sind sicher liebreizende Tiere, aber würden Sie ein solches sein wollen? Ich verrate Ihnen nun nämlich das einzige wahre Geheimnis:

> Das allergrößte Glück ist, Mensch sein zu dürfen.

Zu den Wesen zu gehören, die sich selbst erkennen können. Zu Wesen, die mitfühlend und vorausschauend handeln können. Wesen, die mit dem Tiefsinn der Liebe konfrontiert sind – manchmal daran wachsen, manchmal auch vorübergehend scheitern. Wesen, die eine hoch entwickelte Individualität besitzen, die trauern können. Wesen, die etwas Einmaliges aufgebaut haben, über Jahrtausende hinweg: ihre eigene Kultur. Unser Leben ist ein großartiges Geschenk, das uns immer glücklich machen kann und das auch sollte. Es ist ein großes Glück, auf dieser wundervollen Erde als Mensch leben zu dürfen. Nutzen Sie deshalb jeden Tag für Ihr Glück und Ihre Zufriedenheit – machen Sie sich jeden Tag ein gutes Leben!

Ich habe mein halbes Leben auf der Suche nach meinem Glück verbracht und es nirgendwo gefunden. Gleich, wohin ich ging, gleich, wo ich es suchte, ich fand es nicht. Irgendwann kam ich bei mir selbst an, da sah ich mein Glück an der Türe meines Herzens stehen und es sprach: Nun hast du mich gefunden.

(In Anlehnung an Rumi)

Epilog

Sie haben in diesem Buch viel über Entscheidungen lesen können. Nun ist es Ihre Entscheidung, welchen Weg oder welche Wege, die hier skizziert wurden, Sie ab nun gehen werden. Meine besten Wünsche begleiten Sie dabei. Der wichtigste Wunsch von meiner Seite aus ist, dass durch dieses Buch unter Umständen eine Form von Bindung zwischen Ihnen und mir aufgebaut werden konnte, die Ihnen hilft, den Weg voller Zuversicht zu gehen. Es ist Ihr Leben – erfahren und genießen Sie es.

In diesem Buch ging es nicht darum, wie Sie *sich* zu *ändern* haben, um glücklich zu sein. Es ging vielmehr darum, was Sie vielleicht etwas anders *tun* können, um zu Ihrem Glück zu finden. Ob es dabei gleich das große Glück ist, das von einer Grenzerfahrung abhängt, oder ein etwas bescheideneres Glück, ist nicht wichtig.

Jagen Sie dem Glück niemals nach. Viel besser ist es, Sie machen Ihr Glück auf Sie aufmerksam, ja begierig, Sie zu treffen. Genauso wie man ein wildes Tier zähmt und nicht vertreibt. Genauso wie man ein scheues Tier lockt und nicht verschreckt. Man füttert es, lässt es aber ansonsten in Ruhe. Und wenn man es anschaut, dann zunächst nur von der Seite.

Was fällig ist, fällt uns meistens zu. Das gilt auch für unser Glück. Damit es zu echten Glücksfällen kommen kann, haben wir eine wichtige Aufgabe zu erfüllen. Erich Kästner hat es folgendermaßen formuliert: »Es gibt nichts Gutes, außer man tut es.« In Tibet heißt das entsprechende Sprichwort: »Wer erkannt hat und nicht handelt, hat nicht erkannt.« In diesem Sinne wünsche ich Ihnen die für Ihre Person und Situation passenden Erkenntnisse. Probleme kann man nur durch eine neue Denkweise lösen, die anders sein muss als die bisherige, die die Probleme mit geschaffen hat. Wer öfter glücklich durch sein Leben gehen möchte, muss eben auch ein bisschen anders denken. »Grabe den Brunnen, bevor du Durst bekommst«, sagt man in Indien.

Beginnen Sie jetzt! Das Schöne ist, Sie müssen überhaupt nicht graben. Wege zu einem guten Leben eröffnen sich von selbst, wenn sie auf mindestens einer der drei Grundbedingungen aufbauen: Interesse, Wirksamkeit, Liebe.

Ü

Übungsteil

Bei jeder Antwort im Rahmen der Übungen in diesem Buch folgen Sie bitte immer der SSE-Regel: Antworten Sie schnell, spontan und ehrlich. Bei allen Aufgaben geht es nicht um Traumschlösser, sondern um Ihr tatsächliches Wesen und Leben.

Wie die Schere auseinanderklafft

Inhalt: Weshalb die Übungen sinnvoll sind

Übung zum Kapitel *Worum es geht* Seite 3

Stellen Sie sich eine Skala vor, die von 1 bis 10 reicht: 1 bedeutet, Sie fühlen sich im Moment (also in der Jetztzeit) sehr unglücklich. 10 bedeutet, Sie leben ausschließlich auf einer Wolke der Glückseligkeit. Wo liegt Ihr Wert?

Verwenden Sie nun dieselbe Skala und beantworten eine zweite Frage: 1 bedeutet, eigentlich ist es Ihnen egal, ob Sie glücklich sind oder nicht, und 10 bedeutet, nichts ist Ihnen wichtiger als Ihr Glück, es hat höchste Priorität. Den *ersten* Wert für Ihr Glück markieren Sie auf der entsprechenden x-Achse der folgenden Abbildung, den *zweiten* Wert für die Bedeutung des Glücks auf der nach oben gehenden y-Achse. Finden Sie nun den Schnittpunkt Ihrer Werte. In welchem Feld liegt er? A, B, C oder D?

Wenn Ihr Wert im Bereich von A oder B liegt, besteht dringend Handlungsbedarf. Offenbar fühlen Sie sich eher unglücklich als glücklich. Sie haben, Ihrer eigenen Einschätzung nach, wohl kein gutes Leben. Wenn Ihr Wert im Bereich von C oder D liegt, sind Sie eher auf der guten Seite.

A: Sie sind motiviert, weil Ihnen ein gutes Leben wichtig ist. Aber die Wirklichkeit empfinden Sie anders. Glückwunsch: Sie sind der perfekte Leser für dieses Buch!

B: Ihnen geht es nicht gut, jedoch ist Ihre Motivation etwas zu ändern, nicht hoch. Es gibt aber keine Änderungen im Leben, wenn man nicht aktiv wird. Ich wünsche Ihnen, dass die Anregungen in diesem Buch dazu beitragen. Halten Sie auf jeden Fall durch!

C: Das sieht erst einmal nach einem »perfekten« Ergebnis aus: Alles in allem sind Sie auf der besseren Seite und darüber hinaus auch noch motiviert. Vielleicht besteht bei Ihnen ein wenig die Gefahr, zur Selbstoptimierung zu neigen. Was das ist, dazu werden Sie an anderer Stelle noch einiges lesen. Vielleicht ist dieses Buch gerade für Sie wichtig, damit Sie eine etwas andere Sicht auf sich und das gute Leben bekommen, eine Einstellung, die etwas weniger stressig sein wird.

D: Eigentlich sind Sie ja in der besseren Hälfte, alles in allem geht es Ihnen recht gut. Ein Problem könnte auftreten, weil Sie nicht so recht motiviert sind, vielleicht weil Ihnen vieles einfach so gelingt oder zufliegt, vielleicht aber auch, weil Sie die Gefahr von Passivität nicht ganz richtig einschätzen. So könnte das Risiko bestehen, unmerklich in die Hälfte von A oder B abzudriften. Damit dies nicht geschieht, mag es sinnvoll sein, weiterzulesen.

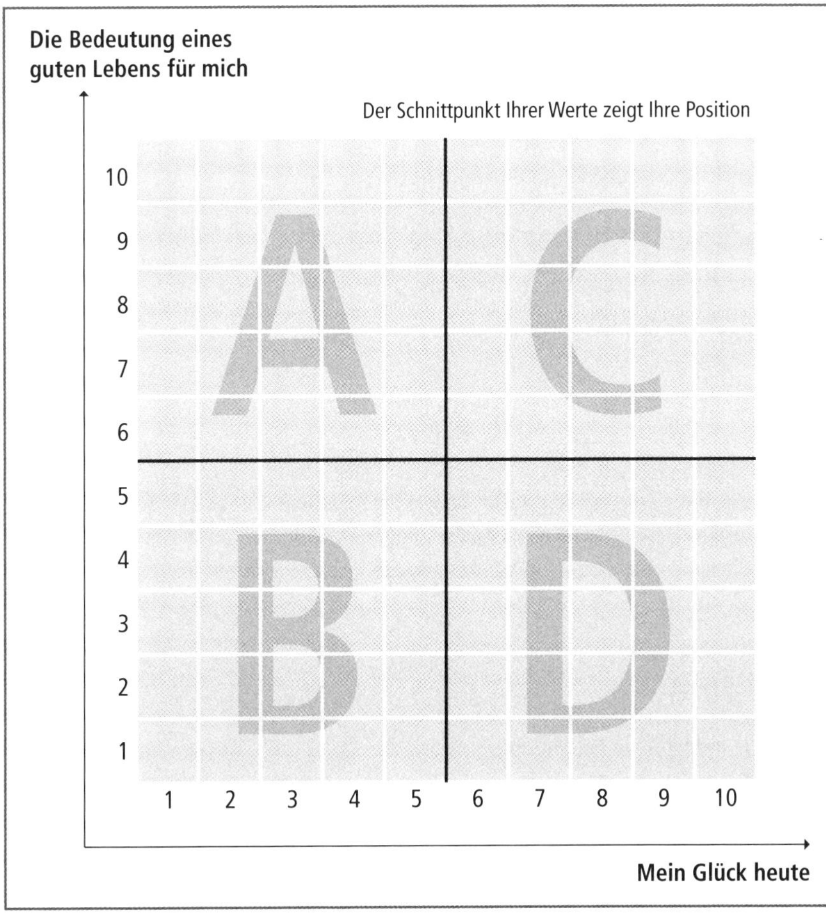

Das gute Leben und das Glück

Mein eigener Standpunkt

Inhalt: Was ist für Sie ein gutes Leben?

Übung zum Kapitel *Das gute Leben* Seite 10

Was ist für Sie ein gutes Leben?

Für mich bedeutet ein gutes Leben:

Ü

Außerdem gehört zu einem guten Leben:

Wenn ich mir es recht überlege, dann auch noch:

Nicht zuletzt:

Übrigens: Sie haben nur ein Leben. Das gehört Ihnen. Machen Sie es sich gut. Erlauben Sie sich selbst, glücklich zu sein. Wenn das alles andere als leicht ist, denken Sie einmal darüber nach, ob Sie ein Problem damit haben könnten, sich selbst glücklich sein zu lassen.

Was Glück ist

Inhalt: Die individuelle Festlegung

Übung zum Kapitel *Leitgefühle für ein gutes Leben: Freude, Glück, Zufriedenheit* Seite 16

Stellen wir uns einmal vor, wir träfen einen Menschen, von dem alle anderen sagen, er sei der klügste auf Erden. Dieser Mensch ist natürlich sehr beschäftigt und deshalb darf ihm nur eine einzige Frage gestellt werden. In uns brennt eine Frage. Wir möchten von ihm wissen, was Glück ist. Was wird er wohl antworten?

Schreiben Sie jetzt auf, welche Antwort er geben wird. Lesen Sie erst dann weiter.

Glück ist: ___________________________

Ich möchte Ihnen nun sagen, was dieser Mensch antworten könnte: »Das kann ich dir nicht sagen.« Denn es ist unmöglich, eine allgemeingültige Antwort auf diese Frage zu geben. Es gibt Momente, in denen wir schon glücklich sind, wenn wir nur einen Schluck kaltes Wasser bekommen. Es wird Momente geben, in welchen so etwas »Banales« überhaupt nicht genügt. Mit Gefühlen ist es so eine Sache. Mal treten sie auf, mal bleiben sie ganz verborgen, mal lassen sie anderen Gefühlen den Vorrang, mal wollen sie gar nicht aus unserem Empfinden verschwinden. Wie sich das Glück für uns anfühlt, das wissen wir genau. Ein Problem besteht jedoch oftmals darin, Wege zu finden, uns möglichst rasch mit unserem eigenen Glück wieder zu verbinden. Deshalb geht es in diesem Buch nicht um etwas Allgemeingültiges, um etwas quasi Festgeschriebenes. Es geht um etwas sehr Flexibles, um etwas, das jeden einzelnen Leser in einer anderen Weise betreffen wird.

Was Glück ist

Inhalt: Das eigene Glück im Alltag

Übung zum Kapitel *Leitgefühle für ein gutes Leben: Freude, Glück, Zufriedenheit* Seite 17

Zuletzt habe ich mich glücklich gefühlt, als ich:

____

Der Anlass hierzu war:

____

Grundsätzlich fühle ich mich glücklich, wenn ich:

____

Ich fühle mich auch glücklich, weil ich:

____

Eine glückliche Phase in meinem Leben beginnt meistens damit, dass ich:

____

Eine weniger glückliche Phase meines Lebens wird meistens beendet durch:

____

Meine alltäglichen Freuden

Inhalt: Wo das eigene Glück lebt

Übung zum Kapitel *Drei Chancen für ein gutes Leben* Seite 25

Einige Anregungen, über was sich Menschen freuen können:

- Ich freue mich jeden Tag, am Leben zu sein.
- Ich freue mich jeden Tag, von liebevollen Menschen umgeben zu sein.
- Ich freue mich jeden Tag an meiner eigenen Kraft.

Ü

- Ich freue mich jeden Tag, Gutes zu essen zu haben.
- Ich freue mich jeden Tag, wie schön ich wohne.

Nun ergänzen Sie den Satz selbst und versuchen, mindestens drei passende Inhalte zu erkennen, woran Sie sich jeden Tag erfreuen?

Ich freue mich jeden Tag,

Ich freue mich jeden Tag,

Ich freue mich jeden Tag,

Verwenden Sie nun alle Sätze weiter. Schreiben Sie diese in etwas veränderter Form nochmals auf, indem Sie den Satzanfang ändern: »Ich bin glücklich …« Also z. B.: »Ich bin glücklich, am Leben zu sein.«

Ich bin glücklich,

Ich bin glücklich,

Ich bin glücklich,

Lesen Sie sich beide Listen getrennt voneinander vor. Zuerst die Liste mit der Freude. Spüren Sie nun in sich, wo diese Sätze in Ihnen wirken. Gehen sie tief hinein oder verbleiben sie eher etwas oberflächlich? Gibt es Körperregionen, bei denen Sie Veränderungen merken oder andere Wahrnehmungen spüren?

Nun lesen Sie sich die Liste mit den Glückssätzen vor. Spüren Sie erneut, wo diese Sätze in Ihnen wirken. Gehen sie tiefer als die Freudesätze oder merken Sie keinen Unterschied, oder wirken sie eher oberflächlicher?

Erläuterung: Sie fühlen wie Sie fühlen. Das ist Ordnung. Im Allgemeinen wird Freude eher oberflächlich wahrgenommen und Glück tiefer.

Ü

Was passt und was nicht

Inhalt: Wie ich gegen mich lebe

Übung zum Kapitel *Welche Lügen ein gutes Leben verhindern* Seite 30

Schreiben Sie nun auf, welche drei Kerneigenschaften Sie ausmachen, was also zentral zu Ihrem Wesen gehört.

Meine Haupteigenschaft ist:

____

Fast ebenso stark bin ich in:

____

Auch etwas Drittes kann ich mit Fug und Recht über meine Eigenschaften schreiben, nämlich:

____

Wenn Sie sich nun z. B. verdeutlichen, sehr sensibel zu sein und als Türsteher vor der Promi-Disko arbeiten, könnte es sein, im falschen Beruf gelandet zu sein. Nein, nicht im falschen Körper oder der falschen Seele. Eine Charakterumwandlung ist in diesem Buch nicht vorgesehen.

Was tun Sie mit Ihren Erkenntnissen über Ihr Wesen?

1. Überprüfen Sie zunächst, ob es Inhalte in Ihrem Leben gibt, die diesen Wesenszügen besonders entgegenkommen.
2. Gibt es Momente oder Situationen, die regelhaft vorkommen und Ihrem Wesen zuwider sind?
3. Was können Sie daran ändern?
4. Und wenn Sie meinen, das nicht ändern zu können: Was tun Sie deshalb?
5. Und was sollten Sie lassen?

Glücksräuber

Inhalt: Durch was ein gutes Leben verhindert wird

Übung zum Kapitel *Die Flucht vor heute* Seite 44

In der Liste, die unter dem nachfolgenden Schema steht, lesen Sie typische Glücksräuber. Schauen Sie die Liste durch und überlegen sich, ob Sie im Moment mit solchen zu tun haben. Überdenken Sie Ihre Glücksräuber und tragen Sie diese in folgendes Schema in die linke Spalte ein. Tragen Sie dort auch Glücksräuber ein, die in der Liste nicht auftauchen. Überlegen Sie dann, was Ihnen fehlt, um zu einer Lösung zu kommen. Das tragen Sie in

Ü

die zweite Spalte ein. In der dritten Spalte notieren Sie, wie Sie das Fehlende erreichen können – auch, wen Sie dafür zur Unterstützung brauchen.

Meine persönlichen Glücksräuber sind:	Was mir fehlt, damit ich diese Glücksräuber wieder loswerde:	Wie ich konkret zu einer Lösung komme:	Brauche ich dazu die Hilfe eines anderen? Wer könnte das sein und wie bekomme ich die Hilfe:

Ü

Liste zur Übung »Glücksräuber«:

- Zeitnot (Warum?)
- Stress (Welcher?)
- Probleme in der Beziehung (In welcher?)
- Alleinsein (Seit wann? Warum?)
- Trauer/Traurigkeit (Mit welchem Auslöser? Wie lange schon?)
- Verletzt sein (Durch?)
- Unsicherheit (Welche?)
- Hoffnungslosigkeit (Weshalb?)
- Geldnot (Wie viel? Wodurch?)
- Einsamkeit (Wer fehlt Ihnen?)
- Krankheit (Welche? Welche Behandlung fehlt?)
- Entscheidungsschwierigkeiten (Bezüglich was?)
- Probleme im Beruf (Welche?)
- Probleme mit den eigenen Kindern (Welche? Warum? Seit wann?)
- Sich unverstanden fühlen (In welcher Angelegenheit?)
- Auf der Stelle treten, nicht weiterkommen (Wohin wollen Sie?)
- Schäden verkraften müssen (Welche? In welcher Höhe?)

Ein zweiter Blick zurück

Inhalt: Wie es früher war

Übung zum Kapitel *Die Flucht vor heute* Seite 44

1. Gab es Zeiten in meinem Leben, in denen ich glücklicher war als heute?
   ☐ Ja ☐ Nein

Ich habe mit Ja geantwortet, deshalb beantworte ich folgende Fragen:

1. Was war es, das mich damals hat glücklich sein lassen?
2. Was habe ich damals getan, damit es so werden konnte?
3. Was habe ich getan, damit es eine Zeit lang so bleiben konnte?
4. Wäre ich zu all dem heute bereit?
5. Kann ich etwas Ähnliches heute erreichen? Gibt es also etwas, das an dessen Stelle treten kann?

____

____

____

____

____

____

Ü

Ich habe mit Nein auf die erste Frage geantwortet, deshalb mache ich hier weiter:

1. Bin ich also heute so glücklich wie noch nie?
2. Warum lese ich dann dieses Buch?
3. Oder war ich noch nie glücklich in meinem Leben?
4. Was ist dafür der Grund?
5. Wer kann mir helfen, dieses Problem zu lösen – wenn ich selbst es bis heute nicht geschafft habe?
6. Was täte ich in meinem Leben voller Glück?

____

____

____

____

____

____

Meine wichtigsten Hindernisse

Inhalt: Die gute Absicht

Übung zum Kapitel *Extreme machen nicht glücklich* Seite 52

Vor 20 Jahren reiste Susanne als junge Erwachsene durch Australien. Sie war begeistert von der Freundlichkeit und Lebensfreude der Menschen dort, von der Landschaft, von fast allem. Sie wäre am liebsten gleich dortgeblieben. Aber sie entschied sich, erst in Deutschland ihre Ausbildung abzuschließen. Nun träumt sie schon seit 20 Jahren davon, endlich *Down Under* zu leben. Längst hat sie hier eine Familie gegründet und diese Familie ist in ihrer Vorstellung das Hindernis für ein glückliches und gutes Leben im anderen Land.

Solche Hindernisse haben viele Menschen – und sie wissen darum.
Gibt es ein oder zwei Hindernisse, die mich in einer Situation festhalten, die ich als Unglück empfinde?

____

____

Viele Hindernisse haben eine Schutzfunktion, sie wirken wie eine Art Schutzwall.
Welche gute Absicht könnte hinter dem Hindernis auftauchen?

____

____

Wenn Ihnen partout nicht einfallen mag, welche gute Absicht hinter dem Hindernis wirken könnte, überlegen Sie sich, warum Sie bislang dem Hindernis die Treue halten.

Was wäre, wenn Sie es überwinden könnten?

____

Was müssten Sie dafür tun und was aufgeben? Welchen Preis würde es also kosten?

____

____

____

Wenn-dann

Inhalt: Die Bedingungen überdenken

Übung zum Kapitel *Der innere Architekt des Unglücks* Seite 60

Ergänzen Sie schriftlich dreimal folgenden Halbsatz:

Wenn ich glücklich bin, dann ____

Wenn ich glücklich bin, dann ____

Wenn ich glücklich bin, dann ____

Bitte achten Sie auf konkrete Angaben. Ein Satz wie »Wenn ich glücklich bin, dann bin ich glücklich« hat sicher großes philosophisches Potenzial, bringt einen der Idee eines guten Lebens aber nicht wirklich näher.

Ergänzen Sie nun, ebenfalls schriftlich, dreimal folgenden Halbsatz:

Wenn ich unglücklich bin, dann ______________________________________

Wenn ich unglücklich bin, dann ______________________________________

Wenn ich unglücklich bin, dann ______________________________________

Schauen Sie sich nun Ihre Antworten an.

Sind die Glücksantworten genau das Gegenteil der Unglückssätze?

Vermutlich nicht: In welchen Bereichen liegt damit die Kraft von Glück und welche Bereiche sollten Sie bezüglich der Vermeidung von Unglück besonders beachten?

____

____

____

____

____

Ü

Grübeln und Katastrophisieren

Inhalt: Aus dem eigenen Teufelskreislauf ausbrechen

Übung zum Kapitel *Der innere Architekt des Unglücks* Seite 63

Ellis (zitiert in 11) hat ein ABCDE-Schema entwickelt, mit dem wir unsere Sorgen und das Grübeln besser in den Griff bekommen können. Denken Sie zunächst darüber nach, was Ihnen aktuell am meisten Sorgen bereitet. Dabei kann es um das Soufflé gehen, das gerade im Backofen ist, oder um die Frage, ob nicht etwa das Dessert gerade am Zusammenfallen ist, sondern die aktuelle Beziehung. Es geht um Ihre Sorgen. Lesen Sie erst weiter – und damit das Beispiel durch –, wenn Sie ein Thema haben, das Sie bewegt und welches Sie bearbeiten möchten.

Als Beispiel nehme ich den braven Franz, der gerade ein Soufflé zubereitet, um seiner neuen Flamme Franziska zu imponieren.

Zuerst finden Sie die Ergebnisse von Franz, der zeitgleich mit Ihnen das ABCDE-Schema bearbeitet. Sie selbst können den jeweils folgenden Freiraum für Ihre eigenen Ergebnisse nutzen.

Als Erstes legen Sie Ihr Thema fest, in ein, zwei Sätzen:

Ich sorge mich

____

____

A: Auslöser. Wie kommen Sie zu Ihrer Sorge?

Franz:

Mir ist vor 20 Jahren mein erstes Soufflé zusammengefallen. Seitdem habe ich da einen Hau weg.

Ich:

____

____

B: Beurteilung. Welche Gedanken und konkreten Befürchtungen haben Sie? Wie beurteilen Sie also Ihre Situation?

Franz:

Ich will Franziska zeigen, was für ein toller Typ ich bin. Wenn mir das Soufflé misslingt, wird sie mich nicht lieben. Wir werden kein Paar und ich bleibe kinderlos.

Ich:

C: Konsequenz (engl. »consequence«). Was entsteht in Ihnen durch den Auslöser A? Welche Gefühle sind da?

Franz:

Ich bin furchtbar nervös und halte es kaum aus. Ich sollte den Termin absagen, alles ist sinnlos.

Ich:

D: Diskussion. Beantworten Sie folgende vier Fragen:

a) Ist das alles wirklich so wahr? Entspricht es den Tatsachen?
b) Komme ich damit meinem Ziel näher? Ist es also sinnvoll, so zu denken?
c) Oder schade ich mir selbst? Bringe ich mich selbst in ein Dilemma oder einen Konflikt?
d) Schade ich anderen? Oder bringe ich andere in einen Konflikt?

a)

Franz:

Na ja, seit dem ersten Soufflé ist mir keins mehr misslungen. Außerdem habe ich einen neuen Herd angeschafft, der alles per App elektronisch kontrolliert.

Ich:

b)

Franz:

Nein, das bringt mich nicht weiter. Ich muss der Wahrheit in die Augen schauen. Ich bin ein guter Koch. Außerdem – wer mich nur deshalb liebt, ist vielleicht doch nicht die Richtige.

Ich:

Ü

c)

Franz:

Na ja, ich lenke mich von meiner anderen Versagensangst ab. Aber auch da fiel selten was zusammen.

Ich:

____

____

d)

Franz:

Eigentlich nicht. Im Gegenteil, meine Herzensdame kann froh sein, einen so tollen Typen zu bekommen.

Ich:

____

____

E: Effekt. Wie will ich mich während der Erfüllung der Herausforderung fühlen?

Franz:

Hungrig und begierig.

Ich:

____

____

Dieses Schema kann man immer wieder einsetzen, um mehr Sicherheit aufzubauen.

Der Zeitsprung

Inhalt: Innere Ruhe durch Distanz

Übung zum Kapitel *Wenn man nur noch eines zu verlieren hat* Seite 64

Es ist unfassbar, aber genau in diesem Moment sind fünf Jahre vergangen. Es ist also nicht mehr heute, sondern ein halbes Jahrzehnt später. Sie denken an heute zurück, an den Moment, in dem Sie dieses Buch in der Hand hielten und beantworten folgende zwei Fragen:

Wie fühle ich mich, weil es mir heute so geht wie damals vor fünf Jahren?

Was alles hätte ich anders tun sollen, damit ich in den letzten fünf Jahren besser (erfüllender) hätte leben können?

Möglicherweise ist es sinnvoll, einige Konsequenzen aus den Antworten zu ziehen.

Was ich mir selbst schenken möchte

Inhalt: Anstehende Änderungen

Übung zum Kapitel *Wenn man nur noch eines zu verlieren hat* Seite 64

Für die folgende Übung bearbeiten Sie die Bereiche, die in unten stehender Liste angegeben sind. Überprüfen Sie sich selbst und beantworten folgende Fragen:

1. In welchen konkreten Situationen handele ich anders, als es zu mir passt?

2. Was tue ich nur oder vorrangig, um die Erwartungen von anderen zu erfüllen?

3. Wann stelle ich meine Bedürfnisse und Wünsche hintan?

4. Was würde ich bedauern, wenn ich es nicht ändern würde – es also so bliebe wie bislang?

Ü

5. Welche Änderungen stehen deshalb an?

Liste zur Übung »Was ich mir selbst schenken möchte«:

- Kultur und Bildung
- Sport
- Hobby
- Körperpflege
- Geistige Tätigkeiten
- Private Kontakte
- Beziehung, Partnerschaft
- Familie
- Nichtstun, die Seele baumeln lassen
- Beruf

Womit ich meine Zeit verschwende

Inhalt: Mir passende Inhalte finden

Übung zum Kapitel *Zeit ist Glück, nicht Geld* Seite 65

Es ist nicht wirklich klug, wenn man meint, jede Minute seines Tagesablaufs planen und ausfüllen zu müssen. Gerade genug Zeit für die eigene Muße ist wichtig für ein gutes Leben. Andererseits haben wir auch die Neigung, Zeit zu verplempern für Inhalte und Tätigkeiten, die uns reuen. Überdenken Sie dieses Thema und beantworten sich dann folgende Fragen:

1. Mit was oder bei was verschwende ich meine Zeit?

2. Welche Gefühle sind in mir, wenn ich das merke? Fühle ich mich gehetzt oder schuldig?

3. Wie reagiere ich darauf?

Ü

4. Welche Möglichkeiten habe ich, weniger Zeit zu vergeuden?

5. Was tue ich ab sofort konkret deshalb?

6. Welche Inhalte sind es wirklich wert, um meine Zeit dafür zu geben?

Die machtvollste Kraft

Inhalt: Die Zeit nutzen

Übung zum Kapitel *Zeit ist Glück, nicht Geld* Seite 67

Betrachten Sie mit Ihren Antworten auf folgende Fragen Ihren eigenen Umgang mit der Zeit:

1. Welche Wochenarbeitszeit empfinde ich als für mich passend?

2. Halte ich mich daran oder nicht?

3. Wenn nicht: Warum nicht? Welchen Preis will ich also nicht zahlen?

4. Einfach in meiner Fantasie: Ich kann vollkommen frei darüber entscheiden, wie ich ab sofort meine Zeit ausfülle. Was würde ich dann tun?

5. Was hindert mich daran, diese Fantasie in die Tat umzusetzen?

6. Und worum geht es tatsächlich hinter dem, was mich nach außen daran hindert?

Meine Päckchen

Inhalt: Belastungen beenden

Übung zum Kapitel *Fluchten ins Unglück* Seite 68

Über Päckchen freut man sich meistens, z. B. zum Geburtstag oder zu Weihnachten. Viele von uns haben aber ganz andere Päckchen zu tragen, Belastungen von früher. Vielleicht gibt es »alte Dinge«, über die Sie sich im Klaren sind und die Sie nun etwas genauer anschauen möchten. Denn es geht um Ihr gutes Leben. Vollenden Sie folgende Halbsätze:

Was mich aus meiner Vergangenheit noch heute belastet, ist

Besonders traurig werde ich, wenn ich an Folgendes denke:

Ich bin noch immer nicht darüber hinweggekommen, dass ich

Ich meine, das Schicksal hat es nicht gut mit mir gemeint, weil

Sicher habe ich auch falsche Entscheidung getroffen. Folgende war die am schwersten wiegende:

Aber es gibt noch eine andere falsche Entscheidung, an der ich leide, nämlich folgende:

Bei folgenden Begebenheiten werde ich regelhaft aggressiv:

Und bei folgenden traurig:

Vielleicht hat das mit Folgendem aus meiner Vergangenheit zu tun:

Es kann nützlich sein, sich selbst immer wieder zu hinterfragen. Sich selbst vor einen Spiegel zu stellen und ehrlich zu fragen, warum man sich tatsächlich für etwas oder gegen etwas entschieden hat.

Bei dieser Übung ging es um Erinnerungen. Diese stimmen bei Weitem nicht immer, zumindest nicht im Detail. Was wir erinnern, ist oftmals etwas vollkommen anderes als das, was wir tatsächlich erlebt haben. Auch diese Tatsache kann uns gnädig stimmen. Ohnehin gilt: Die einzige Zeit für das Glück ist heute.

Meine Ansprüche an mich selbst

Inhalt: Erwartungen zügeln

Übung zum Kapitel *Immer schneller, immer mehr* Seite 71

Schreiben Sie auf, welche Ansprüche Sie an sich selbst und andere stellen. Ergänzen Sie dafür die folgenden Sätze.

Ich erwarte von mir selbst:

Ich erwarte von anderen:

Ich erwarte von meinen Kindern:

Ich erwarte vom Leben:

Ich erwarte von meinem Glück:

Ich erwarte von meinem Partner:

____

Außerdem erwarte ich auch noch Folgendes:

____

Auflösung: Siehe Textteil (S. 71)

Das dringende und das wichtige Glück

Inhalt: Wichtiges wichtig nehmen

Übung zum Kapitel *Immer schneller, immer mehr* Seite 75

Mit dieser Übung lassen Sie die letzten Wochen Revue passieren. Nutzen Sie dafür das abgedruckte Schema, das Sie Spalte für Spalte ausfüllen sollten:

Drei Dinge, die ich regelmäßig unter Zeitdruck ausführen musste:	Das Gefühl, als es geschafft war:	Wie weit ich damit von meinem Glück entfernt war:	Was ich daraus lerne und anders tun werde:

Drei Dinge, die mir wichtig erscheinen, die ich aber nicht getan habe, weil keine Zeit war:	Das Gefühl, weil ich es nicht getan habe:	Wie weit ich damit von meinem Glück entfernt war:	Was ich daraus lerne und anders tun werde:

Wertschätzung

Inhalt: Sich endlich wahrnehmen

Übung zum Kapitel *Keine Kröten mehr schlucken* Seite 79

Wenn es mit der Selbstliebe noch zu schwer sein sollte, lohnt es sich, zumindest an der Wertschätzung sich selbst gegenüber zu arbeiten. Ergänzen Sie deshalb folgende Sätze:

An mir finde ich besonders wertvoll,

____

Stolz bin ich, dass ich

____

Stolz bin ich, weil ich

____

Andere schätzen an mir besonders, dass ich

____

Außerdem finden sie gut, wenn ich

____

Das alles gibt mir das Gefühl

____

Damit ich mich noch mehr wertschätze, beachte ich

____

Außerdem denke ich mir eine kleine Belohnung aus: Immer wenn ich sauer auf mich bin, obwohl ich mich doch wertschätze, belohne ich mich mit

____

Passend ist nicht perfekt

Inhalt: Stärken nutzen

Übung zum Kapitel *Perfektionismus und Kontrolle* Seite 83

Sie haben nun eine wundervolle Aufgabe, die sich zu richtig langen Ausführungen entwickeln kann. Aber unter zehn einzelnen Punkten sollten Sie auf keinen Fall aufhören. Schreiben Sie nun mindestens zehn verschiedene Dinge auf, die Sie fast immer richtig und erfolgreich tun. Schöpfen Sie dabei das weite Spektrum Ihres Lebens aus. Können Sie z. B. schmackhaft kochen oder backen? Das gelingt Ihnen doch. Oder können Sie gut und sicher Auto fahren? Oder halten Sie ganz tolle Vorträge? Schreiben Sie besondere Briefe? Sind Sie besonders gut bei der Mitarbeiterführung? Haben Sie ein besonders ausgeprägtes Farbempfinden und sorgen für Farbharmonie? Haben Sie ein Händchen für die Inneneinrichtung? Diese Beispiele sollen genügen, damit Sie sich nun klarmachen, was Sie besonders gut beherrschen.

____

____

____

____

____

____

Ü

Meine Annäherung ans Glück

Inhalt: Worum es wirklich geht

Übung zum Kapitel *Perfektionismus und Kontrolle* Seite 83

Lesen Sie die folgenden 20 Aussagen durch und entscheiden Sie, ob Sie diese Aussagen so für sich treffen können (zumindest weitgehend so). Werten Sie für jede der Aussagen, ob Sie ihr vollkommen oder teilweise zustimmen (+1 bis +5), oder ob sie für Sie nicht zutrifft (–1 bis –5). Nur wenn Sie mit der Aussage überhaupt nichts zu tun haben, geben Sie die 0.

	stimmt überhaupt nicht										stimmt vollkommen
1. Mein Beruf fordert mich, erfüllt mich aber auch	–5	–4	–3	–2	–1	0	+1	+2	+3	+4	+5
2. Ich lebe in einer überaus glücklichen Beziehung	–5	–4	–3	–2	–1	0	+1	+2	+3	+4	+5
3. Meine Sexualität ist genau so, wie ich es brauche	–5	–4	–3	–2	–1	0	+1	+2	+3	+4	+5
4. Ich fühle mich völlig fit und gesund	–5	–4	–3	–2	–1	0	+1	+2	+3	+4	+5
5. Wo ich bin, lebe ich gerne	–5	–4	–3	–2	–1	0	+1	+2	+3	+4	+5
6. Ich bin vielseitig interessiert und lebe das auch	–5	–4	–3	–2	–1	0	+1	+2	+3	+4	+5
7. Ich bin praktisch nie erschöpft	–5	–4	–3	–2	–1	0	+1	+2	+3	+4	+5
8. Ich habe eine klare Vorstellung von meiner Zukunft	–5	–4	–3	–2	–1	0	+1	+2	+3	+4	+5
9. Glücklicherweise habe ich keine finanziellen Sorgen	–5	–4	–3	–2	–1	0	+1	+2	+3	+4	+5
10. Ich bin weitgehend anerkannt und fühle mich wohl dabei	–5	–4	–3	–2	–1	0	+1	+2	+3	+4	+5
11. Ich weiß genau, wo ich sein möchte, wo mein Zuhause ist	–5	–4	–3	–2	–1	0	+1	+2	+3	+4	+5
12. Meine Ziele kenne und verfolge ich	–5	–4	–3	–2	–1	0	+1	+2	+3	+4	+5
13. Körperliche Nähe kann ich gut zulassen und bekomme sie auch	–5	–4	–3	–2	–1	0	+1	+2	+3	+4	+5
14. Ich kenne keine Zeiten, zu denen ich mich nur durchschleppe	–5	–4	–3	–2	–1	0	+1	+2	+3	+4	+5
15. Ich bin zufrieden mit dem, was ich beruflich leiste	–5	–4	–3	–2	–1	0	+1	+2	+3	+4	+5

	stimmt überhaupt nicht						stimmt vollkommen				
16. Ich habe genug Freunde und genieße die Zeit mit ihnen	–5	–4	–3	–2	–1	0	+1	+2	+3	+4	+5
17. Immer wieder bin ich stolz auf das, was ich tue	–5	–4	–3	–2	–1	0	+1	+2	+3	+4	+5
18. Aller Voraussicht nach habe ich ab jetzt materielle Sicherheit	–5	–4	–3	–2	–1	0	+1	+2	+3	+4	+5
19. Ich kann mich auf meine Kraft und meinen Körper verlassen	–5	–4	–3	–2	–1	0	+1	+2	+3	+4	+5
20. Mein Leben hat viele interessante Seiten	–5	–4	–3	–2	–1	0	+1	+2	+3	+4	+5

Auswertung:

Es wurden zehn Gebiete mit jeweils zwei Fragen erfasst. Es kommt nun auf die Summe der Punkte an, welche Sie dem jeweiligen Aussagenpaar gegeben haben. Wenn Sie z. B. beim ersten Satz +3 Punkte und beim fünfzehnten Satz –1 Punkt vergeben haben, erhalten Sie für dieses Antwortpaar zusammen 3–1 = 2 Punkte. Zählen Sie nun die Werte für folgende Aussagen zusammen, maximal können +10 erreicht werden, minimal –10:

Aussagennummer	Summe der Punkte	Inhalt	Rangfolge
1 und 15:	________	Beruf	________
2 und 16:	________	Beziehungen	________
3 und 13:	________	Sexualität	________
4 und 19:	________	Gesundheit, Körper	________
5 und 11:	________	Ort, Zuhause	________
6 und 20:	________	Interesse, Vielseitigkeit	________
7 und 14:	________	Erschöpfung, Burnout	________
8 und 12:	________	Klarheit, Zielstrebigkeit	________
9 und 18:	________	Materielle Sicherheit	________
10 und 17:	________	Anerkennung, Stolz	________

Je höher der Zahlenwert, umso näher sind Sie an einer Situation, die Ihnen gefallen sollte und passen müsste. Legen Sie nun die Rangfolge fest. Schauen Sie dafür nach, bei welchen Aussagepaaren besonders hohe Summen vorhanden sind: Das sind die Themen, die für Sie von geringerer Bedeutung sein müssten, weil dabei das meiste klappt. Die Aussagenpaare mit geringen oder sogar negativen Punkten sind Ihre »Baustellen«. Hier bestehen die besten Chancen für spürbare Veränderungen.

Ü

Brief an mein Glück

Inhalt: Eine wichtige Einladung aussprechen

Übung zum Kapitel *Techniken für ein gutes Leben* Seite 84

Ihr Glück ist wie ein lieber Gast. Liebe Gäste schätzt man. Ab und zu schreibt man ihnen auch etwas. Was also wollten Sie Ihrem Glück schon immer einmal mitteilen?

Welche Bedeutung hat mein Glück für mich?

Wie fühle ich mich, wenn mir das Glück ganz nah ist?

Was tue ich heute dafür, damit mir mein Glück nahe kommen kann?

Wie geht es mir, wenn ich unglücklich bin?

Was tue ich dann?

Und was lasse ich bleiben?

Möchte ich wirklich glücklich sein?

Kommen mir vielleicht ein paar neue Ideen in den Sinn, wie ich mein Glück zu mir einladen kann?

Wenn nicht: Wen könnte ich fragen?

Oder könnte ich einige Hinweise aus diesem Buch umsetzen?

Mein Entscheidungsraum

Inhalt: Was ich entscheiden möchte

Übung zum Kapitel *Schmerzfreie Entscheidungen* Seite 86

Überlegen Sie sich nun, bei welchen Inhalten Sie es nicht vertragen, von anderen reingeredet zu bekommen oder bevormundet zu werden. Selbst wenn Sie zu den Menschen gehören, die solche Einflussnahme immer und ohne Ausnahme ablehnen, überlegen Sie sich, welche Dinge Ihnen besonders wichtig sind.

Über welche Inhalte und Entscheidungen will ich unbedingt Macht besitzen oder bekommen?

Im Leben?

____

Beim Essen?

____

Beim Sex?

____

Bei der Partnerwahl?

____

In der Familie?

____

In meinem Beruf?

____

Bei meinen Freunden und Bekannten?

____

Warum sind es gerade diese Inhalte, die für mich mit meiner Selbstbestimmung so eng verbunden sind?

____

____

____

____

____

____

Ü

Die wahren Glücksbücher

Inhalt: Hinter Kulissen schauen

Übung zum Kapitel *Das Schöne im Alltag* Seite 95

Ein Beispiel für ein sehr bekanntes Buch ist das erste Harry-Potter-Buch. Darin sind zwei Metathemen von besonderer Bedeutung: Das Gute besiegt das Böse (aber es bleibt als Gefahr bestehen). Und vor allem: Der »Kleine« ist ganz groß, er ist etwas Besonderes.

Die Geschichte des Buches, das Ihnen Glück bereitet hat, hat für die Übung die wesentliche Bedeutung. Spüren Sie in sich, was bei Ihrem Glücksbuch tatsächlich das tiefe Glücksgefühl verursacht hat. Wenn Ihnen nun ein Buch in den Sinn kommt, können Sie sich folgende Fragen beantworten:

Was konkret hat mich bei der Geschichte glücklich gemacht?

Und was bedeutet das *grundsätzlich* – aus einer Hubschrauberperspektive – für mich und mein Leben?

Kann ich erkennen, was mir vielleicht fehlt?

Oder wohin ich kommen möchte?

Eigentlich

Inhalt: Der Wahrhaftigkeit näher kommen

Übung zum Kapitel *Das richtige Tun und das Richtige tun* Seite 98

Beantworten Sie zunächst die Fragen danach, was Sie eigentlich möchten:

Eigentlich will ich in meinem Leben:

___

Eigentlich macht mich Folgendes glücklich:

___

Eigentlich möchte ich Folgendes verändern:

___

Eigentlich habe ich Angst vor:

___

Eigentlich bin ich mit Folgendem unzufrieden:

___

Natürlich hat dieses »Eigentlich« einen Sinn. Streichen Sie zunächst gedanklich das »Eigentlich« fort und sprechen Sie das, was Sie aufgeschrieben haben, halblaut ohne »Eigentlich«. Merken Sie den Unterschied? Wer häufig oder bei sich selbst betreffenden Fragen das Wort »eigentlich« verwendet, zeigt damit an, in welchem Dilemma er steckt. »Eigentlich hätte ich gerne mehr Zeit für mich«, »Eigentlich möchte ich mehr Zeit mit meiner Familie verbringen«, »Eigentlich ist mir Geld gar nicht so wichtig«, »Eigentlich sollte ich mehr Sport treiben«, »Eigentlich sollte ich mir eine Auszeit gönnen«. Da gibt es doch nur noch eine zentrale Frage: Warum tue ich es dann *eigentlich* nicht? Was also ist wahr und was ist vorgeschoben? Wahrhaftigkeit beginnt bei sich selbst und kann einem viele Entscheidungen erleichtern oder auch erst ermöglichen.

Das Risiko, mit einem »Eigentlich« die Unwahrheit zu sagen, ist hoch.

Ü

Und nicht um …

Inhalt: Abbau eigener Beschränkungen

Übung zum Kapitel *Das richtige Tun und das Richtige tun* Seite 99

Vor einiger Zeit hörte ich in einer Fernsehsendung folgenden Kommentar über eine Sängerin: »Sie macht Musik, weil sie Musik machen will und nicht, weil sie ein Popstar sein will.«

Etwas zu tun einfach um des Tuns willen ist ein möglicher, vermutlich sogar recht sicherer Weg zu einem guten Leben. Vielleicht haben Sie eine Tochter. Dann könnten Sie sagen: »Ich liebe meine Tochter, weil ich sie liebe und nicht, um eine gute Mutter zu sein.« Oder Sie haben einen erfüllten Beruf und sagen: »Ich bin Schornsteinfeger, weil ich Schornsteinfeger sein will und nicht, um als Glücksbringer zu dienen.«

Finden Sie Ihre Ergänzungen:

Ich bin ____________________, weil ich ____________________ und nicht, um

____.

Ich liebe ____________________, weil ich ____________________ und nicht, um

____.

Ich versuche ____________________, weil ich ____________________ und nicht, um

____.

Ich lebe ____________________, weil ich ____________________ und nicht, um

____.

Wenn Sie mit dem letzten Satz Probleme haben sollten, hier ein mögliches Beispiel:

»Ich lebe mein Leben, weil ich *mein* Leben erleben will und nicht, um anderen zu gefallen.«

Viel Freude beim in die Tat umgesetzten Verzicht auf das »um zu«!

Was das Richtige ist

Inhalt: Die eigenen Kostbarkeiten entdecken

Übung zum Kapitel *Das richtige Tun und das Richtige tun* Seite 101

Wir alle vertun immer wieder auch unsere Zeit. Dabei ist Zeit das Einzige, was wir nicht kaufen oder geschenkt bekommen können. Auch deshalb ist unser Leben so kostbar, weil es zeitlich beschränkt ist. Vervollständigen Sie unter diesem Gesichtspunkt diesen einen Satz (gern auch mehrfach).

Weil das Leben viel zu kostbar ist, tue ich nun das für mich Passende. Und das ist Folgendes:

Werden Sie konkret und versuchen Sie, positive Formulierungen zu finden. Also: Was konkret wollen Sie *tun*? Und nicht: Was wollen Sie »so allgemein« vermeiden?

Vom Ende her gedacht

Inhalt: Konzentration auf das, was zählt

Übung zum Kapitel *Das richtige Tun und das Richtige tun* Seite 102

Uns allen bleibt nur eine bestimmte Zeit auf der Erde. Wir wissen nicht, wie lange diese Zeit sein wird. Beantworten Sie sich deshalb – in der vorgegebenen Reihenfolge – folgende Fragen in Bezug auf das, was Sie tun wollen.

Wie würde ich mein Leben gestalten, wenn ich nur noch einen Tag zu leben hätte?

Ich würde am ehesten

Und wie würde ich es gestalten, wenn ich nur noch einen Monat zu leben hätte?

Ich würde

Ich bin etwas optimistischer und gehe von einem ganzen Jahr aus. Was täte ich dann noch unbedingt?

Ich würde

Wie würde ich das anstellen?

Was täte ich zuerst, was wäre nachrangig?

Wenn Sie diese Übung ernsthaft durchführen, werden Sie feststellen, was bei Ihnen unbedingt ansteht und was Sie noch sehr gerne erledigen würden. Entweder weil bestimmte Dinge dann abgeschlossen erscheinen, oder weil Sie die Erde nicht mit einem schlechten Gewissen verlassen möchten. Oder auch, weil es etwas gibt, das Sie unbedingt noch anstellen möchten. Alles drei sind Inhalte, die einem ein gutes Leben erleichtern. Tun Sie diese bald und nicht erst im Angesicht des Endes.

Das gute Leben

Inhalt: Was ich wirklich brauche

Übung zum Kapitel *Prioritäten setzen und einhalten* Seite 104

Die folgende Übung stammt vom Grundsatz her aus meinem Buch *Burnout-Prävention*, ist hier jedoch speziell auf das gute Leben fokussiert. Die darin benutzten »Bedürfnisse« wurden erstmals von Steven Reich beschrieben (11).

Füllen Sie die folgenden Zeilen aus!

Wenn es um … geht,	hat dies mit meinem Bedürfnis nach … zu tun.	Gut wird mein Leben, wenn ich deshalb Folgendes tue:
Akzeptanz	angenommen werden	
Bewegung	körperlicher Aktivität	
Ehre	Würde und Verantwortung	
Essen und Trinken	Nahrung	

Ü

Wenn es um ... geht,	hat dies mit meinem Bedürfnis nach ... zu tun.	Gut wird mein Leben, wenn ich deshalb Folgendes tue:
Familie	eigenen Kindern	
Idealismus	sozialer Gerechtigkeit	
Macht	Einflussnahme	
Neugier	Wissen	
Ordnung	Organisation	
Rache	Vergeltung	
Romantik	Sex und Schönheit	
Ruhe	Entspannung	
Soziale Kontakte	Geselligkeit	
Sparen	Besitz	
Status	Ansehen	
Unabhängigkeit	Eigenverantwortung	

Diese Übung hat einen zweiten Teil. Schauen Sie nun nur noch Ihre Einträge in der dritten Spalte an. Welche der dort aufgeführten Inhalte können Sie allein erledigen und bei welchen brauchen Sie die Unterstützung von anderen? Überlegen Sie sich, welche drei für Sie am wichtigsten sind und beginnen Sie mit Ihrer ersten Priorität.

Ü

Kohärenzsinn

Inhalt: Robust oder zart? Ein Stück Selbsterkenntnis

Übung zum Kapitel *Die Kraft der Einmaligkeit* Seite 106

Bewerten Sie, wie viele der folgenden Aussagen auf Sie uneingeschränkt zutreffen:
1. »No risk, no fun«, heißt es so schön. In der Tat ist es so. Ich finde es sinnvoll, mich auch dann zu engagieren, wenn nicht klar ist, ob es sich lohnt.
2. Wenn sich mir Aufgaben stellen, versuche ich auch, diese zu meistern. Das lohnt sich fast immer.
3. Ich habe genügend Chancen, um das zu tun, was ich tun will.
4. Ich kann meiner eigenen Kraft vertrauen. Sie genügt meistens, die Anforderungen zu meistern.
5. Üblicherweise verstehe ich, was um mich herum geschieht.
6. Ich habe oft Ahnungen, was mir oder in meiner Umgebung bald geschehen wird.

Auswertung: Sie haben Ihren Kohärenzsinn getestet. Es gibt keinen unteren oder oberen Grenzwert. Allgemein gilt: Je mehr Aussagen auf Sie zutreffen, umso höher ist Ihr Kohärenzsinn und umso höher ist Ihre seelische Widerstandsfähigkeit.

Je robuster unsere Seele ist, umso schwerer sind wir aus der Bahn zu werfen. Schicksalsschläge und andere Krisen überwinden wir dann schneller. Deshalb besteht mittelbar ein Zusammenhang zwischen einem guten Leben und dem Kohärenzsinn.

Dieser Test sollte Ihnen etwas mehr Klarheit verschaffen; wie stark dieser Sinn ausgeprägt ist, ist weitgehend festgelegt.

Am laufenden Band

Inhalt: Das eigene Leben definieren

Übung zum Kapitel *Hoffnung oder Zuversicht?* Seite 115

Früher gab es eine Fernsehsendung, die hieß »Am laufenden Band«. Das abschließende Highlight dieser Sendung war ein Fließband, auf dem verschiedene Geschenke für einen Augenblick vorbeiliefen. Der Sieger der Sendung hatte die Aufgabe, sich möglichst viele Dinge zu merken. Alles, was er davon noch nennen konnte, durfte er als Gewinn mitnehmen. So etwas genügte früher, heute müsste es dann schon eine Million Euro sein. Stellen Sie sich vor, eines Tages würde Ihr Leben vor Ihren Augen vorüberziehen. Schreiben Sie nun auf, was Sie dann sehen möchten. Was ist für Sie ein sehenswertes eigenes Leben?

____

____

____

Ü

Worum es wirklich geht

Inhalt: Zentrale Lebensthemen finden

Übung zum Kapitel *Ein Hubschrauberflug macht glücklich* Seite 116

Bei der folgenden Übung geht es nicht um einen erhobenen Zeigefinger, der Rechtschaffenheit anmahnt. Es geht vielmehr darum, wie sehr Sie Ihr eigenes Leben als gelungen betrachten. Deshalb besteigen Sie nun einen Hubschrauber, der Ihnen ermöglicht, Ihr Leben, Ihr Fühlen und Ihr Schaffen mit genügend Abstand zu betrachten. Erst aus diesem Blickwinkel kommen Fragen in Ihnen auf, auf die Sie gerne eine Antwort haben möchten. Geben Sie sich diese selbst:

Was würde mir eine übergeordnete Instanz nun raten – mit so viel Übersicht über mein Leben?

Was würde diese Instanz überhaupt sehen – bezüglich meiner zentralen Lebensthemen?

Stopp! Wen auch immer Sie als übergeordnete Instanz betrachten, sei es Gott, Allah, Buddha, Tante Mechthild, die eigene Frau, das Schicksal, Ihren Lover Alessandro. Legen Sie nun drei Inhalte fest, die Sie dabei als Ihre zentralen Lebensinhalte erkennen.

Meine drei zentralen Lebensthemen und Lebensaufgaben sind:

1.

____

____

____

2.

____

____

____

3.

____

____

____

Dankbarkeit leben

Inhalt: Verbindungen erkennen

Übung zum Kapitel *Dankbarkeit* Seite 128

Jeder Mensch bekommt von anderen etwas geschenkt; und das vermutlich häufiger, als man sich gemeinhin bewusst macht. Denn es geht hier nicht um Einkaräter oder Achtzylinder. Es kann ein Lächeln sein, aber es können auch materielle Geschenke sein. Oder eine besonders hingebungsvolle Pflege im Krankheitsfall, eindeutige Maßstäbe bei der Erziehung, einen sich überdurchschnittlich einsetzenden Lehrer. Die Liste der Menschen, denen man dankbar gegenüber sein sollte, ist – wenn man sich ehrlich mit dem Thema auseinandersetzt – vermutlich viele Seiten lang. Deshalb starten Sie doch damit:

Wem kann ich wofür dankbar sein?

Ich bin ______________________ dankbar. Konkret für

____

Ich bin ______________________ dankbar. Konkret für

____

Ich bin ______________________ dankbar. Konkret für

____

Ich bin ______________________ dankbar. Konkret für

____

Ich bin ______________________ dankbar. Konkret für

____

Wenn Sie die ersten fünf Einträge haben, können Sie erst einmal eine Pause machen. Denken Sie über all das nach. Beantworten Sie dann schriftlich folgende Frage:

Warum wurde mir geholfen?

Was war vermutlich die Absicht des Helfenden?

____

____

____

____

____

Die Aufgabe ist noch immer nicht fertig. Vielleicht ist Ihnen aufgefallen, dass Sie mehr als einem Menschen gegenüber zwar dankbar sind, aber dies ihr oder ihm vermutlich noch niemals gesagt oder geschrieben haben. Tun Sie es jetzt!

Meine glücklichste Zeit

Inhalt: Es geht um heute

Übung zum Kapitel *Jetzt oder nie!* Seite 129

Schreiben Sie auf, in welcher Lebensphase Sie bisher am glücklichsten waren. Schreiben Sie *rasch* mindestens drei Argumente auf, weshalb das vermutlich so war.

Bedenken Sie nun Argument für Argument und entscheiden Sie, ob es von Ihrer heutigen Warte aus tatsächlich zutreffend ist. Vielleicht bleibt es bei dem Ergebnis, vielleicht ändern Sie es.

Damit nicht genug: Machen Sie sich nun klar, wie unwesentlich es ist, wann die glücklichste Zeit in Ihrem Leben *war*. Ihre tatsächliche Aufgabe ist eine andere, nämlich die Gegenwart (also das Heute) zu einer glücklichen zu machen.

Der heutige Tag

Inhalt: Bewusster leben

Übung zum Kapitel *Jetzt oder nie!* Seite 130

Beantworten Sie sich innerhalb von etwa zwei Wochen an mindestens zwei nicht aufeinanderfolgenden Tagen diese Fragen schriftlich:

Habe ich mich heute einmal glücklich gefühlt?

Wann und in welchem Zusammenhang?

Was war der Auslöser meines Glücksgefühls?

Habe ich mich heute einmal unglücklich gefühlt?

Was war der Auslöser dafür, dass ich mich nicht glücklich gefühlt habe?

Was hat mein Verhalten mit meinen Gefühlen zu tun?

Welchen Einfluss haben meine Einstellungen auf mein Glück?

Habe ich bestimmte Gefühle unterdrückt? Und welche?

Bin ich zufrieden mit dem Ablauf des heutigen Tages?

Wie man es auch sehen könnte

Inhalt: Recht haben bedeutet Stress haben

Übung zum Kapitel *Glücksmomente erleben* Seite 133

Ergänzen Sie zunächst folgende Aussagen:

1. Ich weiß, dass ich niemals

2. Natürlich sollte jeder, der in einer Beziehung lebt,

3. Das beste Essen bekommt man

4. Meine herausragende Fähigkeit ist

5. Ich kann nicht verstehen, wie manche daran Spaß haben,

6. Im Fernsehen würde ich mir Folgendes niemals anschauen:

7. Wer Gewichts- oder Abhängigkeitsprobleme hat, ist selbst

8. Die Politiker sind doch alle

Ü

Erläuterungen:

Zu Aussage 1: »Sag niemals nie!« – und dieser Spruch ist berechtigt.

Zu Aussage 2: Treu sein? Ehrlich sein? Den anderen lieben? Es gibt vieles, was hier passt. Auf welche Idee sind Sie *nicht* gekommen? Abgesehen davon – »natürlich« im Sinne von »selbstverständlich« ist nichts in einer Beziehung.

Zu Aussage 3: Haben Sie hier ein Restaurant angegeben oder einen Supermarkt oder einen Marktstand oder ein ganzes Land – oder Ihr eigenes Essen? Waren Sie schon einmal in Südossetien oder in Uganda? Vielleicht gibt es dort das beste Essen.

Zu Aussage 4: Sehen das die anderen ebenso? Was tun Sie deshalb nicht? Und was doch?

Zu Aussage 5: Haben Sie hier etwas angegeben, was Sie selbst nicht tun können? Und wenn doch, haben Sie es schon jemals ausprobiert?

Zu Aussage 6: Können Sie sich vorstellen, warum das dennoch gesendet wird?

Zu Aussage 7: Ist der selbst schuld? Oder nur verantwortlich? Oder können manche doch nichts dafür?

Zu Aussage 8: Sind sie nun Verbrecher oder korrupt oder unfähig? Oder haben Sie einen positiven Ausdruck gefunden?

Auflösung:

Es gibt nichts, absolut nichts, was man nicht auch anders sehen könnte. Gerade das begründet die wunderbare Vielfalt der Erde und der Menschheit. Wie monoton wäre die Welt, wenn nur noch der Geschmack eines Einzelnen zählte. Zu einem guten Leben gehört eben auch, den anderen ihres zu lassen – ein gutes Leben nach deren eigener Fasson.

Der eigene Notfallplan

Inhalt: Selbsthilfe in der Not

Übung zum Kapitel *Glücksmomente erleben* Seite 139

Für manche ist es der Sport, für andere der Sex, für wieder andere sind es Reisen. Für mich ist es die Musik. Sie macht mich glücklich. Ich kann ehrlich schreiben, sie ist meine Liebe. Viele besondere Glücksmomente, Gänsehautmomente, habe ich der Musik zu verdanken. Sie spendet mir Trost, sie reißt mich mit, sie rührt mich zu Tränen, sie veranlasst mich zum Singen, sie begeistert mich immer wieder. Das schreibe ich deshalb, damit Sie sich nun überlegen, was bei Ihnen entsprechende Reaktionen auslöst. Dadurch können Sie sich eine Art Notfallplan zulegen für Zeiten, während denen Sie unglücklich sind. Der Notfallplan sieht vor, dass Sie alles an einem bestimmten Platz arrangieren, um in Phasen von Unglück sich selbst ein wenig aufzuheitern. Bei mir geht das leicht – die Hi-Fi-Anlage kann ich (zu Hause) jederzeit nutzen. Überlegen Sie sich also rechtzeitig, wie Sie sich ohne den Einsatz von Sucht- oder Rauschmitteln eine Chance bereithalten, um sich Glücksgefühle zu ermöglichen.

Aber beachten Sie dabei: Wer sich bei einem bestimmten Lied glücklich fühlt und vielleicht eine angenehme Gänsehaut bekommt, wird dies nicht ewig und ununterbrochen wiederholen können. Dafür sind Pausen notwendig. Oder vielleicht wird er auch feststellen, dass sich das Glückspotenzial eines Liedes irgendwann erschöpft.

Mein Notfallplan für unglückliche Momente:

Die alte Weise

Inhalt: Weisheit aus der Tiefe finden

Übung zum Kapitel *Zum guten Leben gibt es Zufriedenheit* Seite 143

Sie gehen nun eine sehr besondere Treppe immer tiefer in einen dunklen, warmen und angenehmen Raum. Der Weg dorthin ist sehr lang, es geht ziemlich weit hinunter. Nach einiger Zeit möchten Sie auf die Uhr schauen und merken, keine dabei zu haben. Ihr Smartphone existiert im Moment auch nicht. Trotzdem überlegen Sie keine Sekunde, sondern gehen zielstrebig immer weiter hinab. Nach langer, langer Zeit kommen Sie unten an, dort erwartet Sie eine weise alte Frau. Im Gegensatz zu Ihnen weiß sie um das Geheimnis Ihrer Zufriedenheit. Sie haben nun eine einzige Frage, die Sie ihr stellen dürfen, um ihr das Geheimnis zu entlocken.

Welche Frage ist das genau?

Was wird sie Ihnen auf diese Frage konkret antworten?

Ü

Klärung zum Schluss

Inhalt: Eine Glücksrevue veranstalten

Übung zum Kapitel *Die Einladung fürs eigene Glück vervollkommnen* Seite 147

Bitte ergänzen Sie folgende Sätze:

Wenn ich einen glücklichen Menschen sehe, dann werde ich selbst

____

Wenn ich in Zeitnot bin, dann

____

Auch wenn ich gerne alleine bin, wenn sich dieser Zustand zu lange hinzieht, dann werde ich

____

Vollkommen zufrieden bin ich, wenn

____

Unzufriedenheit bewirkt ihn mir, dass ich

____

Mein Glück ist abhängig von

____

Unglücklich werde ich meistens durch/wenn

____

Folgendes Gefühl in mir verhindert, dass ich mich glücklich fühle

____

Es gibt einiges, was ich tue, um mich von mir selbst abzulenken. Dazu gehört unter anderem

____

Wenn ich ununterbrochen glücklich wäre, dann

____

Ich selbst mag an mir am meisten

____

Wenn ich mich für etwas belohnen will, dann

____

Vielleicht gibt es etwas in mir, das es dem Glück schwer macht, mich aufzusuchen. Das könnte sein:

____

Ü

Aber es gibt auch etwas in mir, das für mein Glück attraktiv ist. Das ist z. B.:

___

Wenn Sie die Sätze ergänzt haben, legen Sie das Buch erst einmal beiseite, mindestens 48 Stunden. Lesen Sie dann Ihre Ergänzungen noch einmal durch und überlegen Sie sich, wo nun Änderungen im Leben anstehen. Beginnen Sie diese umzusetzen.

Fragen zur Abrundung

Inhalt: Wenn doch noch etwas offen sein sollte

Übung zum Kapitel *Die Einladung fürs eigene Glück vervollkommnen* Seite 147

Nun haben Sie bis hierher durchgehalten. Respekt! Das war eine grandiose Leistung, die Ihnen Ihr Glück hoffentlich dankt, indem es öfter bei Ihnen vorbeischaut. Zum Abschluss beantworten Sie auch diese letzten Fragen schnell, spontan und ehrlich:

Welche meiner Fähigkeiten sind mir bewusst geworden, die ich nicht ausreichend nutze?

___

Wobei und wofür werde ich diese Fähigkeit ab sofort einsetzen?

___

Was ist das bisher größte Hindernis, das mich am eigenen Glück gehindert hat?

___

Wie werde ich dieses Hindernis abbauen – und wann werde ich es tun?

___

Was werde ich ändern, damit ich mein Glück noch erfolgreicher zu mir einlade?

___

Fehlt mir noch etwas, um dies zu tun? Wie kann ich es erreichen?

___

Wenn ich ab jetzt immer wieder sehr glücklich durchs Leben gehe: Wie wirke ich dann auf andere?

___

Was wird mit den anderen deswegen geschehen?

___

Was wird ihn mir deshalb geschehen?

___

Literatur

1. Anonymus. Neue Formeln für das Arbeitsleben. Wann macht Geld glücklich? 01.10.2015. n-tv online. http://www.n-tv.de/wissen/Wann-macht-Geld-gluecklich-article16050386.html
2. Anonymus. Wie man gute Vorsätze umsetzt. Vor Neujahr Wenn-Dann-Pläne schmieden. 29.12.2015. n-tv online. http://www.n-tv.de/wissen/Vor-Neujahr-Wenn-Dann-Plaene-schmieden-article16624401.html
3. Anonymus. Geld und Ruhm sind es nicht. Langzeitstudien zeigen: Diese drei Dinge machen wirklich glücklich im Leben. 02.01.2016. Focus online. http://www.focus.de/wissen/mensch/geld-oder-ruhm-harvard-studie-zeigt-diese-drei-dinge-fuehren-zu-einem-wirklich-gluecklichen-leben_id_5185604.html
4. Baggini J. Der Sinn des Lebens. Philosophie im Alltag. München: Piper 2007.
5. Bergner T. Lebensmuster erkennen und nutzen. Was unser Denken und Handeln bestimmt. Heidelberg: mvg Verlag 2005.
6. Bergner T. Gefühle. Die Sprache des Selbst. Stuttgart: Schattauer 2013.
7. Bergner T. Endlich ausgebrannt! Die etwas andere Burnout-Prophylaxe. Stuttgart: Schattauer 2013.
8. Bergner T. Schein oder Sein. Der Schlüssel zu unserem Selbst. Stuttgart: Schattauer 2014.
9. Bergner T. Dein Leben ist leicht, wenn du es willst. Den Selbstwert stärken. Hamburg: Ellert & Richter 2014.
10. Bergner T. Die gierige Gesellschaft. Aufforderung zum Umdenken. Stuttgart: Schattauer 2016.
11. Bergner T. Burnout-Prävention. Erschöpfung verhindern – Energie aufbauen – Selbsthilfe in 12 Stufen. Stuttgart: Schattauer 2016.
12. Bernau P. Glücksatlas. Den Deutschen geht's trotz Krise gut. 05.11.2013. FAZ online. http://www.faz.net/aktuell/wirtschaft/menschen-wirtschaft/gluecksatlas-den-deutschen-geht-s-trotz-krise-gut-12649116.html
13. Freud S. Das Unbehagen in der Kultur. Und andere kulturtheoretische Schriften. Frankfurt: Fischer 2009.
14. Frey B. Einkommen und Zufriedenheit: Warum Geld nicht immer glücklich macht. 27.05.2012. Spiegel online. http://www.spiegel.de/wirtschaft/service/bruno-frey-ueber-den-zusammenhang-zwischen-glueck-und-geld-a-834265.html
15. Früh P. Epikur. Wege zum Glück. Essay. Download (kein Verlag): 2014.
16. Gatterburg A. Innere Stimme. »Das war eine Revolution«. 30.06.2015. Spiegel online. http://www.spiegel.de/spiegelwissen/psychologie-denken-und-fuehlen-sich-selber-moegen-a-1042418.html
17. Grossarth J. Welt der Statistiker. Die Berechnung des Glücks. 04.04.2012. FAZ online. http://www.faz.net/aktuell/wirtschaft/welt-der-statistiker-die-berechnung-des-gluecks-11708043.html
18. Heuser UJ. Wann Arbeit glücklich macht. Die Zeit Nr. 44, 24.10.2013, S. 21–22
19. Lassen A. Geld macht glücklich. Bruchköbel: LET-Verlag Arthur Lassen 1995.
20. Lütz M. Wie Sie unvermeidlich glücklich werden. Eine Psychologie des Gelingens. Gütersloh: Gütersloher Verlagshaus 2015.

21. Muise A., Schimmack U., Impett EA. Sexual Frequency Predicts Greater Well-Being, But More Is Not Always Better. Soc Psychol Personal Sci 2015.
22. Pittelkau M. Bruce Springsteen. Der »Boss« kämpft gegen Depressionen. 12.03.2013. Bild online. http://www.bild.de/unterhaltung/leute/bruce-springsteen/der-boss-kaempft-gegen-depressionen-29450502.bild.html
23. Roll E. Ende von TV-Karrieren. Ich mach dann mal den Raab. 06.11.2015. Süddeutsche online. http://www.sueddeutsche.de/medien/ende-von-tv-karrieren-ich-mach-dann-mal-den-raab-1.2725083
24. Steinfeld T. Eigentlich geht es der Menschheit gut – und dieser Mann kann es beweisen. 30.12.2015. Süddeutsche online. http://www.sueddeutsche.de/politik/hans-rosling-der-berufsoptimist-1.2801444
25. Techniker Krankenkasse (Hrsg.). Bleib locker, Deutschland! TK-Studie zur Stresslage der Nation. Hamburg 2013.
26. Von Hirschhausen E. Glück kommt selten allein ... Reinbek bei Hamburg: Rowohlt 2009.
27. Von Münchhausen M. So zähmen Sie Ihren inneren Schweinehund: Vom ärgsten Feind zum besten Freund. Frankfurt: Campus Verlag 2006.
28. Ware B. 5 Dinge, die Sterbende am meisten bereuen: Einsichten, die Ihr Leben verändern werden. München: Wilhelm Goldmann Verlag 2015.
29. Weber N. Irrtum aufgedeckt. Glück verlängert nicht das Leben. 10.12.2015. Spiegel online. http://www.spiegel.de/gesundheit/diagnose/glueck-verlaengert-nicht-das-leben-studie-a-1066832.html
30. Witzigmann E. Meine hundert Hausrezepte. München: Südwest Verlag 1986.